Artistically and Musically
Talented Students

예술 · 음악 영재학생

Enid Zimmerman 편저 · 강갑원 · 김정희 · 김혜숙 공역

학지사

번역집필위원회

위 원 장 송인섭
부위원장 이신동   업무총괄 이정규

번역집필진(가나다 順)
강갑원, 강영심, 강현석, 고진영, 김미숙, 김정휘, 김정희, 김혜숙, 문은식,
박명순, 박은영, 박창언, 박춘성, 성은현, 성희진, 송영명, 송의열, 송인섭,
유효현, 이경화, 이민희, 이신동, 이정규, 이행은, 임 웅, 전명남, 전미란,
정정희, 최병연, 최지영, 최호성, 한기순, 한순미, 황윤세

Artistically and Musically Talented Students
by Enid Zimmerman

영재교육필독시리즈 번역을 통한 새로운 지평을 열며

한국영재교육학회 회장 송인섭

한국에서 영재교육에 대한 관심의 역사와 뿌리는 수십여 년에 걸쳐 많은 영재교육학자들과 다양한 영역의 학자들이 이론적 대화와 논쟁을 통해 발전시키고 이를 교육 현장에 접목시키려는 노력에서 찾을 수 있다. 학문의 수월성 추구라는 측면과 한 인간이 가진 학습력의 다양성에 적절성을 제공한다는 의미에서 영재교육은 항상 우리의 관심 안에서 생명력을 키워 왔다. 그런 가운데 1995년 5월 30일 교육개혁안의 발표로 교육에서 영재교육이 차지하는 비중이 점차 강조되고 크게 다루어짐으로써, 영재교육의 새로운 지평을 여는 계기가 되었다. 이에 대한 실천 방안으로 2001년 1월 21일에 공포된 '영재교육진흥법'은 영재교육을 이론과 실제에서 구체적으로 한국사회에 정착하게 만든 중요한 전환점으로 기억된다.

> 이 법은 교육기본법 제12조, 제19조 규정에 따라 재능이 뛰어난 사람을 조기에 발굴하여 타고난 잠재력을 개발할 수 있도록 능력과 소질에 맞는 교육을 실시함으로써 개인의 자아실현을 도모하고 국가사회발전에 기여함을 목적으로 한다(영재교육진흥법 제1조 목적).

'영재교육진흥법 제1조 목적'을 보면, 이제 한국에서도 영재교육을 구체적으로 시행하려는 의도를 엿볼 수 있다. 자아실현을 통한 개인의 성장을 도모함과 국가사회발전에 기여함을 목적으로 설정한 점은 영재교육의 기본 전제와 차이가 없다. 이제 국가적인 차원에서 영재교육의 가능성이 열린 것이다.

그러나 영재교육은 이상과 의지만으로 되는 것이 아니고 합리적이고 타당한 실제가 있어야만 한다. 따라서 앞으로 단순히 법적인 차원에서의 목적 제시가 아닌, 한 개인이 자아실현을 이루고 그 자아실현을 통하여 한국사회에 봉사하는 영재를 교육하는 실제가 이루어지는 구체적인 노력이 필요하다.

이를 계기로 영재의 판별, 독립적인 영재교육과정의 개발, 정규 공교육과정 내에 영재교육의 실제적인 도입, 영재교육을 활성화하기 위한 다양한 영재교육기관의 설립, 그리고 영재교육을 위한 전문 연구소 또는 대학 부설 영재교육센터의 설치와 운영의 문제 등이 현실화되면서, 영재교육은 교육현장에서 중요한 부분을 차지하게 되었다.

영재교육은 통합학문적인 특성과 종합적인 사고속에서 이론과 실제가 연계될 때만이 신뢰성과 타당성을 갖출 수 있다는 특성이 있어 다양한 분야 전공 학자들이 이 문제에 대하여 큰 관심을 가질 필요가 있다. 교육학 자체가 이론과 실제의 조화를 요구하듯이, 영재교육에 대한 접근도 다양하고 종합적인 사고가 요구된다는 것을 우리는 잘 인식하고 있다. 영재교육은 영재교육에 대한 철학과 인간에 대한 가정으로부터 출발하여 인간의 특성에 대한 합리적이고 충분한 근거 위에서 논의해야 할 것이다. 이러한 이유로 현재 한국의 영재교육은 인문, 사회, 과학 분야를 망라하는 다양한 학자들의 손을 거쳐 점차적으로 이론과 실제라는 측면에서 발전하는 과정에 있다고 볼 수 있다.

이러한 발전과정의 하나로, 2002년 영재교육에 관심 있는 학자들이 뜻을 모아 현재의 '한국영재교육학회'를 창립하였다. 창립 이후에 각종 학술대회 개최, 세미나 실시, 그리고 매월 영재교육에 대한 콜로키움 등의 다양한 모임의 진행을 통하여 영재교육에 대한 문제를 토론하고 연구하며 현장에 적용하려는 노력을 지속하고 이를 『영재와 영재교육』이라는 학술지로 출판하고 있다. 특히, 영재교육학회의 콜로키움은 전국에서 20~30명 내외의 학자가 매월 1회씩 만나 영재교육과 관련된 논문 및 다양한 주제에 대해 토론하고 있다. 이를 통하여 영재에 관한 우리의 사고를 발전시킬 뿐만 아니라, 한국 사회에 어떻게 영재교육을 정착시킬 것인가의 문제를 가지고 논의하여 왔다. 이러한 노력으로 본 학회의 연구결과를 공표하는 학술지인 『영재와 영재교육』이 한국학술진흥재단의 등재후보학술지로 인정받았다.

이에 더하여 본 학회는 2006년도에 콜로키움의 주제를 미국영재교육학회에서 펴낸 지난 50년간의 영재교육의 연구결과물인 『영재교육필독시리즈(essential readings in gifted education, 2004)』를 선택하여 연구하였다. 매월 콜로키움을 통해 본 시리즈를 공부하고 논의하면서, 쉽지 않은 작업이지만 한국 영재교육의 발전을 위하여 시리즈를 번역하기로 합의하였다. 본서는 한국의 영재교육 상황을 설명하기 위하여 한국의 영재교육을 '특별호'로 첨가시켰으며 이 작업은 송인섭과 한기순이 하였다. 본 번역 작업은 1년 반의 기간이 소요되었으며, 공사다망한 가운데 번역 작업에 자발적으로 참여한 영재교육학자들은 강갑원, 강영심, 강현석, 고진영, 김미숙, 김정휘, 김정희, 김혜숙, 문은식, 박명순, 박은영, 박창언, 박춘성, 성은현, 성희진, 송의열, 송영명, 유효현, 이경화, 이민희, 이신동, 이정규, 이행은, 임웅, 전명남, 전미란, 정정희, 최병연, 최지영, 최호성, 한순미, 황윤세다.

물론 공동 작업은 쉽지 않은 일이었다. 그러나 많은 연구자들이 바쁜 와중에도 본 시리즈를 번역하는 일에 시간을 집중 할애함으로써 기간 내에 완성하였다는 점은 우리 모두로 하여금 학문적 성취감을 갖게 하기에 충분하였다. '번역은 제2의 창조'라는 말이 있듯이 새로운 지식 창출은 쉽지 않은 작업이었으나, 번역자들은 정기적인 회의를 통해 용어를 통일하였으며 내용의 일관성과 상호 검증과정을 통해 가능한 한 원저자의 의도를 반영하도록 노력하였다. 마지막으로 번역자들은 전체 회의를 통해 시리즈의 용어 통일을 위한 활동을 하면서, 시리즈 출판 후의 작업으로 '영재교육용어사전(가칭)'을 편찬하기로 합의하는 등 뜨거운 관심과 학문적 노력으로 본 시리즈의 번역물이 세상에 그 탄생을 알리게 되었다.

본 시리즈에 대해서는 원문의 편저자가 자세히 제시하였듯이, 영재교육에서 다루어야 할 대부분의 문제를 다루고 있다. 영재성의 정의, 판별, 교육과정, 영재의 정서적인 문제, 그리고 영재교육의 공공정책에 이르기까지 다양한 영역을 다루고 있다는 측면을 보더라도 본 시리즈가 갖는 학문적 포괄성과 깊이를 충분히 이해할 수 있다. 나아가 결론 부분에서 '영재교육이 지속적으로 성장하기 위해서는 새로운 목소리가 들려야 하고 새로운 참여자가 있어야 할 것이며 위대한 기회가 우리 분야에 활용될 것'이라는 주장은 영재교육의 미래에 대한 도전의 가치를 시사하고 있다.

본 시리즈에 포함된 주옥같은 논문들은 영재교육 분야의 『Gifted Child Quarterly』 같은 중요한 저널에서 가장 많이 인용된 논문들로, 엄선되어 소개된 것이 특징이다. 본 시리즈가 영재교육의 역사와 현재 영재교육에 대한 논의를 통해 영재를 위한 최상의 교육적 경험들을 찾는 것처럼, 한국의 영재교육 연구자에게도 바람직한 정보를 제공할 것이다. 또한 본 번역진들은 영재교육필독시리즈가 영재교육을 공부하는 학도들의 관심을 불러일으킬 만한 논문들로 구성되었다는 점을 확인할 수 있었다. 다소 그 대답을 찾지 못한 영역을 기술한 학자들은 도입 부분에서 아직 남아 있는 질문들을 이해하는 데 출발점이 될 수 있을 것이다. 우리는 그러한 대답들을 여전히 찾고 있으며, 현재 계속되는 발전적인 질문을 하기 위해 좀 더 나은 준비를 할 필요가 있다. 이번 시리즈의 독창적인 논문들은 우리가 어떤 이슈들을 해결하는 데 도움을 주면서 쉽게 답이 나오지 않는 다른 의문들도 강조한다. 결국 이 논문들은 끊임없이 제기되는 의문에 대하여 새롭게 도전하도록 도와준다고 볼 수 있다.

영재교육과 관련하여 그 성격과 내용, 방법, 교사연수, 교육과정 개발, 국가의 지원 문제 등에 대한 연구가 부족한 시점에서, 본 시리즈의 출판으로 많은 문제가 나름대로 정리되고 한국의 영재교육에 새로운 방향을 제시하기를 바라는 마음이 깊다. 영재교육에 관심 있는 영재 학도들의 토론의 출발점이 되는 번역서의 역할을 기대한다. 작업에 참여한 역자들은 영재교육 문제를 이론적 · 실제적으로 생각하고 논의하는 과정에서 마침내 본 시리즈를 한국 사회에 내놓게 되었다.

한편, 이 시리즈의 출판은 좀 더 큰 다른 결실로 나아가기 위한 과정이라고 볼 수 있다. 우리는 영재교육의 순기능을 극대화하는 방향을 모색하는 연구를 계속하고자 한다. 또한 영재교육에 관한 논의를 한국적 상황에 적용할 수 있는 한국적 영재교육을 생각하고자 한다. 교육과 연구를 병행함으로써 이론 발전을 통하여 현장에서의 영재교육 활동과 접목하여 발전시켜 나갈 것이다. 지금까지의 영재교육은 이론적·실제적 측면보다는 무작위적인 활동을 통한 교육으로 많은 시간을 소모하고 있는 듯하다. 이 시리즈의 논문에서 대답되고 제기된 문제들은 우리가 영재교육 분야에서 진일보할 수 있도록 도움을 줄 것이다.

　우리는 '이 시리즈를 읽는 사람들이 영재교육의 흥미로운 여행에 동참해 주기를 희망한다'는 본 시리즈 소개의 결론에 동의하면서, 한국 사회에서 관심 있는 많은 사람들이 본 시리즈를 통하여 영재교육에 대한 관심과 새로운 도전에 참여하기를 기대한다. 역자들은 이 분야에 관련된 이론 발전을 위해 계속 연구할 것을 약속하고자 한다.

　본 작업이 완료되기까지는 학지사의 김진환 사장의 출판에 대한 철학과 기획 시리즈의 사회적 기능을 고려한 적극적 지원의 힘을 얻었다. 뿐만 아니라 학지사의 편집부 직원 모두에게 깊은 감사를 드린다.

2007년 12월
청파골 연구실에서

역자 서문

영재는 탁월한 능력의 소유자다. 각 시대마다 사람들이 관심을 보인 분야가 무엇이냐에 따라 영재의 종류도 다양하게 등장한다. 분명한 것은 시간이 흐를수록 영재의 종류가 많아진다는 것이다. 예술 영재 역시 매우 세분화되는 추세다. 타이거 우즈를 골프 영재로 부르는 데 이의를 제기할 사람은 없을 것이다. 이렇게 다양한 영재가 있다는 것은 영재 종류마다 독특한 능력이 있다는 것을 의미한다. 지능을 여러 특수 능력의 집합체로 보는 맥락과 같다.

여러 학자들의 견해를 종합해 보면, 예술 영재가 학업 영재보다 일반적인 능력이 약간은 덜 요구되지만, 특수하고 고유한 어떤 능력이 존재한다고 볼 수 있다. 같은 논리로 여러 종류의 예술 영재 간에도 고유하고 독특한 능력이 존재하며, 이것이 차지하는 비율은 예술 영재 종류마다 다를 것이다.

영재의 타고난 부분과 길러지는 부분의 상대적 비중에 관한 발달심리학자 간의 논쟁에서 성숙과 양육 요인이 각각 차지하는 비중은 비슷한 듯 보이지만 비교적 성숙 요인에 중심을 둔다. 그러나 이러한 입장의 정도는 학업 영재와 예술 영재 간에 차이가 있고 예술 영재 간에도 차이가 있다고 볼 수 있다. 교육자나 학부모, 또는 학생 자신이 이 문제에 대하여 어떤 입장을 취하느냐에 따라 영재교육이나 학습의 방향은 달라질 수 있다.

영재교육에 대한 연구가 많이 이루어졌지만 본 번역서에는 위에서 언급한 의문과 관련하여 음악 영재(대부분 기악)를 대상으로 한 논문들이 주류를 이루고 있다. 크게 두 부류로 나눌 수 있는데, 하나는 '음악 영재는 교육을 통하여 길러지는 것인가?' 라는 것에 관한 것이고, 나머지 하나는 '예술 영재가 되기까지 누구의 요인이 큰가?' 하는 음악 영재 귀인에 관한 것이다.

첫 번째 의문을 해결하기 위하여 대다수의 논문에서는 음악 영재교육을 하기 전에 특별히 우수한 음악 성취를 보이지 않았지만 소질이 있는 학생을 선발하여 음악교육 프로그램을 제공하였다. 물론 이러한 학생을 선발하기 이전에 전교 학생을 대상으로 음악 프로그램을 1차로 실시한 뒤 소질이 있다고 판단되는 학생을 선발하여 또 다른 프로그램을 추가로 제공하는 방식을 취하였다. 최종 선발된 학생들에게는 훨씬 강도 높은 훈련 프로그램이 제공되었다. 대체로 연구대상 학교는 문화 혜택, 특히 예술 문화 혜택을 거의 받지 못한 낙후 지역에 위치하며, 그곳에 다니는 학생을 대상으로 하여 학습된 음악 성취를 최대한 배제한 순수 음악교육 효과를 보려고 한 점이 눈에 띈다. 이러한 접근을 한 논문에서 공통적으로 발견되는 것은 그동안 음악 성취를 거의 보이지 않았던 학생 중에 음악 학습 속도가 빠르고 흥미를 느끼는 학생이 있었다는 사실이다. 이러한 학생이 소위 타고난 음악 소질이 있는 학생이다. 이들은 대부분 강도 높은 장시간의 훈련을 잘 견디었고 굉장한 집착력을 보였다. 프로그램은 대부분 2년간 이루어졌는데, 최종 남은 학생들의 음악능력은 거의 전문가 수준에 이르렀다. 이러한 연구결과에서 세 가지 시사점을 얻는다. 하나는 소질이 성취로 자연스럽게 이어지는 것은 아니라는 것이다. 즉, 소질이 있어도 이것을 발현시킬 만한 경험이 제공되지 않으면 사장될 수도 있다는 것이다. 두 번째는 타고난 음악 소질이 없는 사람에게 음악교육을 시킨다 하더라도 음악 영재로 길러지기는 어렵다는 것이다. 마지막으로 학업성취와 음악 영재성은 별개일 수 있다는 점이다. 이것은 적어도 음악 영재라면 일반 능력 이외에 독특한 그 어떤 능력을 소유하고 있다는 것을 보여 준다.

두 번째 의문과 관련하여 몇 편의 논문에서는 학생이 음악 분야에서 성공하였을 때 그 원인이 어디에 있느냐에 대한 인식, 즉 귀인 성향을 조사하였다. 흥미로운 것은 학생 당사자, 교사나 동료, 후원자(주로 부모) 간의 귀인 성향이 달랐다는 것이다. 특히 학생과 부모 간의 차이가 컸다. 학생은 자신의 노력 또는 능력 때문이라는 것을 가장 큰 이유로 꼽은 반면, 부모는 자녀의 능력은 보통이었지만 자신들이 적극적으로 지원하였기 때문에 음악 성취에 성공할 수 있었다고 보았다. 거의 모든 부모가 자녀의 타고난 능력을 자녀 자신보다 낮게 보고 있는 것은 분명하였다. 여기서 얻을 수 있는 시사점은 두 가지 정도다. 하나는 다른 영재에 비하여 음악 영재는 지속적이고 강도 높은 훈련이 필수적이라는 것이다. 적어도 소질을 깨닫게 할 음악 경험이 한번은 있어야 한다는 것이다. 나머지 하나는 음악 영재에게 부모 등의 지속적 지원이 필요하다는 것이다. 물론 타고난 소질의 정도에 따라 요구되는 음악 경험의 양과 시간은 다를 것이다. 모차르트는 이미 취학 연령 이전부터 유럽 연주회를 다닐 정도로 학습 속도가 빨랐으니 말이다.

이제 우리나라에서도 학업 영재에 대한 관심에 이어 예술 영재에 대해서도 관심을 가져야 할 때가 되었다. 영재교육에서 공통적으로 유념해야 할 것 중의 하나는 영재가 타고난 소질이 있어도 체계적 경험이 제공되지 않으면 그 소질이 사장된다는 것이다. 이 번역서에 나오는 몇 편의 논문은 이러한 점을 강하게 시사한다. 특히 예술 영재는 학업성취와 무관하게 존재할 수 있다는 것과, 음악 영재에게는 학업 영재에 비하여 지속적인 교육 경험을 더욱 제공해야 한다는 것은 시사하는 점이 크다. 그렇기 때문에 소질이 있으나 가정 형편 등의 이유로 이러한 지원을 받지 못하는 학생을 위해 제도권 안에서 예술 영재교육을 할 인프라를 서서히 구축해 나가야 할 것이다. 우리나라는 아직도 과학과 수학 영재교육에 편중해 있다. 이 번역서는 예술 영재교육에 대한 가능성을 알려 주는 데 도움이 되며 우리나라도 영재교육에 관심을 갖도록 계기를 마련해 줄 것으로 본다.

2007년 12월 역자 일동

목 차

영재교육필독시리즈 소개

Sally M. Reis

영재교육에 대한 지난 50년간의 연구 업적은 과소평가할 수 없을 만큼 수행되었다. 영재교육 분야는 더욱 강력하고 가시적으로 나타나고 있다. 미국의 많은 주의 교육위원회 정책이나 입장은 영재교육에 더욱 많이 지원하는 방향으로 수립되고 있으며, 영재교육에 대한 특별한 요구를 특별 법안으로 지원하고 있다. 영재에 대한 연구 분야의 성장은 일정하지 않았지만, 연구자들은 영재를 교육하는 데 국가 이익에 대한 다양한 관점과 영재교육의 책임에 대하여 논의하였다(Gallagher, 1979; Renzulli, 1980; Tannenbaum, 1983). Gallagher는 역사적인 전통 속에서 영재를 위한 특별 프로그램의 지원과 냉담의 논쟁을 평등주의에서 수반된 신념과 귀족적 엘리트의 싸움으로 묘사하였다. Tannenbaum은 영재에 대한 관심이 최고조였던 두 시점을 1957년 스푸트니크 충격[1] 이후의 5년과 1970년대 후반의 5년이라고 제시하면서, 혜택받지 못한 장애인에 대한 교육에 여론의 집중이 최고조였던 시기의 중간 지점에서 영재교육은 오히려 도태되었다고 하였다. "영재에 대한 관심의 순환적 특징은 미국 교육사에서 특이한 것이다. 그 어떤 특별한 아동 집단도 교육자와 아마추어에게 그처럼 강하게 환영받고 또 거부당하는 것을 반복한 적이 없었다."(Tannenbaum, 1983, p. 16) 최근 미국 정부에서 영

---

1) 역자 주: 옛 소련이 세계 최초로 인공위성인 스푸트니크(1957년 10월 4일 발사)를 발사하자, 과학을 비롯하여 우월주의에 빠져 있던 미국은 이를 'Sputnik Shock'라 하면서, 교육과 과학을 포함한 모든 분야에서 국가 부흥운동을 대대적으로 전개함.

재교육 분야를 주도한 결과, 교육과정의 실험화와 표준화에 대한 우려가 증가하면서 영재교육이 다시 후퇴하는 것으로 나타난 것처럼, Tannenbaum의 말대로 영재교육의 순환적 본질이 어느 정도 맞아떨어지는 것이 우려된다. 영재교육의 태만한 상태에 대한 그의 묘사는 최근의 영재교육 상황을 잘 설명하고 있다. 영재교육에 대한 관심이 최고조였던 1980년대 말에는 영재교육 프로그램이 융성하였고, 초·중등 영재교육 프로그램을 위한 시스템과 15가지 모형이 개발되어 책으로 소개되었다(Renzulli, 1986). 1998년 Jacob Javits의 영재학생 교육법(Gifted and Talented Students Education Act)이 통과된 후 국립영재연구소가 설립되었다. 그리고 12개 프로그램이 '과소대표(underrepresentation)' 집단과 성공적인 실험에 관련된 영역에서 통합적인 지식으로 추가되었다. 그러나 1990년대에는 영재를 위한 프로그램이 축소되거나 삭제되기 시작하였고, 1990년대 후반에는 미국의 절반이 넘는 주가 경기침체와 악화된 예산 압박으로 영재교육을 더욱 축소하였다.

심지어 영재교육의 필요성이 더욱 증가하고 있음에도 불구하고, 제한적 서비스 제공에 대한 우려는 계속 제기되었다. 미국에서 가장 재능이 뛰어난 학생의 교육에 대한 두 번째 연방보고서(Ross, 1933)인 『국가 수월성 - 발전하는 미국의 재능에 대한 사례(National Excellence: A Case for Developing America's Talent)』는 영재에 대한 관심의 부재를 '심각한 위기(a quiet crisis)'라고 지적하였다. "수년간 영특한 학생의 요구에 단발적인 관심이 있었으나, 영재 중 대부분은 학교에서 자신의 능력 이하의 공부를 하며 지내고 있다. 학교의 신념은 경제적이고 문화적인 배경에서 탁월한 영재보다 모든 학생의 잠재력을 계발해야 한다는 쪽으로 바뀌었다. 따라서 영재는 덜 도전적이고 덜 성취적인 학생이 되었다."(p. 5) 또한 보고서는 미국의 영재가 엄격하지 않은 교육과정에서 별로 읽고 싶지 않은 책을 읽으며, 직업이나 중등교육 졸업 이후를 위한 진로 준비가 다른 많은 선진 국가의 재능이 뛰어난 학생보다 덜 되고 있다는 사실을 지적하였다. 특히 경제적으로 취약하거나 소수집단의 영재는 무시되고, 대부분이 어떠한 개입 없이는 그들의 탁월한 잠재력을 알아차리지 못할 것이라고 보고서는 지적하였다.

영재교육 분야의 진보를 축하하는 이 기념비적인 영재교육필독시리즈는 학자들이 『Gifted Child Quarterly』와 같은 영재교육 분야의 주요 저널에서 가장 많이 언급한 주옥 같은 논문들을 소개하고 있다. 우리는 영재교육의 과거를 존중하고 현재 우리가 직면한 도전을 인정하며, 영재를 위해 최상의 교육 경험을 찾는 것같이 미래사회를 위한 희망적인 안내문을 제공해 주는 사색적이고 흥미를 불러일으킬 만한 논문으로 영재교육필독시리즈를 구성하였다. 엄격한 검토 후 출판된 영향력 있는 논문들은 영재교육 분야에서 자주 인용되고 중요하게 여겨지기 때문에 선택되었다. 시리즈의 논문들은 우리가 영재교육에 대해 중요한 내용을 배우고 있다는 것을 보여 주고 있다. 우리의 지식은 여러 분야에 걸쳐 확장되고 진보된 것이 무엇인지에 대해 합의를 이끌어 내고 있다. 다소 분리된 영역을 기술한 학자들은 도입 부분에서 아직 남아 있는 질문을 이해하는 데 도움이 된다고 설명하였다. 그러한 대답을 여전히 찾으면서도, 현재 우리는 발전적인 질문을 계속하기 위해 좀 더 나은 준비를 하고 있다. 이번 시리즈의 독창적인 논문들은 어떤 쟁점을 해결하는 데 도움을 주며, 쉽게 답이 나오지 않는 다른 질문도 강조한다. 결국 이 논문은 끊임없이 제기되는 질문에 새롭게 도전하도록 도와준다. 예를 들면, Carol Tomlinson은 영재교육 분야의 상이한 교육과정은 영재교육 분야에서 계속 파생되는 문제라고 하였다.

초기 영재교육 분야의 문제들은 시간이 지남에 따라 해결되어 점차 체계적 지식의 일부로 포함되었다. 예를 들면, 학교와 가정 모두 높은 잠재력을 지닌 개인의 영재성을 육성하는 데 도움이 될 수 있다는 점과, 학교 내부와 외부의 교육 서비스의 연계는 영재성이 발달할 가장 훌륭한 학창시절을 제공해 줄 수 있다는 것이 널리 인정되고 있다. Linda Brody가 도입부에서 지적한 것처럼, 이미 30년 전에 제기된 집단편성과 속진 문제에 대해 논쟁을 벌이는 것은 현재로서는 불필요하다. 예를 들면, 영재학생들에게 적절한 교육 기회를 제공하기 위해 집단편성, 심화, 속진 모두 필요하다는 사실에 일반적으로 동의하고 있다. 이러한 과거의 논쟁들은 영재교육 분야를 발전시키는 데 도움은 되었으나, 사변적이고 상호 관련되는 작업이 아직 남아 있다. 이번 시리즈는 각 장의 편저자가 배워야 할 것을 모으고, 미래에 대해 흥미를 불러일으키는 질문을 끄집어냈다. 이러한 질문은 영재교육 분야에 고민할 기회를 많이 주고, 다음 세대의 학자들에게 연구할 기회를 충분히 제공한다. 서론에는 이번 시리즈에서 강조하는 내용을 간략하게 소개하고자 한다.

제1권 영재성의 정의와 개념

제1권에서는 Robert Sternberg가 영재성의 정의, 아동기와 청소년기에 보이는 재능의 종류에 대한 독창적인 논문들을 소개하고 있다. 일반적으로 가장 널리 사용되는 영재성의 정의는 교육학자들이 제안한 정의가 담긴 미국 연방법의 정의다. 예를 들면, Marland 보고서(Marland, 1972)는 미국의 많은 주나 학회에서 채택되었다.

주나 지역의 수준에 따라 영재성의 정의에 대한 선택은 주요 정책의 결정 사항이었고 지금도 여전히 그러하다. 정책결정이 종종 실제적 절차나 혹은 영재성 정의나 판별에 관한 연구결과와 무관하거나 부분적으로만 관련이 있다는 점은 흥미롭다. 정책과 실제에서 차이가 발생하는 것은 아마도 많은 변인이 있기 때문일 것이다. 불행하게도, 연방법에 따른 영재성의 정의는 포괄적이지만 모호하여 이 정의로 인해 발생하는 문제들이 해당 분야의 전문가들에 의해 밝혀졌다. 최근 영재 프로그램의 현황에 대한 연방정부 보고서인 『국가 수월성』(Ross, 1993)에서는 신경과학과 인지심리학에서의 새로운 통찰력에 토대를 두고 새로운 연방법에 따른 정의를 제안하고 있다. '천부적으로 타고난다(gifted)'라는 조건은 발달하는 능력보다 성숙을 내포하고 있다. 그 결과 재능 발달을 강조한 새로운 정의인 "현재의 지식과 사고를 반영한다."(p. 26)라고 한 아동에 대한 최근 연구결과와는 논쟁이 되고 있다. 영재에 대한 기술은 다음과 같다.

예술 · 음악 영재학생

영재는 일반 아이들과 그들의 나이, 경험 또는 환경과 비교했을 때 뛰어난 탁월한 재능수행을 지니거나 매우 높은 수준의 성취를 할 수 있는 잠재력을 보여 주는 아동이다. 이런 아동은 지적, 창의적 분야, 그리고 예술 분야에서 높은 성취력을 나타내고, 비범한 리더십을 지니며, 특정 학문 영역에서 탁월하다. 그들은 학교에서 일반적으로 제공되지 않는 서비스나 활동을 필요로 한다. 우수한 재능은 모든 문화적 집단, 모든 경제 계층, 그리고 인간 노력의 모든 분야에서 아동기나 청소년기에 나타난다(p. 26).

공정한 판별 시스템은 각 학생의 차이점을 인정하고 다른 조건에서 성장한 학생들에 대해서도 드러나는 재능뿐만 아니라 잠재력을 확인시켜 줄 수 있는 다양하고 복잡한 평가방법을 사용한다. Sternberg는 책의 서두에서, 사람이 나쁜 습관을 가지고 있듯이 학문 분야도 나쁜 습관이 있다는 것을 인정하며, "많은 영재 분야의 나쁜 습관은 영재가 무엇인지에 대한 정확한 개념도 없이 영재성에 관한 연구를 하거나, 더 심한 경우는 아동이 영재인지 아닌지 판별하는 것이다." 라고 설명하였다. Sternberg는 영재성과 재능의 본질, 영재성 연구방법, 영재성의 전통적 개념을 확장한다면 얼마나 달성할 수 있을까? 다시 말해, 영재성과 재능 사이에 차이점이 존재하는가? 유용한 평가방법의 타당성은 어떠한가, 그리고 아마도 가장 중요한 것으로 우리가 얼마나 영재성과 재능을 계발할 수 있는지에 대해 의문을 가져 봄으로써 영재성의 정의에 대한 중요 논문에서 주요 주제를 요약할 수 있었다. Sternberg는 논문을 기고한 많은 학자가 폭넓게 동의한 요점을 간결하게 정리하였다. 영재성은 단순히 높은 지능(IQ)보다 더 많은 것을 포함하고, 인지적·비인지적 요소를 포함하며, 뛰어난 성과를 실현할 잠재력을 계발할 환경이 있어야 하고, 영재성은 한 가지가 아니라고 하였다. 나아가 우리가 영재성을 개념화하는 방법은 재능을 계발할 기회가 있는 사람에게 큰 영향을 미치고, 독자에게 교육자로서의 책임을 상기시켜 준다고 경고하였다. 또한 영재교육 분야에서 가장 비판적 질문 중 하나는 천부적으로 뛰어난 사람은 그들의 지식을 세상에 이롭게 사용하는가, 아니면 해롭게 사용하는가다.

제2권 영재판별의 동향

제2권에서는 Renzulli가 영재교육 분야의 연구자가 현재 직면한 가장 비판적인 질문인 어떻게, 언제, 왜 영재를 판별해야 하는지에 대하여 기술하고 있다. 그는 영재성의 개념이 매우 보수적이고 제한된 관점에서 좀 더 융통성 있고 다차원적인 접근까지의 연속된 범위를 따라서 존재한다고 생각한다. 따라서 판별의 첫 단계부터 의문을 가져야 한다. 무엇을 위한 판별인가? 왜 보다 어릴 때 판별해야 하는가? 예를 들어, 미술 프로그램이 재능 있는 예술가를 위해 개발되었다면, 그 결과로써의 판별 시스템은 반드시 미술 영역에서 증명되거나 잠재적인 재능을 가진 아동을 판별할 수 있는 구조여야 한다는 것이다.

Renzulli는 도입 부분에서 판별에 대한 중요한 논문들과 최근의 합의를 요약하였다. 예를 들면, 대부분의 연구자들이 언급하였듯이 지능검사나 다른 인지능력검사들은 대부분 언어적이고 분석적인 기술을 통해 아동의 잠재력의 범위에 대한 정보를 제공한다. 그러나 그것은 우리가 누구를 판별해야 하는지 알아야 할 필요가 있는 모든 정보를 다 설명해 주지는 않는다. 그런데 연구자는 판별 과정에서 인지능력검사를 빼야 한다고 주장하지 않는다. 오히려 대부분의 연구자 (a) 다른 잠재력의 척도들이 판별에 사용되어야 하고, (b) 이러한 척도들은 특별 서비스를 받을 학생을 최종 결정할 때 똑같이 고려해야 하며, (c) 마지막 분석 단계에서 신중한 결정을 내리려면 점수를 매기거나 도구를 사용할 것이 아니라 식견이 있는 전문가의 사려 깊은 판단을 믿어야 한다고 생각한다.

판별에 대한 중요한 논문들의 저자들이 제시한 또 다른 쟁점은 다음과 같다. (a) 수렴적이고 확산적인 사고(Guilford, 1967; Torrance, 1984), (b) 침해주의(entrenchment)와 비침해주의(non-entrenchment)(Sternberg, 1982), (c) 학교 중심의 영재성 대 창의적이고 생산적인 영재성의 차이(Renzuilli, 1982; Renzulli & Delcourt, 1986)다. 학교 중심의 영재성을 정의하는 것은 창

예술 · 음악 영재학생

의적이고 생산적인 영재성의 잠재력을 가진 아동을 정의하는 것보다 더 쉽다. Renzulli는 영재학생 판별에 대한 발전은 계속되어 왔으며, 특히 지난 25년 동안 인간의 잠재력과 영재성의 개념에 대한 새로운 이론을 고려한 평준화의 문제, 정책, 그리고 실제에 대한 새로운 접근법이 연구되고 있다고 믿는다. 그러나 그는 판별 기법에 대한 끊임없는 연구가 여전히 필요하고, 역사적으로 재능 있는 영재가 다른 이들처럼 항상 측정되지 않는 어떤 특성이 있다는 것을 마음속에 지니는 것이 중요하다고 하였다. 우리는 지금까지 설명하기 어려운 것을 위한 연구를 계속해야 할 필요가 있다. 영재성은 문화적으로나 상황적으로 모든 인간 행동에 고착된다는 것을 깨달아야 하며, 무엇보다 우리가 아직 설명하지 못하는 것의 가치를 매겨야 할 필요가 있다.

제3권 영재교육에서 집단편성과 속진
제4권 영재 교육과정 연구
제5권 영재를 위한 차별화 교육과정

제3, 4, 5권에는 영재 프로그램의 교육과정과 집단편성에 대한 쟁점에 대해 설명하였다. 아마도 이 영역에서 가장 유망한 기법의 일부가 영재에게 실시되고 있을 것이다. 집단편성의 다양한 유형은 영재에게 진보된 교육과정에서 다른 영재와 함께 공부할 기회를 주는 것처럼, 집단편성과 교육과정은 서로 상호작용한다. 수업상의 집단편성과 능력별 집단편성에 대해서 일반적으로 알려진 것처럼 학생을 집단편성하는 방법을 다루는 것이 아니라, 가장 큰 차이를 만드는 집단 내에서 무엇이 일어나는지를 다루는 것이다.

너무도 많은 학교에서, 영재를 위한 교육과정과 수업이 학교에 있는 동안 약간만 다르게 이루어지며 최소한의 기회를 주고 있다. 때때로 방과 후 심화 프로그램 또는 토요일 프로그램이 종합적인 학교 프로그램을 운영하고 있는 박물관, 과학 센터 또는 현지 대학을 통해 제공된다. 또한 학업적으로 매우 재능 있는 학생은 나라를 불문하고 수업을 지루해하고 비동기적, 비도전적으로 수업에 참여한다. 미국에서 빈번하게 사용된 교육방법인 속진은 종종 교사나 행정관료에 따라 시간적인 문제, 월반에 대한 사회적 영향, 그리고 기타 부분에 대한 염려를 포함한 다양한 이유를 들어 부적절한 방법으로 저지되었다. 속진의 다양한 형태—유치원이나 초등학교를 1년 먼저 들어가는 조숙한 아이, 월반, 대학 조기입학 등—는 대부분의 학교에서 일반적으로 사용하지 않는다.

불행하게도, 대안적인 집단편성 전략은 학교 구조의 개편을 의미한다. 그리고 일정, 재정 문제, 근본적으로 변화를 지연시키는 학교 때문에 교육적 변화를 일으키는 데 어려움이 있어서 아마도 매우 늦게 이루어질 것이다. 이렇게 지연되면서, 영재학생은 그들 연령의 동료보다 훨씬 앞서서 더 빠르게 배울 수 있고 더 복잡한 사물을 살필 수 있는 기본적인 기능과 언어 능력에 기초한 특별한 교육을 받지 못하는 것이다. 뛰어난 학생에게는 적절한 페이스, 풍부하고 도전적인 수업, 일반 학급에서 가르치는 것보다 상당히 다양한 교육과정이 필요하지만, 학업적으로 뛰어난 학생이 학교에서 오히려 종종 뒤처져 있다.

Linda Brody는 교육 목적에 맞게 학생을 집단편성하는 가장 좋은 방법을 소개하였다. 연령에 맞춘 전형적인 교육 프로그램이 그 교육과정을 이미 성취하고 인지능력을 지닌 영재의 욕구를 충족시켜 줄 수 있는가에 대하여 염려하였다. 집단편성에 대한 논문은 첫째, 개인의 학습 욕구를 충족시키는 데 교육과정이 갖추어야 할 융통성의 중요성, 둘째, 교육 집단으로 학생을 선정할 때 융통성 있는 교육자의 필요성, 셋째, 필요하다면 집단을 변경해야 할 필요성을 강조한다. 서론에는 영재를 일반학생과 같이 집단편성시키는 것에 대한 논쟁을 싣고 있다. 그리고 소수의 사람이 다른 학습 욕구를 지닌 학생을 위해 차별화된 교육을 허용하는 도구로 속진학습과 집단편성을 이용하고자 하는 요구에 찬성하지 않는다. 좀 더 진보된 교육 프로그램이 발달된 인지능력과 성취 수준을 다르게 하기 위한 방법으로써 이용될 때, 그러한 방법은 모든 학생에게 적절한 교육의 목표를 달성하도록 도와줄 수 있다.

예술 · 음악 영재학생

VanTassel-Baska는 영재를 위한 교육과정의 가치와 타당한 요인을 강조하는 중요한 아이디어와 교육과정의 발달, 영재를 위한 교육과정의 구분, 그러한 교육과정의 연구에 기초한 효과와 관련된 교육법을 설명함으로써 영재교육과정에 대한 중요한 논문을 소개하고 있다. 또한 독자에게 교육과정의 균형에 대하여 Harry Passow의 염려와 불균형이 존재한다고 암시하였다. 연구결과를 보면, 영재의 정의적 발달은 특별한 교육과정을 통해서 일어난다고 암시하기 때문이다. 게다가 교육과정을 내면화하려는 노력은 예술 및 외국어 분야에서는 일어나지 않는다. 교육과정의 균형 있는 적용과 인정을 통해서 우리는 Passow가 생각했던 인문학의 개인 유형을 만들 수 있다. VanTassel-Baska는 균형을 맞추기 위해 교육과정의 선택뿐 아니라 다양한 영재의 사회정서적 발달을 위한 요구를 제시하였다.

Carol Tomlinson은 지난 13년 동안 유일하게 영재교육 분야의 차별에 대한 비판적인 논문을 소개하면서, 최근 논문이 '영재교육 분야에서 파생된 쟁점, 그리고 계속되어 재경험되는 쟁점'이라고 하였다. 그녀는 영재교육에서 중요한 것 중의 하나가 교육과정의 차별화를 다룬 주제라고 하였다. 인류학에서 유추한 대로, Tomlinson은 '통합파(lumpers)'는 문화가 공통적으로 무엇을 공유하는지에 대해 더 큰 관심을 가지는 것에 비해, '분열파(splitters)'는 문화 사이의 차이점에 초점을 맞춘다고 말하였다. 통합파는 혼합 능력 구조 안에서 다양한 집단에게 어떤 공통된 문제와 해결방법이 존재하는지를 질문한다. 반면, 분열파는 혼합 능력 구조 안에서 능력이 높은 학생에게 어떤 일이 일어나는지에 대해 물어본다. Tomlinson의 논문에서 주목할 만한 특징은 일반교육과 영재교육의 교육방법을 잘 설명하면서 두 교육과정의 결합을 제시하고 있다는 것이다.

제6권 문화적으로 다양하고 소외된 영재학생
제7권 장애영재와 특수영재
제8권 사회적 · 정서적 문제, 미성취, 상담

    영재 프로그램에 참여하는 아동의 대부분은 우리 사회에서 다수 문화를
대표하는 학생이다. 그러나 경제적으로 어렵고 장애가 있으며 다른 문화적
배경을 지닌 소수의 학생은 영재 프로그램에 실제보다 적게 참여하는데, 이
에 대하여 약간의 의혹이 존재한다. 의혹이 드는 첫 번째 이유는 영재의 판
별에 사용되는 쓸모없고 부적절한 판별과 선발 절차가 이들의 추천 및 최종
배치를 제한할지도 모른다는 점이다. 이 시리즈에 요약된 연구는 영재 프로
그램에서 전통적으로 혜택을 적게 받은 집단에 대해 다음의 몇 가지 요소가
고려된다면 좀 더 많은 영재가 출현할 수 있을 것이라고 지적한다. 고려될
요소란 영재성의 새로운 구인, 문화적이고 상황적인 가변성, 더욱 다양하고
확실한 평가방법 사용, 성취에 기초한 판별, 더욱 풍부하고 다양한 학습기회
를 통한 판별의 기회다.

    Alexinia Baldwin은 『Gifted Child Quarterly』에서 지난 50년간 영재교
육에 대한 대화와 토론을 진행시켜 온 주요 관심사로, 영재 프로그램에서 문
화적으로 다양하면서 영재교육의 혜택이 부족했던 집단에 대해 논의하였
다. 이에 대한 3개의 주요 주제는 판별과 선발, 프로그래밍, 위원의 임무와
개발이다. 판별과 선발이라는 첫 번째 주제에서, 영재성은 광범위하면서 많
은 판별기법을 통해 표현될 수 있다는 것을 확실하게 하기 위한 교육자의 노
력은 아킬레스건과 같음을 지적하고 있다. Baldwin은 판별을 위한 선택을
확장한 Renzulli와 Hartman(1971), Baldwin(1977)의 호의적인 초기 연구를
인용하면서, 해야 할 것이 아직도 많이 남아 있다고 경고하였다. 두 번째 주
제인 프로그래밍은 다양한 문화를 가진 학생의 능력을 알아보지만, 그들을
일괄적으로 설계된 프로그램 안에 있으라고 종종 강요한다. 세 번째 주제에
서 그녀는 영재교육 프로그램을 담당하는 교사의 다양성뿐만 아니라, 이론

을 만들고 그런 관심을 설명하며 조사하는 연구자의 태도나 마음가짐에 대해 관심을 표명하였다.

Susan Baum은 "영재는 일반 사람에 비해 더욱 건강하고 대중적이고 순응적이다."라고 제안한 Terman의 초기 연구를 요약하면서, 영재의 개별적인 특별한 요구에 대해 역사적 근원을 밝히고 있다. 더 중요한 것은 영재가 별다른 도움 없이 모든 영역에서 높은 수준의 성과를 낼 수 있을 것이라고 간주되어 왔다는 것이다. Baum은 영재에 대한 고정관념의 특징에 따라 특별한 요구를 지닌 영재가 특정 집단이 될 수 있는 가능성을 감소시켰다고 하였다. Baum은 이번 시리즈의 중요한 논문에서 영재가 위기에 직면하고 있으며 그들의 가능성을 실현하는 데 방해되는 장애물을 극복하기 위한 전략을 제안하였다. 논문은 세 개의 학생 집단에 초점을 맞추었다. (1) 학습장애와 주의력장애로 위기에 처한 중복–장애(twice-exceptional), (2) 계발되고 성취할 수 있는 능력을 사회적으로나 감정적으로 억제하는 성(gender) 문제에 직면한 영재, (3) 경제적으로 빈곤하고 학교에서 탈락할 위기에 놓인 학생이다. Baum은 이러한 아동 집단이 발달하는 데 하나 또는 그 이상의 장애의 영향을 받는다는 것을 연구하였다. 가장 큰 장애는 판별방법, 프로그램 설계의 결함, 적절한 사회적, 정서적 지원의 부족 등이다. 그녀는 이러한 비판을 통해 미래의 영재교육이 나아갈 방향에 대해 사려 깊은 질문을 던지고 있다.

Sidney Moon은 사회적, 정서적인 쟁점을 설명해 주는 영재학회의 프로젝트 팀이 기고한 영재의 사회적, 정서적 발달과 영재 상담에 대하여 중요한 논문을 소개하였다. 첫 번째 프로젝트는 2000년도에 '사회적, 정서적 문제를 위한 특별연구회(Social and Emotional Issues Task Force)'가 연구하였으며, 2002년에 연구결과를 『영재아동의 사회적, 정서적 발달: 우리는 무엇을 아는가?(The Social and Emotional Development of Gifted Children: What do we know?)』를 출판함으로써 마무리되었다. 이 부분에서는 영재의 사회적, 정서적 발달에 관한 문헌연구를 하였다(Neihart, Reis, Robinson, & Moon,

2002). Moon은 사회적, 정서적 발달과 상담 분야의 중요한 연구가 최근 영재교육 분야의 사회적, 정서적인 쟁점에 대한 연구의 장단점을 잘 설명해 준다고 믿는다. 논문은 영재의 잠재력을 계발하는 데 실패한 미성취 영재 집단 등의 특수영재 집단에 대하여 연구자의 관심을 증대시켰다. 또한 방해 전략과 좀 더 철저한 개입에 따라서, 이러한 학생에 대해 좀 더 경험적 연구를 요구하였다. 그녀는 비록 좋은 영재 상담 모형이 발전되어 왔지만, 아시아계 미국인, 아프리카계 미국인, 특수 아동과 같이 특수한 경우의 영재에 대하여 상담의 중재와 효과를 결정하기 위해 정확하게 평가될 필요가 있다고 하였다. 또한 Moon은 영재교육 분야의 연구자는 사회심리학, 상담심리학, 가족치료학, 정신의학과 같은 정서 분야의 연구자와 협력해야 한다고 주장한다. 이는 해당 분야의 전문가 집단에게 영재를 가장 효과적으로 중재하는 것을 배우기 위해서이며, 모든 영재가 최상의 사회적, 정서적, 개인적 발달을 할 수 있도록 도와줄 수 있는 좀 더 나은 방법을 배우기 위해서다.

제9권 예술 · 음악 영재학생
제10권 창의성과 영재성

Enid Zimmerman은 음악, 무용, 시각예술, 공간적 · 신체적 표현 예술 분야의 재능이 있는 학생에 대한 논문을 고찰하고, 시각과 행위 예술 분야의 재능 발달에 관한 책을 소개하고 있다. 논문에 나타난 주제는 (1) 예술 재능 발달에서 천성 대 양육에 관련된 문제에 관심을 보이는 부모, 학생, 교사의 인식, (2) 예술 재능이 있는 학생의 결정 경험에 관한 연구, (3) 다양한 환경 속에서 예술 재능이 있는 학생을 판별하는 학교와 공동체 구성원 간의 협동, (4) 교사가 예술 재능이 있는 학생을 격려하는 것에 관련된 리더십에 관한 쟁점이다. 이는 모두 어느 정도 예술 재능이 있는 학생의 교육에 관한 교사, 학부모, 학생과 관계되어 있다. 그리고 도시, 교외, 시골 등 다양한 환경에 놓여 있는 예술 재능 학생의 판별에 관한 논의도 포함되어 있다. Zimmerman

은 이러한 특별한 분야에서 교육 기회, 교육환경의 영향, 예술 재능이 있는 학생의 발달에 영향을 미치는 교사의 역할에 대한 연구가 필요하다고 하였다. 판별 기준과 검사도구의 영향, 시각과 행위 예술에 재능이 있는 학생의 교육 관계는 앞으로 연구가 매우 필요한 분야다. 예술 재능이 있는 학생의 교육에 관한 세계적이고 대중적인 문화의 영향과 비교 문화적 관계뿐만 아니라 학생의 환경, 성격, 성 지향성, 기법 개발, 그리고 인지적·정의적 능력에 관한 연구도 필요하다. 이 책에서 그녀가 소개하고 있는 사례연구는 이러한 관점에 대한 연구의 필요성을 제기하고 있다.

Donald Treffinger는 창의성과 관련된 개념적이며 이론적인 연구를 살펴보려는 연구자들이 공통적인 관심과 노력을 기울이고 있는 다음의 5가지 주요 주제, (1) **정의**(어떻게 영재성, 재능, 창의성을 정의하는가?), (2) **특성**(영재성과 창의성의 특성), (3) **정당성**(왜 창의성이 교육에서 중요한가?), (4) 창의성의 **평가**, (5) 창의성의 **계발**에 대해 논의하였다. 창의성 연구의 초창기에 Treffinger는 훈련이나 교육에 따라 창의성이 계발되는 것이 가능한지에 대해서 상당한 논의가 있어 왔다고 하였다. 그는 지난 50년 동안 교육자들이 창의성의 계발이 가능하다(Torrance, 1987)는 것을 배워 왔으며, '어떤 방법이 가장 최선이며, 누구를 위하여, 어떤 환경에서?'와 같은 질문을 통해 이러한 연구 분야를 확장시켜 왔다고 언급하였다. Treffinger는 효과적인 교수법을 통해 창의성을 발달시키고, 어떤 방법이 가장 큰 영향을 줄 수 있는지 탐구하려고 노력한 교육자의 연구를 요약하였다.

제11권 영재교육 프로그램 평가
제12권 영재교육의 공공정책

Carolyn Callahan은 적어도 지난 30년간 영재교육 분야의 전문가가 간과하였던 중요한 요소가 평가자와 참여자 간에 큰 역할을 한다는 평가에 대하여 비중 있는 논문을 소개하고 있다. 그녀는 평가에 관한 연구를 구분하였는데, 그중에서도 영재교육 프로그램의 평가에 관한 연구는 다음의 4가지 범주로 구분하였다. (1) 이론과 실제적인 지침 제공, (2) 평가의 구체적인 프로그램, (3) 평가 과정을 둘러싼 쟁점, (4) 평가 과정에 관한 새로운 연구 제안이다. Callahan은 연구자에 따라 평가 작업이 이미 수행되고 있으며, 재능아를 위한 프로그램의 효율성 증가에 평가가 중요한 공헌을 한다고 하였다.

James Gallagher는 가장 도전적인 질문이 증가하고 있는 공공정책을 소개하면서 전투 준비를 해야 한다고 하였다. Gallagher는 영재교육의 한 분야로, 영재교육의 강력한 개입을 통해 합의를 이끌어 내고, 우리가 어떻게 엘리트주의라는 비난에 대응할 것인지를 생각해야 한다고 제안하였다. 그는 영재교육 분야가 일반교사와 재능 교육 전문가의 개발을 지원하는 추가적인 목표에 노력을 더 기울여야 한다고 하였다. 그리고 부족한 자원을 획득하기 위한 공공의 싸움에 실패한 것은 이미 20년 전에 1990년을 전망하며 Renzulli(1980)가 던진 질문인 "영재아동의 연구동향이 2010년에도 계속 이어질 것인가?"를 다시금 생각하게 한다고 하였다.

결 론

영재교육 분야에 대한 고찰과 최근 수십 년 동안의 독창적인 논문에서 우리는 무엇을 배울 수 있는가? 첫째, 앞으로 영재교육을 계속하여 발전시켜야 하는 우리는 논문이 쓰였던 시기와 과거를 존중해야 한다. 우물에서 물을 마실 때 우물을 판 사람에게 감사해야 한다는 속담처럼, 선행연구가 영재교육 분야를 성장시키는 씨앗임을 알아야 한다. 둘째, 우리의 시리즈 연구가 영재교육 분야에서 매우 신나는 연구이며 새로운 방향 제시와 공통된 핵심 주제임을 알아야 한다. 마지막으로, 우리는 영재에 대한 연구에서 완전히 마무리된 연구결과물이란 없으며, 논문마다 제기한 독특한 요구를 어떻게 최선을 다해 만족시킬 수 있는지를 연구함으로써 미래를 포용해야 한다. 이 시리즈에서 보고된 논문은 앞으로 연구할 기회가 풍부하다는 것을 의미한다. 그러나 아직도 많은 질문이 남아 있다. 미래의 연구는 종단연구뿐만 아니라 양적, 질적인 연구에 기초해야 하고, 단지 수박 겉핥기만 해 온 연구를 탐구할 필요가 있는 쟁점과 많은 변수를 고려하여 완성시켜야 한다. 다양한 학생 중 영재를 판별해 내는 보다 포괄적인 프로그램을 개발하는 연구가 더욱 필요하다. 이것이 이루어질 때, 미래의 영재교육의 교사와 연구원은 교육자, 공동체, 가정에서 포용할 수 있는 답변을 찾을 것이고, 훈련된 교사는 학급에서 영재의 영재성을 보다 효과적으로 발달시킬 수 있을 것이다.

또한 우리는 일반적인 교육 분야가 어떻게 연구되고 있는지를 주의 깊게 고려해 볼 필요가 있다. 연구기법이 발전하고 새로운 기회가 우리에게 유용하게 찾아올 것이다. 이제 모든 학생이 새로운 교육과정을 시작하기 전에 교과과정을 먼저 평가할 수 있게 될 것이다. 그리고 이제는 학생이 많은 학점을 선취득했을 때, 그들을 자신의 학년 수준에 유지시키려는 문제는 사라질 것이다. 왜냐하면 우리는 새로운 기법으로 학생의 능력을 정확히 판별할 수 있기 때문이다. 새로운 기법으로 학생이 이미 알고 있는 것이 무엇인지를 더 잘 판별하게 되면, 학생의 강점과 흥미에 기초한 핵심적인 교육과정뿐만 아니라 다양한 기회에 도전하도록 격려하는 것이 꼭 필요하다. 이러한 특별한 영재 집단에 관심을 갖는 부모, 교육자, 전문가는 영재의 독특한 요구를 충족시켜 주기 위하여 정치적으로 적극적일 필요가 있으며, 연구자는 영재의 건강한 사회적, 정서적 성장을 위한 기회뿐만 아니라 재능 계발의 효과를 증명할 수 있는 실험연구를 수행해야 한다.

어떤 분야가 지속적으로 성장하려면 새로운 주장이 나타나야 하며 새로운 참여자가 있어야 한다. 위대한 기회는 우리 분야에서 활용될 수 있다. 우리가 지속적으로 영재를 위한 주장을 할 때, 우리는 변화하는 교육개혁의 움직임에서 중요한 역할을 해낼 수 있는 것이다. 우리는 영재와 심화 프로그램을 유지하기 위해 싸우는 한편, 모든 학생을 위해 그들이 더 도전적인 기회를 성취할 수 있도록 계속 연구할 것이다. 우리는 지속적으로 선행학습을 통한 차별화, 개별 교육과정의 기회, 발전된 교육과정과 개인별 지원 기회를 지지할 것이다. 이 시리즈의 논문에서 대답하고 제기한 질문은 우리가 영재교육 분야에서 진일보할 수 있도록 도움을 줄 것이다. 우리는 이 시리즈의 독자가 영재교육의 흥미로운 여행에 동참해 주기를 희망한다.

🔖 참고문헌

Baldwin, A. Y. (1977). Tests do underpredict: A case study. *Phi Delta Kappan*, *58*, 620-621.

Gallagher, J. J. (1979). Issues in education for the gifted. In A. H. Passow (Ed.), *The gifted and the talented: Their education and development* (pp. 28-44). Chicago: University of Chicago Press.

Guilford, J. E. (1967). *The nature of human intelligence*. New York: McGraw-Hill.

Marland, S. P., Jr. (1972). *Education of the gifted and talented: Vol. 1. Report to the Congress of the United States by the U.S. Commissioner of Education*. Washington, DC: U.S. Government Printing Office.

Neihart, M., Reis, S., Robinson, N., & Moon, S. M. (Eds.). (2002). *The social and emotional development of gifted children: What do we know?* Waco, TX: Prufrock.

Renzulli, J. S. (1978). What makes giftedness? Reexamining a definition. *Phi Delta Kappan*, *60*(5), 180-184.

Renzulli, J. S. (1980). Will the gifted child movement be alive and well in 1990? *Gifted Child Quarterly*, *24*(1), 3-9. **[See Vol. 12.]**

Renzulli, J. S. (1982). Dear Mr. and Mrs. Copernicus: We regret to inform you... *Gifted Child Quarterly*, *26*(1), 11-14. **[See Vol. 2.]**

Renzulli, J. S. (Ed.). (1986). *Systems and models for developing programs for the gifted and talented*. Mansfield Center, CT: Creative Learning Press.

Renzulli, J. S., & Delcourt, M. A. B. (1986). The legacy and logic of research on the identification of gifted persons. *Gifted Child Quarterly, 30*(1), 20-23. [See Vol. 2.]

Renzulli, J. S., & Hartman, R. (1971). Scale for rating behavioral characteristics of superior students. *Exceptional Children, 38*, 243-248.

Ross, P. (1993). *National excellence: A case for developing America's talent*. Washington, DC: U.S. Department of Education, Government Printing Office.

Sternberg, R. J. (1982). Nonentrenchment in the assessment of intellectual giftedness. *Gifted Child Quarterly, 26*(2), 63-67. [See Vol. 2.]

Tannenbaum, A. J. (1983). *Gifted children: Psychological and educational perspectives*. New York: Macmillan.

Torrance, E. P. (1984). The role of creativity in identification of the gifted and talented. *Gifted Child Quarterly, 28*(4), 153-156. [See Vols. 2 and 10.]

Torrance, E. P. (1987). Recent trends in teaching children and adults to think creatively. In S. G. Isaksen, (Ed.), *Frontiers of creativity research: Beyond the basics* (pp. 204-215). Buffalo, NY: Bearly Limited.

예술 · 음악 영재에 대한 소개

Enid Zimmerman(Indiana University)

　　최근 한 신문에 캐슬린(Kathleen)이라는 대학생에 관한 기사가 났다. 캐슬린은 로즈 장학금을 받고 영국 옥스퍼드 대학 생화학 석사과정에 입학하였다(Denny, 2003). 이 기사에서는 영재학생이 처해 있는 몇 가지 선택의 문제를 조명하였다. 캐슬린의 장래 목표는 의사가 되어 의료 활동도 하고 의학 연구도 하는 것이었다. 캐슬린은 아주 어릴 때부터 수학에 뛰어났고 6세 때는 레슨을 전혀 받지 않고도 피아노를 연주할 수 있었다. 8학년 때 이미 11학년에 해당하는 수학을 공부하였고, 11세 때는 인디애나 대학교(IU) 음악대학에 입학하여 세계적으로 유명한 피아니스트와 함께 공부를 하였다. 고등학교에 다닐 때는 하루 4시간씩 피아노 연습을 병행하면서 공부하였으며, 인디애나 대학교에서 생물학도 수강하였다. 캐슬린의 표준화 검사점수는 상위 0.1% 안에 드는 정도였다. 캐슬린은 생물학, 생화학, 음악을 전공하고 불어를 부전공하여 졸업할 예정이다. 인디애나 대학교의 한 교수가 소개하여 의학 연구계에 발을 들여 놓았으며, 언젠가 여름철에 뉴욕에서 9주 동안 분자약리학(molecular pharmacology)을 연구하기도 하였다. 이 연구를 성공리에 마치게 된 것에 대하여 캐슬린은 부모님을 비롯한 여러분이 지원하고 용기를 주었기 때문이라고 하였다. 캐슬린의 어머니는 딸에게 레슨을 시켰고 필요한 모든 경험을 하도록 배려해 주었다. 수학 교수인 캐슬린의 아버지는 캐슬린에게 다양한 활동을 하도록 여러 곳을 데리고 다녔다. 고등학교 진로 상담교사와 2명의 인디애나 대학교 교수도 '캐슬린의 이러한 삶에 중요한 역할을 하였다.'(Denny, 2003, p. A2) 캐슬린은 "사물을 깊이 느끼며 역사적으로 인간이 받았던 고통 때문에 괴로웠다. …나는 생각이나 느낌을 잡지에 싣거나 시로 표현하였으며, 이 세상에서 정말 특별한 사람이 되기로 결심하였다."(Denny, 2003, p. 7)라고 말하였다.

캐슬린의 이야기는 이 글에서 소개된 논문에서 제기하는 몇 가지 논점을 반영하고 있다. 타고난 재능이 많고, 교사와 부모가 지원해 주며, 학교 교육과정에 있는 몇 개 과목과 예술 영역에서 뛰어나고 싶어 하는 열망과 출세하려는 욕구는 바로 캐슬린의 영재성을 나타내는 것이다. 시각예술과 공연예술 재능 계발에 관한 8편의 논문은 모두 질적 연구이면서도 양적 연구다. 이 중에서 세 편은 음악 재능, 한 편은 무용과 음악 재능, 세 편은 시각예술 재능, 마지막 한 편은 시각, 신체, 표현, 음악 재능 발달을 다루고 있다. 8편의 논문에서 다룬 주요 주제는 예술 재능 발달에서 '성숙 대 양육'의 문제에 초점을 두는 부모 · 학생 · 교사의 지각에 대한 연구, 예술 영재들의 결정 경험(crystallizing experiences)에 대한 연구, 다양한 배경을 가진 학생 중에서 예술 영재를 찾는 데 필요한 학교와 지역사회 구성원 간의 협력 문제, 예술 영재를 가르치는 교사의 권한과 관련된 리더십 문제 등이다.

논문의 요약

첫 번째 논문인 「음악 훈련의 결정: 부모의 신념과 가치(Decisions Regarding Music Training: Parental Beliefs and Values)」에서 Dai와 Schader(2002)는 부모가 자식의 음악교육을 지원하는 동기인 이들의 신념과 가치를 다루었다. 질문지를 사용하여 음악, 학업, 체육에 대한 부모의 기대, 가치, 신념, 자녀의 능력, 재능, 동기, 노력, 성공의 중요성에 대한 생각을 조사하였다.

연구대상자는 미국 대도시의 네 군데의 유명 음악 학원에 다니는 6~8세의 자녀를 둔 부모였다. 부모의 약 반수는 악기를 연주한 적이 있고 대부분 교육 수준이 높았다. 배경이 다양한 미국인 1세대가 대부분이며 미국의 전형적 모집단은 아니었다.

조사결과는 연령과 음악 레슨을 받은 연수 간에는 높은 상관이 있는 것으로 나타났고, 연령과 훈련 햇수가 높아지면서 부모들은 자녀의 강점과 동기에 맞추어 자신의 열망을 조정하는 경향이 있었다. 부모들은 음악과 학업 영역에서 자녀의 잠재력을 믿지만, 체육 성취보다는 음악이나 학과목 성취에 더 가치를 두는 것 같았다. 음악 훈련 연수가 증가하면서 자녀에 대한 성취 열망이 하나로 압축되는 부모가 많았다. 자녀가 음악으로 성공하는 것에 대하여 부모가 어떻게 생각하는지가 (능력과 동기를 포함해서) 자녀의 음악성 계발을 계속적으로 지원할지의 여부에 아주 중요하게 작용하는 것 같았다. 부모들은 애초에 음악 재능을 발달시킬 목적으로 학원에 보낸 것은 아니었다. 단지 음악 훈련을 시키기 위하여 보냈지만, 훈련 수준이 높아지면서부터 자녀에게 음악 훈련을 계속 시킬 것인지가 점차 중요해졌다.

Evans, Bickel 및 Pendarvis(2000)의 연구에서도 음악 재능에 대한 지각에 초점을 두어 예술 재능 발달에서 하나의 뜨거운 감자인 '성숙 대 양육'의 문제를 다루었다. 이 연구에서는 자녀의 음악 성취에 대하여 자녀, 부모, 교사의 귀인 유형을 비교하였다. 이 연구는 음악 캠프에서 실시되었는데, 대다수의 학생들은 중상류층 가정의 백인 자녀이며 이들 부모의 교육 수준은 높았다. 질문지를 만들어 자녀, 부모, 교사 간에 '성숙 대 양육' 문제에 대한 귀인 양식의 유사성을 확인할 수 있었다. 학생들은 자신이 음악 재능을 타고났다고 믿었으며 교사와 친구들도 같은 생각이었다. 일부 학생은 교사와 친구가 자신의 음악 재능 발달에 방해가 된다고 생각하기도 하였다. 연구대상 학생들은 일찍부터 음악 경험을 하였고 음악에 적극 개입하여 장기간 피나는 노력을 하였으며 학교에서도 격려를 아끼지 않았다. 이들 중에는 피나는 노력을 하였지만 실망하거나 좌절하여 자기패배로 끝날지도 모른다고 염려하는 부모도 있었다. 부모들은 자녀를 일찍부터 음악에 노출시키고, 가족과 친구가 격려해 주면 타고난 능력이 부족하더라도 자신의 성향에 따라 음악 재능의 발달이 가능하다고 믿고 있었다. 교사들은 학생이 보여 준 음악 성취가 타고난 재능, 흥미, 경험, 주위의 관여, 피나는 노력 때문이라고 하였지만, 가족과 친구 때문이라고는 하지 않았다. 흥미로운 점은, 학생과 그에 관계된 사람들은 해당 학생이 보인 성취 결과를 각각 자신의 영향으로 보는 경향이 있다는 것이다. 부모들은 자녀를 격려하고 음악에 접할 기회를 준 것이 자녀의 음악 재능 발달에 결정적 영향을 주었다고 보았으며, 교사 역시 학교공부와 학교에서 많은 상을 준 것이 학생의 음악 재능 발달에 중요한 영향을 주었다고 보았다. 반면, 학생은 자신의 능력과 피나는 노력이 영향을 주었다고 보았다.

예술 재능 발달에 관한 문헌을 보면, 조숙성이 어떻게 발현되는지에 대해서도 의견이 분분하다. Freeman(1999)은 갑작스러운 통찰력에 초점을 두었다. 이 통찰력 때문에 한 개인의 삶이 어떤 길로 가게 되며 특정 분야의 능력과 관점이 극적인 영향을 받는다고 하였다. Freeman은 이러한 결정 경험(crystallizing experience)이 음악에 조숙한 소년들에게 공통적으로 일어나는 현상인지 알아보기 위하여 이들이 경험한 것을 조사하였다. 그는 뉴욕 시의 한 소년 합창 학교에 다니는 학생을 대상으로 면접, 집단 토의, 학부모 토론을 하였다. 조사대상 학생은 대부분 중상류층 가정의 백인 자녀였으며 부모의 교육 수준이 높았고 성악과 악기 연주에 재능이 있었다. 이러한 사실을 근거로 Freeman은 결정 경험이 음악에서 조숙성을 보인 학생에게 공통적으로 나타나는 현상이라고 결론지었다. 이 연구결과로 미루어 볼 때 부모의 지원과 조기교육은 타고난 재능보다 더 중요하며, 음악 재능이 탁월한 성취에 필요조건이기는 하지만 충분조건은 아닌 듯하다. 다른 연구(Haroutounian, 2002)에서도 예술 재능을 발휘하기 위해서는 타고난 능력과 피나는 노력 외에 음악적 배경이 있는 부모의 지원과 격려가 중요하다는 것을 보여 주었다. 그러나 Freeman(1999)은 결정 경험으로 한 개인의 목표가 달성될 수 있더라도, 그런 경험 때문에 음악 재능이 발휘되는 것인지에 대해서는 여전히 의문을 제기하고 있다.

Baum, Owen 및 Oreck(1996)은 경제 형편이 어렵거나, 과목 성적이 좋지 않거나, 무용이나 음악에서 재능이 있는 것으로 알려지지 않은, 도시에 사는 학생들을 대상으로 연구하였다. 연구자들은 오디션이 형식적 예술 훈련을 받지 않았거나 받을 기회가 없는 학생들에게는 예언타당도가 거의 없다고 하였다. 연구자들은 문화 및 사회경제적 편향성을 줄이는 방법을 사용하여, 이중 언어를 사용하고 특수교육을 받는 학생들이 많이 있는 뉴욕의 2개 학교를 선정하였다. 이 중 다양한 모집단에서 3학년 학생을 선발하였다. 이들은 Renzulli(1977)가 말한 평균 이상의 능력, 창의성, 과제집착력을 포함하는 영재성의 세 고리 개념(Three Ring Conception of Giftedness)에 근거하여, 무용과 음악에 잠재력이 높은 학생을 선발할 때 체크리스트를 사용하여 관찰하였다. 두 학교의 전교생을 관찰하였으며, 이 중에서 선발된 몇 명을 7주간에 걸친 여러 차례의 오디션 수업에 참석시켰다. 잠재력이 아주 높다고 입증된 몇 명은 더 고급 과정의 수업을 받게 하였다. 연구자들은 재능 있는 학생을 찾기 위하여 모험을 감수하고 개발한 과정이나 도구가 성공적이라는 증거로 전국 대회나 국제 대회에서 입상한 학생들을 제시하고 있다. 연구자들은 예술 분야의 경험이 교과 공부의 실패를 역전시키는 데 도움이 되었다고 믿는다.

Kay와 Subotnik(1994)의 논문은 앞의 논문과 관련이 있다. Gardner (1983)의 다중지능이론(음악, 공간 그리고 신체운동)과 Renzulli(1977, 1986)의 영재성의 세 고리 개념을 수정하여 음악과 무용에서의 신체 및 인지 기술, 동기, 창의성을 포함시켰다. 여기서 창의성은 개인적 표현, 협력을 통한 문제해결로 정의되었다. 이들은 무용과 음악 교육을 어린 나이에 시작해야 하지만 초등학교 수준에서는 이러한 프로그램이 아직도 거의 없다고 하였다. 이 연구에 참여한 학생들은 다양한 문화, 인종, 사회경제적 배경을 가지고 있었다. Baum과 Oreck(1996)의 연구에서와 같이, 뉴욕 시에 있는 2개 학교의 3학년과 4학년 전 학생을 대상으로 7주간의 오디션 과정을 개발하여 예술 형식과 관련된 기술에 노출시켜서 학생을 선발하였다. 그런 다음 프로그램을 수정하여 선발된 학생들에게 장기간의 심화교육과정을 제공하였다.

현장 방문, 관찰, 면접을 통해 수집한 질적 자료로 다양한 재능이 있는 학생을 발견할 수 있었고, 예술 활동은 초등학교 교육과정에 통합할 가치가 있는 것으로 결론지었다. 연구자들은 이외에 학생에게 동기와 창의성이 있으면 기초기술을 가르칠 수 있으나 기초기술을 학습하고 학교에 온 학생은 오히려 창의성을 계발하는 것이 더 어렵다는 것을 알게 되었다.

Clark과 Zimmerman(2001)은 경제적으로 어렵거나 인종 배경이 다양한 시골 학교에 다니는 시각예술 영재에 관심이 있었다. 이들은 Project ARTS를 실시하였는데, 이 프로젝트는 Javits 연구지원금을 받는 3년 연구과제로서 능력은 뛰어나지만 시각예술이나 공연예술 교육을 적절하게 받지 못한 3학년 학생을 선발하여 2년 동안 차별화한 시각예술 프로그램을 실시하고 그 효과를 평가하였다. 이 프로젝트에는 시골 문화를 지니고 있으면서 다양한 학생으로 구성된 학교의 대표로 뉴멕시코의 2개 학교와 인디애나의 2개 학교, 사우스캐롤라이나의 3개 학교가 참여하였다. 심화학습을 하면 학생들이 더 수준 높은 산출을 하는 데 도움이 될 것이라고 희망하면서 지역 자체에서 개발한 측정도구를 사용하여 학생을 선발하였다. 표준화 검사로는 Clark 그림능력검사(Clak's Drawing Abilities Test: CDAT)와 Torrance 창의적 사고력 검사(Torrance Tests of Creative Thinking: TTCT)를 사용하였다. 이 두 검사는 서로 기대하는 결과가 다르고 실행과 산출물, 완성과 채점 준거가 다르지만, 두 측정치 간에는 상관이 있었다. 다른 내용 영역에서 성취가 높은 학생이 성취가 낮은 학생보다는 시각예술 성취가 역시 더 높았다. 이렇듯 지역이 자체적으로 개발한 측정도구는 지역에 있는 학생들의 예술 재능을 확인하는 데 적합한 것으로 확인되었다. 수많은 다른 측정도구를 권유받기도 하였는데, 이 중에는 다른 몇 지역에서 개발한 검사, CDAT, 성취도검사 등이 있었다.

Evans, Bickel 및 Pendarvis(2000)의 논문과 마찬가지로, Clark와

Zimmerman(1988) 역시 미술 영재학생들의 지각에 초점을 두고 연구하였다. 연구대상 학생 대부분은 자신에게 미술 재능이 있다는 것을 알고 있었고 일반 영재처럼 자신을 긍정적으로 보았다. 이 학생들은 Freeman(1999)의 연구에서 보고된 학생처럼 수월 경험(illuminating experience)을 하였지만 그 강도는 이들보다 낮았다. 이 학생들은 정서적 위기 때문이 아니라 스스로 즐거운 경험에 자극받아 예술 활동을 하였고, 거기에 많은 에너지와 시간을 투입하였다. 미술 공부를 장려할 만한 배경이나 자원이 부족함에도 불구하고 가족은 미술 재능을 촉진시켜 주었다. 이들 중에는 학교에서 배우는 것 이상으로 가르쳐 줄 수 있는 훌륭한 교사를 희망하는 학생이 많았다.

미술 영재교사의 전문성 계발이라는 주제에 대한 연구(Zimmerman, 1997)는 있지만, 시각예술과 공연예술 영재의 리더십이나 능력을 연구한 논문은 거의 없다. 교사를 대상으로 한 어떤 조사결과를 보면, 교과 지식이 많고, 자아존중감이 높으며, 교사에게 선택할 수 있는 재량이 주어질 때 교사는 지도자의 역할을 잘 수행하고 타인과 잘 협력하였다. 이러한 교사들이 결국 학교, 지역사회, 정부기관에서 개인 생활이나 직장 생활, 나아가 그 이상의 생활에서 자신을 변화시켜 적절한 미술 영재교육을 촉진시키는 인사가 되었다.

논문에서 다룬 주제의 고찰

앞에서 소개하였던 캐슬린을 보면 음악이나 다른 교과 영재들이 흔히 지니고 있는 특성이 많다는 것을 알 수 있다. 캐슬린은 부모의 학력이 높고 어릴 때 이미 높은 수준의 재능을 보였다. 캐슬린의 부모는 음악가는 아니었지만 딸의 능력을 지지하고 격려해 주었다. 캐슬린은 고등학교에 다닐 때 특별활동과 대학 수준의 특별 프로그램에도 참여하였다. 캐슬린을 가르친 몇몇 교사들은 캐슬린에게 모델을 보여 주었고 수월 경험을 할 수 있는 맥락을 제공하였다. 이 때문에 캐슬린은 성공하고 두각을 나타내게 되었다. 캐슬린의 사례가 얼마나 유일한 것이고 여기에서 소개하는 논문과는 얼마나 관련이 있을까?

여기에 소개된 논문들은 서로 유사한 점도 있지만 다른 점도 많다. 논문의 연구자들은 모두 음악 영재와 시각예술 영재 프로그램에서 자료를 수집하였다. 이 중에서 어떤 연구는 부모나 사회공동체가 프로그램의 성공에 중요한 역할을 한 것으로 보고하였다. 학생의 노력과 부모의 지원, 차별화된 교육과정이 예술 재능 계발에 필요하다는 연구결과도 있었다. 영재를 선발할 때 표준화 검사점수에만 의존하지 않고 관찰, 공연, 작품, 다양한 추천서 등 지역 실정에 맞는 방법을 사용한 연구도 많았다.

음악 재능 발달에 관한 논문의 공통점은 이러한 연구가 Bloom, Renzulli 및 Gardner의 연구나 이들이 주장하는 가정을 지지한다는 것이다. Bloom (1985)과 동료들은 특정 분야에서 35세 이전에 높은 성취를 이룬 사람들이 어떤 과정을 거치는지를 조사한 적이 있는데, 이 장에 소개한 몇몇 논문에서 언급되고 있다. 음악이나 무용을 주제로 연구한 논문에서는 Renzulli(1977)의 '영재성의 세 고리 모델(Three Ring Model of Giftedness)' 개념을 적용하였고, 그 외의 몇몇 논문에서는 Gardner(1983)의 다중지능이론을 적용하였다.

이 책에 소개된 연구대상은 도시나 시골에 사는 다양한 학생, 학부모, 교사로서 다양한 사회경제적 집단을 대표하였다. 학생은 초등학생과 중학생이었다. 시내에 있는 학교를 대상으로 한 몇몇 연구에서는 학과 공부를 잘하는 것과 무용이나 음악을 잘하는 것은 상관이 없으며, 예술 분야에서 좋은 경험을 하면 학교공부의 실패도 만회할 수 있는 것으로 보았다. 이 연구에서는 학생을 선발할 때 교실 행동이나 인종 또는 학업성적과 같은 요인에 초점을 두지 않고 오직 오디션을 통한 수행평가를 기준으로 선발하였는데, 이 방법은 문화나 경제적 편견으로부터 자유롭다. 이 연구에서 주장하는 것과는 달리, 시골과 소도시에 거주하는 인구학적 배경이 다양한 학생을 대상으로 수행한 어떤 연구에서는 학업성취가 높은 학생이 시각예술에서도 성취가 높다는 결과를 제시하였다. 이처럼 연구결과들이 일치하지 않는 사실로

예술 · 음악 영재학생

미루어 볼 때, 특정 상황에서 이루어진 연구결과를 더 큰 다른 모집단에 일반화하는 것은 분명 문제가 있을 수 있다.

대부분의 연구에서 언급하지는 않았지만 중요한 문제 중의 하나는 미술 재능 발달에서의 성차다. 본 연구자가 미술 재능이 있는 남학생과 여학생의 차이를 확인한 결과(Zimmerman, 1995), 교과 선택, 매체 선택, 자신의 미술 능력에 대한 인식, 미술가로서의 진로 설계에 문화적 고정관념이 뚜렷하게 작용한다는 것을 확인하였다. 본 연구자는 상담자나 부모, 교사, 지역사회 공동체 인사들이 여학생 미술 영재들에게 독립적이고, 사명감이 있으며, 강한 정체성과 자아존중감을 발달시키고, 성적 고정관념이나 성적 차별이 없는 상황에서 성취를 이룰 수 있도록 교육해야 한다고 제안하였다.

이 장에서 소개한 논문에서는 자료를 수집하고 해석하는 데에 다양한 질적 방법과 양적 방법을 사용하였다. 예술 영재교육 연구에서 다양한 방법을 사용하는 것은 중요하다. 조사의 질을 확보해야 교육 연구 분야의 광범한 지지를 얻어 낼 수 있다. 심도 있게 조사하지도 않고 단 한번 실행하여 일반성이 결여된 연구결과 때문에 오해가 널리 확산되어 많은 사람들이 그것을 받아들이면 어떻게 되겠는가? 예술교육 분야에서는 연구의 계보라는 것이 엄연히 존재한다. 예를 들면, 미술 교사 지도성과 예술 재능 계발을 위한 이론 모델이 개발되었는데, 이것은 여권 신장과 예술교육의 지도성에 대한 10년간의 최고의 연구결과를 대표하고 있다(Thurber & Zimmerman, 1997, 2002; Zimmerman, 인쇄 중).

예술 재능 계발에 대한 오해

많은 교육자들은 작곡, 연주, 성악을 하려면 타고난 재능이 있어야 하며 음악과 시각예술 분야에서 성공하기 위해 타고난 재능이 가장 중요하다고 생각한다. 그러나 모든 학생에게 음악 재능이 있는 것은 아니다(Davis, 1994).

사실, Sosniak(1985), Sloan과 Sosniak(1985)는 재능 발달에 대하여 Bloom(1985)이 쓴 고전에서, 일찍이 나타나는 음악 재능과 미술 재능에 대한 객관적 설명이 가능하다 하더라도 그것이 바로 그 분야의 타고난 재능은 아니라고 하였다.

음악 재능을 연구한 두 편의 논문에서 연구대상이었던 부모들은 자녀의 잠재적 재능이 타고난 측면도 있지만, 자신들이 동기를 부여하고 적극적으로 격려하고 지지하였기 때문이라고 생각하였다(Dai & Schader, 2002; Evans, Bickel, & Pendarvis, 2000). 교사는 교사대로 학생들의 학교공부와 이들에게 준 보상 때문에 음악 재능 계발이 가능하였다고 생각하였다. 이와는 대조적으로, 학생은 자신의 재능과 성공이 열심히 노력한 결과라고 생각하였다(Evans, Bickel, & Pendarvis, 2000). 교과 공부를 잘하는 학생과 시각예술 영재를 대상으로 한 Guskin, Zimmerman, Okolo 및 Peng(1986)의 연구를 보면, 이들 모두 자신의 재능이 바꿀 수 없는 어떤 능력이라기보다는 자신의 노력을 통하여 얻어진 것이었기를 바랐다.

또 하나 널리 오해받는 것 중의 하나는, 시각예술 재능과 공연예술 재능은 서로 비슷한 것 같지만 전통 교과 능력 발달 측면에서는 전혀 다르다는 것이다. Haroutounian(2002)은 음악 재능이 시각예술 재능과 다르다고 믿고 있다. 또한 일반화된 예술 평정척도는 예술을 하나의 실체와 관련짓는 경향이 있기 때문에 이러한 척도를 사용해서는 안 된다고 믿고 있다. 그러나 1989년 Gardner는 예술 분야별 지능은 존재하지 않는다고 언급하였다. 각 분야의 지능은 "예술 목적 달성을 지향할 수만 있다는 것이다. 즉, 굳이 지능의 상징을 어떤 예술 형태로 늘어 놓을 필요는 없다는 것이다."(p. 74) 라고 하였다. 이 장에 소개된 논문 저자들을 비롯하여 음악 교육자들은 Gardner의 음악 지능 개념을 중요한 이론적 개념으로 수용하고 있다. 그러나 시각예술 분야에서는 Gardner의 주장 중에 시각예술 지능이라고 밝힌 것이 없기 때문인지 그의 개념을 지지하는 분위기는 아닌 것 같다.

음악 재능과 시각예술 재능 발달의 또 다른 차이는 어린 나이에 비상한 재능이 나타나느냐 하는 점에 있다. 음악이나 체스는 어려서부터 비범한 행동이 나타나는 것을 볼 수 있지만, 시각예술에서는 신동이 거의 없다. Seashore(1938)와 Gordon(1989)은 기본적 음악 자질이 어릴 때 나타나고 9세 혹은 10세가 되면 음악 재능을 신뢰할 만큼 측정할 수 있다고 보았다. Walters와 Gardner(1984)는 음악 재능과 수학 재능이 시각예술 재능보다는 더 어린 나이에 나타난다고 확신하였다. 다른 연구자들도 미술에서 분명하게 재능을 보이는 연령이나 학년은 사람마다 다르다고 보았다(Bloom, 1985; Khatena, 1989). 음악교육에서 조기에 재능을 계발해야 한다는 것은 일반적으로 확립된 개념인 데 반해 시각예술 교육에서는 그렇지 않다.

시사받은 것이든 직접 표명한 것이든 예술 영재의 학업성적이 우수하지는 않다는 것은 공통적이다. 사실 이들은 교과 공부에 문제가 있다. 한 연구 결과를 보면 무용 영재나 음악 영재는 일부 교과 공부를 잘하지 못하는 것으로 알려지고 있다(Baum, Owen, & Oreck, 1996). 그러나 이 책에서 소개하고 있는 두 연구 논문에서는 시각예술 재능 학생들 중에 교과 공부를 잘하는 학생도 있는 것으로 결론 내리고 있다(Clark & Zimmerman, 1988, 2001). 이 부분에 대해서는 앞으로 더 많은 연구가 필요하다.

학자들은 지능과 예술 수행을 아무런 근거 없이 분리하는 것에 대하여 수년간 의문을 제기해 왔다. Gardner(1983) 역시 예술 능력은 지적 능력이나 교과 능력과 정적 상관이 있다고 주장하였다. 이와 달리, Sternberg(1985)는 예술 능력이 지적 능력과 관련이 없다고 하였다. Winner(1996)는 예술 영재에게는 전통적 지능검사로 측정할 수 없는 능력이 있다고 하였다. Eisner(1994)는 정서와 인지가 독립 과정이 아니기 때문에 분리할 수 있는 것이 아니라고 하였다. 사람들이 어떤 문제에 직면하고 그것을 해결해 나가듯이 인지는 서로 다른 종류의 지능을 통하여 확장되어 가는 것이다.

많은 교육자들이 또 하나 공통적으로 잘못 생각하는 것은 시각예술과 공연예술 재능 발달에서 창의성이라는 용어가 상호 양해되고 있다는 점이다. 이 장에서 소개한 음악 재능과 무용 재능에 관한 일부 논문에서는 Renzulli

(1977)의 영재성의 개념 모델의 창의성 개념을 영재 판별 절차를 안내하는 정의의 일부로 사용하였다. 그리고 이 장에 소개한 일부 논문의 연구자들은 Renzulli가 정의한 창의성을 조작할 수 있는 개념으로 수정하였다. Baum, Owen 및 Oreck(1996)의 연구 같은 경우 창의성 자체는 정의하지 않고 표현, 동작의 특성, 즉흥 무용, 표현 요소, 즉흥 음악과 같은 것으로 조작하였다. Kay와 Subotnik(1994)의 논문에서도 Baum, Owen 및 Oreck(1996)의 논문에서 사용한 창의성 범주를 사용하여 창의성을 음악과 무용에서 개인의 표현력과 협력에 따른 문제해결로 간주하였다.

비록 Zimmerman과 Clark(2001)이 Clark 그림능력검사(Drawing Ability Test)와 Torrance 창의성 검사(Test of Creative Thinking) 간의 상관이 있다는 것을 발견하였다 하더라도, Torrance(1963)는 문학, 과학, 의학, 지도력 분야에서의 창의적 성취가 음악, 시각예술, 사업, 산업 분야에서의 창의적 성취에 비해서 더 쉽게 예측할 수 있다고 하였다. Haroutounian (2002)은 음악 재능 발달에 대하여 저술한 저서에서, 예술 영재를 판별하는 측정도구로 일반 창의성 검사나 적성검사, 지능검사나 학업성취도 검사를 사용하지 말라고 음악 교육자들에게 권고하였다. 그녀의 주장은, 이러한 측정도구가 예술 능력을 확인하는 데 적절하지 않고 잠재적 예술 영재를 배제시킬지도 모른다는 것이다. 교육학이나 심리학 문헌에서도 보듯이 '재능(talent)' '영재성(giftedness)' '창의성(creativity)'이라는 용어는 일치된 개념 정의가 없다. Sternberg와 Lubart(1999)의 "새롭고… 그리고 적절한 산출물을 생산하는 능력"(p. 3)이라는 창의성에 대한 정의가 가장 널리 인정받고 있다. 오늘날 수많은 심리학자와 교육자 역시 창의성은 상호작용 체제로 볼 수 있는 하나의 복잡한 과정이며, 이것은 사람, 과정, 산출, 사회적 혹은 문화적 맥락 간의 관계가 가장 중요하다는 데 동의하고 있다(Csikszentmihalyi, 1966; Sternberg, 1999).

창의적 학생이라고 판단하는 맥락은 환경에 따라 다르다. Sternberg(2001)는 지능을 창의성과 변증법적 관계에 있는 것으로 보았다. 즉, 지능은 사회

예술 · 음악 영재학생

규범을 발전시키지만 창의성은 사회 규범에 반하고 새로운 규범 출현을 지향하는 것으로 보았다. 창의적 인간이 되려면 지능이 필요하지만 지적인 사람이 모두 창의적인 것은 아니다. 이러한 관점에서는 창의성을 어떤 사회 맥락 내에서 하나 이상의 체계와 상호작용하는 한 개인의 특성으로 본다.

많은 연구자들은 성인만 창의적일 수 있다고 주장하고 있다. 예를 들면, Csikszentmihalyi (1996)는 아동이 많은 영역에서 재능을 나타낼 수 있지만, 창의성은 어떤 영역을 변화시키고 그 영역 내에서 사고방식을 변화시키는 것을 포함하기 때문에 아동은 창의적일 수 없다고 주장하였다. 그러나 다른 연구자들은 누구나 어느 정도의 창의성이 있으며, 이들의 잠재적 창의성은 교육환경 내에서 지원을 받아야 한다는 입장을 취하고 있다(Parkhurst, 1999). 이러한 관점에서 보면 창의성은 그 학생이 살고 있는 사회보다는 학교 환경이 학생에게 창의적이어야 한다.

결 론

앞에서 살펴보았듯이 어린 시절부터 남다른 성취를 보인 캐슬린처럼 아동이 세상에 두각을 나타내도록 하기 위해서는 시각예술과 공연예술 재능 계발 분야에서 제기되는 중요한 문제를 연구하여야 한다. 예술 영재에게 주어지는 교육 기회를 개선하는 데 중요한 정보를 제공할 수 있는 연구 일정을 마련하여야 한다. 여기에서 소개한 논문은 음악, 무용, 시각예술 영역의 재능을 계발하기 위한 수많은 연구 논문을 대표한다. 드라마 교육에 대한 연구도 더 많이 필요하다. 그 외에 교육 기회와 교육환경이 어떤 영향을 주는지, 예술 영재의 발달에서 교사의 역할은 무엇인지 등에 대한 연구도 필요하다. 표준화 검사 운동에 대한 연구, 시각예술 영재교육과 공연예술 영재교육의 관계에 대한 연구 역시 매우 중요한 영역이다. 문화적 차이와 세계적인 대중문화가 예술 영재교육에 미치는 영향뿐만 아니라 남녀 학생의 배경,

성격, 기술 발달 및 지적 · 정의적 능력에 대한 연구도 필요하다.

🖎 참고문헌

Baum, S. M., Owen, S. V., & Oreck, B. A. (1996). Talent beyond words: Identification of potential talent in dance and music in elementary students. *Gifted Child Quarterly, 40*(2), 93-101. **[See Vol. 9, p. 57.]**

Bloom, B. S. (1985). *Developing talent in young people.* New York: Ballantine.

Clark, G., & Zimmerman, E. (1998). Views of self, family background, and school: Interviews with artisically talented students. *Gifted Child Quarterly, 32*(4), 340-346. **[See Vol. 9, p. 103.]**

Clark, G., & Zimmerman, E. (2001). Identifying artistically talented students in four rural communities in the United States. *Gifted Child Quarterly, 45*(2), 104-114. **[See Vol. 9, p. 83.]**

Csikszentmihalyi, M. (1996). *Creativity: Flow and the psychology of discovery and invention.* New York: HarperCollins.

Dai, D. Y., & Schader, R. M. (2002). Decisions regarding music training: Parental beliefs and values. *Gifted Child Quarterly, 46*(2), 135-144. **[See Vol. 9, p. 1.]**

Davis, M. (1994). Folk music psychology. *Psychologist, 7*(12), 537.

Denny, D. (2003, January 20). New challenge awaits top student: Rhodes scholarship. *The Herald Times*, pp. A1, A2, A7.

Eisner, E. W. (1994). *Cognition and curriculum reconsidered.* New York: Teachers College Press.

Evans, R. J., Bickel, R., & Pendarvis, E. D. (2000). Musical talent: Innate or acquired? Perceptions of students, parents, and teachers. *Gifted Child Quarterly, 44*(2), 80-90. **[See Vol. 9, p. 19.]**

Freeman, C. (1999). The crystallizing experience: A study in musical precocity. *Gifted Child Quarterly, 43*(2), 75-85. **[See Vol. 9, p. 39.]**

Gardner, H. (1983). *Frames of mind: The theory of multiple intellingences.* New

York: Basic Books.

Gardner, H. (1989). Zero-based arts education: An introduction to ARTS PROPEL. *Studies in Art Education, 30*(2), 71-83.

Gordon, E. (1989). Advanced measures of music audiation. Chicago: GIA.

Guskin, S., Zimmerman, E., Okola, C., & Peng, J. (1986). Being labeled gifted or talented: Meanings and effects perceived by students in special programs. *Gifted Child Quarterly, 30*(2), 61-65.

Haroutounian, J. (2002). *Kindling the spark: Recognizing and developing musical talent.* New York: Oxford University Press.

Kay, S. L., & Subotnik, R. F. (1994). Talent beyond words: Unveiling spatial, expressive, kinesthetic, and musical talent in young children. *Gifted Child Quarterly, 38*(2), 70-74. **[See Vol. 9, p. 73.]**

Khatena, J. (1989). Intelligence and creativity to multitalent. *Journal of Creative Behavior, 23*(2), 93-97.

Lubart, T. L. (1999). Creativity across cultures. In R. Sternverg (Ed.), *Handbook of creativity* (pp. 339-350). Cambridge, UK: Cambridge University Press.

Parkhurst, H. B. (1999). Confusion, lack of consensus, and the definition of creativity as a construct. *Journal of Creative Behavior, 33*(1), 1-21.

Renzulli, J. S. (1977). *The enrichment triad model: A guide for developing defensible programs for the gifted and talented.* Mansfield Center, CT: Creative Learning Press.

Renzulli, J. S. (1986). The three-ring conception of giftedness: A developmental model for creative productivity. In R. J. Sternberg & J. E. Davidson (Eds.), *Conceptions of giftedness* (pp. 53-92). New York: Cambridge University Press.

Seashore, C. E. (1938). *Psychology of music.* New York: McGraw-Hill.

Sloan, K. D., & Sosniak, L. A. (1985). The development of accomplished sculptors. In B. Bloom (Ed.), *Developing talent in young people* (pp. 90-138). New York: Ballantine.

Sosniak, L. A. (1985). Learning to be a concert pianist. In B. Bloom (Ed.), *Developing talent in young people* (pp. 19-67). New York: Ballantine Books.

Sternberg, R. J. (1985). *Beyond IQ: A triarchic theory of human intelligence.*

New York: Cambridge University Press.

Sternberg, R. J. (Ed.). (1999). *Handbook of creativity*. Cambridge, UK: Cambridge University Press.

Sternberg, R. J. (2001). What is the common thread of creativity? *American Psychologist, 56*(4), 360-362.

Sternberg, R. J., & Lubart, T. I. (1999). Concept of creativity: Prospects and paradigms. In R. J. Sternberg (Ed.), *Handbook on creativity* (pp. 3-15). New York: Cambridge University Press.

Thurber, F., & Zimmerman, E. (1997). Voice to voice: Developing in-service teachers' personal, collaborative, and public voices. *Educational Horizons, 75*(4), 20-26.

Thurber, F., & Zimmerman, E. (2002). An evolving feminist leadership model for art education. *Studies in Art Education, 44*(1), 5-27.

Torrance, E. P. (1963). *Education and creative potential*. Minneapolis, MN: University of Minnesota Press.

Walters, J., & Gardner, H. (1984, March). *The crystallizing experience: Discovering an intellectual gift*. Technical paper, supported by grants from the Social Science Research Council and the Bernard van Leer Foundation of The Hague.

Winner, E. (1996). *Gifted children: Myths and realities*. New York: Basic Books.

Zimmerman, E. (1995). Factors influencing the art education of artistically talented girls. *The Journal of Secondary Gifted Education, 6*(2), 103-112.

Zimmerman, E. (1997). I don't want to sit in the corner cutting out valentines: Leadership roles for teachers of talented art students. *Gifted Child Quarterly, 41*(1), 37-41. [See Vol. 9, p. 119.]

Zimmerman, E. (in press). I don't want to stand out there and let my underwear show: Leadership experiences of seven former women doctoral students. In. K. Grauer, R. Irwin, & E, Zimmerman (Eds.), *Women art educators V: Conversations across time−remembering, revisioning, reconsidering*. Montreal, Canada: Canadian Society for Education through Art.

01

음악 훈련의 결정: 부모의 신념과 가치[1]

David Yun Dai(State University of New York at Albany)
Robin M. Schader(University of Connecticut)

음악 영재성 발달은 일반적으로 오랜 기간에 걸쳐 부모의 많은 뒷바라지를 필요로 한다. 이 연구에서는 자녀의 음악 훈련, 일반 학업, 운동 활동에 대한 부모의 기대 신념과 가치를 조사하였다. 4개의 음악 학원에 다니는 6~18세 학생의 부모 231명에게 설문조사를 하였다. 조사결과는 부모들이 처음에는 자녀의 음악 재능을 계발하려는 데 목적이 있었던 것이 아니라 일반적 교육 가치를 추구하기 위하여 자녀를 음악 학원에 보냈다는 것을 암시해 주고 있다. 그러나 일단 훈련을 받고 자녀의 음악성이 계발되면 부모는 자녀의 음악 재능을 계발시키겠다는 일념으로 음악, 학업, 운동의 세 영역에 대한 자신의 신념과 가치를 조정하는 것으로 보인다.

음악 재능을 발달시키는 데는 장기간의 경제적 자원과 시간의 투입이 필요하다. 이 외에 학생을 지지하는 가정환경도 필수적으로 요구된다. Freeman(1976)은 학교에서 기악 공부를 해 볼 것을 권장받은 아동이라 하더라도 가정환경이 충분히 뒷받침해 주지 못하면 아이가 포기한다는 것을 알았다. Davidson, Howe, Moore 및 Sloboda(1996)는 기악 공부를 하는

---

1) 편저자 주: Dai, D. Y., & Schader, R. M. (2002). Decisions regarding music training: Parental beliefs and values. *Gifted Child Quarterly*, 46(2), 135-144. ⓒ 2002 National Association for Gifted Children. 필자 승인 후 재인쇄.

250명 이상 아동의 학부모를 면담한 결과, 부모가 관심이 얼마나 있고 뒷받침을 얼마나 잘해 주는가에 따라 자녀가 장차 음악 수업과 실기를 계속할 것인지의 여부가 결정된다는 것을 알았다. 이처럼 아동이 음악 훈련을 장기간 계속할 수 있는지의 여부는 부모 역할이 결정적으로 작용하며, 부모의 뒷받침이 자녀의 음악 재능을 발휘하는 데 필수적인 것으로 보인다. 본 연구에서는 부모의 관점에서 음악 재능 발달을 살펴보고 부모가 자녀의 음악 훈련을 뒷받침하려는 동기에 작용하는 신념과 가치가 무엇인지를 조사하였다.

부모의 기대 신념과 귀인

Ericsson, Tesch-Romer 및 Krampe(1990)의 연구에서는 부모나 그 자녀가 다른 선택이나 관심을 접고 오직 한 가지 활동에만 많이 투자하면 성공할 가능성이 높은 것으로 확신한다는 것을 시사해 준다. 이러한 확신을 들게 하는 원천 중의 하나가 바로 자녀의 음악능력이나 자녀의 능력에 대한 부모의 지각이다(Davidson et al., 1996). 그 때문에 자녀의 음악 재능에 대한 부모의 지각은 장기간에 걸쳐 음악 훈련을 계속시킬 것인지의 여부를 결정하는 데 중요한 요소가 될 수 있다. 부모의 기대 신념은 부모가 자녀에 대하여 뒷받침해 주려는 동기 수준뿐만 아니라, 자녀 스스로의 음악 유능감 지각에도 영향을 줄 수 있다. 많은 연구에서, 부모가 자녀의 유능감이나 재능에 대하여 어떤 신념을 지니고 있는가에 따라 아동의 자기지각에 미치는 영향이 다르다는 증거를 제시하고 있다(Frome & Eccles, 1998; Parsons, Adler, & Kaczala, 1982; Phillips, 1987; Dix, 1993 비평 참조). 그런데 Evans, Bickel 및 Pendarvis(2000)는 자신들이 수행한 연구에 근거하여 부모는 자녀의 음악적 성취와 성공에 가장 많은 공헌을 하였지만, 정작 자녀의 음악 재능을 낮게 보는 경향이 있다고 하였다. Sosniak(1997)의 연구에서도 유명한 어린 피아니스트의 부모 역시 자신의 자녀에게 일찍부터 특별한 재능이 있었다고는 생각하지 않았다. 따라서 부모가 볼 때 성공하기 위하여 필요한 능력의 중요성이 영역에 따라 다른 것인지는 앞으로 더 조사해 볼 필요가 있다.

■ 연구의 활용도

우리의 생각과 달리, 대부분의 부모는 자녀의 음악 재능을 발달시키기 위하여 장기 목표를 가지고 뒷바라지하지는 않았다. 자녀가 고등학교에 입학하고 나서야 더 높은 수준의 음악 훈련을 시키거나, 중요한 선택을 하거나, 또는 선택의 갈등을 겪은 것으로 보인다. 자녀의 음악 잠재력에 대한 부모의 강한 신념과 음악 성취에 대한 높은 열망은 수준 높은 음악 훈련을 지속하게 하는 데 필수적인 것으로 보인다. 부모는 자녀에 비해 재능과 동기, 능력과 노력 간의 차이를 크게 보지 않는 것 같다. 부모와 자녀가 음악 훈련의 성패 원인을 다르게 보듯이, 부모는 음악 재능을 정적인 것이 아니라 역동적이고 변화할 수 있는 것으로 보는데, 결국 이것이 일반적으로 자녀의 동기를 높여 주는 기능을 한다.

음악 유능감이 발달하기 위해서는 능력보다는 장기간의 필사적 노력이 필요하다(Ericsson, Krampe, & Tesch-Romer, 1993; Sloboda, Davidson, Howe, & Moore, 1996; Sosniak, 1997). 부모는 자녀의 음악 재능 발달에 필요한 노력을 어떻게 이해하고 있고, 높은 수준의 노력을 촉진하거나 방해할 수 있는 자녀의 동기와 성격 특성을 어떻게 이해하고 있는 것일까? 이것은 부모를 매일 관찰해 보면 알 수 있지만, 관찰은 주관적 편견이 작용하기 쉽다. 그 근거가 무엇이든 부모의 인식은 부모가 자녀를 뒷받침하는 수준과 자녀의 음악 훈련이 투자할 가치가 있는지, 그리고 결실을 맺을 수 있을지를 결정하는 데 영향을 줄 수 있다.

시간과 자원은 제한되어 있는데, 만일 아동이 여러 가지 흥미와 가능성을 함께 가지고 있다면 어떻게 될까? 다중잠재력(multipotentialities), 혹은 Gagné(1999)가 말한 '다중유인가(polyvalence)'는 음악성이 있는 대부분의 아동이 안고 있는 문제다. 전통적으로 높은 학업성취가 성공에 필수적이지

만 운동과 같은 특별활동도 인기가 매우 높고 환영받는 것으로 보인다. 부
모는 자녀가 여러 잠재력을 지니고 있다는 것을 알 때 여러 대안에 대하여
마음이 열려 있을까? 음악 훈련을 시킬 때 시간과 노력이 많이 든다고 생각
하는 부모는 음악, 학업, 운동 중 어느 하나를 선택해야 하는 갈등을 느낄까?
Kemp(1996)는 음악성이 있는 아동에게 내성적 경향이 있다는 것을 발견하
였다. 이 연구결과를 보고 사람들은 음악성이 있는 아동의 경우, 협동과 사
회적 상호작용이 많이 요구되는 신체적 운동에는 별 관심이 없다고 생각할
것이다.

부모의 가치 신념

음악으로 성공할 가능성은 있지만 중요하지 않다고 생각한다면 투자의
의미가 없다. 이것은 부모에게 '음악이 얼마나 중요한가?' 하는 가치의 문
제다. 어떤 활동이나 추구하려는 일의 중요성은 늘 대안이나 기회가 얼마나
중요한지와 관련이 있다. 부모는 자녀의 삶에서 서로 경쟁 관계에 있는 여
러 요구나 기회를 놓고 어떻게 우선순위를 매기는가? 일반 과목에서 열심히
공부하는 것이 음악 공부를 하는 것보다 더 유리한 진로를 보장한다고 해도,
부모는 이 두 영역 각각에 대하여 가능성을 똑같이 열어 둘까? 과연 부모는
자녀에게 음악 훈련을 시키는 것에 대하여 양가감정을 가질까?

부모의 기대와 가치 신념 발달의 변화

발달 관점에서 보면, 부모의 지각과 가치 신념은 자녀의 음악 재능 발달
단계에 따라 차이가 많다. Bloom과 동료들(Bloom, 1985; Sosniak, 1997)은
아동기와 청소년기의 재능이 3단계를 거쳐서 발달한다는 것을 확인하였다.
첫 번째 단계에서는 음악 영역, 운동 영역, 수학 영역 등 어느 영역이든 간에
노는 가운데 그 영역과 상호작용하도록 해야 한다는 것이다. 이 단계에서
교사와 부모는 수행이나 성취의 외적 기준을 강조하지 않는다. 두 번째 단

계는 교사와 부모가 보살피는 가운데 지식과 기술을 좀 더 체계적으로 습득한다. 진보 정도는 좀 더 엄격한 기준을 적용하여 평가한다. 기대나 요구가 높아짐에 따라 종종 부모는 자녀에게 더 훌륭한 교사를 소개해 주거나 중요한 행사에 참석하는 등 새로운 상황을 제공하기 위하여 많은 시간과 돈을 들인다. 세 번째 단계는 재능을 보이는 영역에 총력을 기울여 헌신하고, 일념으로 자녀의 전문적 수월성을 추구하는 특징이 있다. 일반적으로 이 시기의 청소년은 부모와 교사의 자극과 지원에 힘입어 자신의 진로를 확고하게 결정한다.

부모가 음악 훈련에 대하여 가지는 우선순위와 가치 인식은 음악 재능 발달의 각 단계에 따라 요구가 달라지면 같이 달라진다. 초기 탐색 단계에서는 자녀에게 음악 훈련을 시킬지의 여부를 결정할 때 자녀의 음악 재능과 동기에 대한 부모의 인식이 그리 중요하지 않을지도 모른다. 자녀가 음악을 즐거워하고 습관을 들이는 것과 같은 일반적 유인만으로도 자녀에게 음악 훈련을 시키는 것이 낫겠다는 믿음을 갖기에 충분하다. 그러나 두 번째 단계에서처럼 음악 훈련이 많이 요구되는 경우가 되면, 자녀의 재능과 노력 수준에 대한 부모의 인식은 이후에 음악 훈련을 계속 시킬 것인지의 여부를 결정하는 데 중요한 요소가 된다. 자녀의 학습 동기가 부족하거나 재능이 부족하거나, 또는 이 두 가지 모두 부족하면 부모는 그동안 투자하고 희생한 것에 대하여 심지어 아까워할지도 모를 일이다. 자녀가 고등학교를 졸업할 즈음이 되면 학생과 부모는 개인적으로나 경제적으로 어떤 진로가 더 바람직하고 얻는 것이 더 큰지에 대하여 더욱 깊이 생각한다. 부모는 음악, 학업, 그 밖의 영역에서 자녀가 가진 잠재적인 내적 보상과 외적 보상을 비교해 볼 뿐만 아니라 각 영역의 상대적 강점도 비교해 본다.

연구 목적

　음악 재능을 계발하는 데는 부모의 많은 뒷받침이 있어야 한다. 어쩌면 이것은 반드시 필요한 일일지도 모른다(Davidson et al., 1996). 흥미 있는 것이 많고 각각의 가능성도 많을 경우 그중에서 부모가 음악 재능을 계발하기로 결심하는 데 영향을 주는 것은 무엇인가? 부모가 자녀의 동기, 강점, 잠재력을 어떻게 평가하고 음악 훈련이나 음악 성취의 가치를 어떻게 지각하는지에 대해서 우리는 아직 잘 모르고 있다. 아동의 음악 재능 계발에 부모의 뒷받침과 격려가 중요하다는 증거는 많지만, 부모가 자녀를 위하여 중요한 결정을 하는 과정에서 겪는 갈등 저변에 있는 동기에 대해 연구한 사례는 많지 않다.

　본 연구의 목적은 자녀의 음악 훈련, 정규 학업, 운동에 대한 부모의 기대와 가치 신념을 조사하는 데 있다. 이 연구의 배경 이론은 기대-가치 동기 이론이며(Atkinson, 1957; Parsons et al., 1983), 연구문제는 다음과 같다.

1. 부모는 학업이나 운동보다 음악에 대한 자녀의 능력과 동기에 대한 기대 신념이 더 높은가?
2. 여러 해에 걸쳐 음악 훈련을 받은 부모는 자녀의 음악 성취에 대한 열망만큼 자녀의 음악 유능감에 대해서도 기대 신념이 높은가?
3. 부모의 기대 신념과 성취에 대한 열망 간에는 어떤 관계가 있는가?
4. 자녀의 연령이 증가하면 부모가 학업이나 운동에서 요구되는 수준을 음악 훈련 수준으로 균형을 유지하는 것이 어려운가? 그 어려움은 연령이 증가할수록 커지는가?

연구방법

연구 도구

음악, 학업, 운동 영역에 대한 부모의 기대와 가치 신념을 평가하기 위하여 44개 문항의 설문지를 개발하였다. 영역 간 균형을 유지하고 비교를 할 수 있도록 각 영역마다 비슷한 문항을 사용하였다.

1. **아동의 능력과 재능에 대한 부모의 인식**(예, 자녀의 타고난 음악[학업, 운동] 재능이 어느 정도라고 생각합니까?)
2. **성공에 요구되는 노력과 동기 수준에 대한 부모의 인식**(예, 음악[학업, 운동]을 잘하기 위해서 자녀가 어느 정도 노력해야 합니까? 자녀는 음악[학업, 운동]을 어느 정도 하고 싶어 합니까?)
3. **성공의 중요성에 대한 부모의 인식**(예, 자녀가 음악[학업, 운동]과 관련된 직업을 가질 것을 어느 정도 희망합니까?)

지속적으로 자녀의 음악 재능을 계발할 것인지 말 것인지를 알아보기 위하여 다음과 같은 질문을 포함시켰다. (a) 과중한 음악 훈련 때문에 학업이나 운동 활동에 얼마나 갈등을 느끼고 있는가? (b) 자녀의 삶을 위해 음악 훈련 대신에 다른 더 중요한 것을 할 수 있도록 길을 열어 주어야 할 것인지를 결정하는 데 얼마나 어려움을 겪는가?

항목마다 '낮음'에서 '높음'까지 7점 Likert 척도로 점수를 매겼다. 위에서 언급한 구인 이외에, 부모 중 어느 한 사람 또는 모두가 악기를 연주하는지, 연주한다면 직업으로 하는지, 미국에서 태어났는지, 자녀가 몇 년간 음악 공부를 하였는지 등과 같은 배경 정보를 얻는 질문도 하였다.

표본의 특성

이 연구를 할 당시에 4곳의 음악 학원에 다니고 있는 6~18세 학생 231명 (여 93명, 남 137명, 1명은 성별 정보 없음)의 부모가 연구에 참여하였다. 샌프 란시스코 음악학교(SFCM)의 학부모에게 400부의 질문지를 보냈고, 로스앤 젤레스에 있는 콜번 스쿨(Colburn School)에 150부, 볼티모어에 있는 피바 디 스쿨(Peabody School)에 100부, 샌디에이고 청소년심포니(SDYS)에 80부 를 보냈다. SFCM에서 총 94부가 회수되었고(24%), 콜번 스쿨에서 47부 (31%), 피바디 스쿨에서 32부(32%), SDYS에서 58부(73%)가 회수되었다. 앞 의 세 기관은 수업을 받기 위해 자녀들을 데리고 온 학부모가 많지 않아서 질문지 배부가 어려웠다. 더욱이 이 세 기관의 학부모는 영어를 잘하지 못 하는 사람이 많아서 더 어려웠다. 학교 직원을 통해 배부한 질문지 중 일부 는 부모에게 전달되지 않을 수도 있어서 회수율을 예측하기가 어려웠다. 그 러나 SDYS의 회수율을 가지고 대략 예측해 볼 수 있다. 이 문제에 대해서는 자료 분석과 논의 부분에서 더 다룰 것이다.

학생이 음악 훈련을 받은 연수는 0~12년까지($M=5.3$, $SD=3.3$, $Mdn=5$) 큰 편차가 있었다. 음악 훈련은 대부분 바이올린, 비올라, 첼로, 피아노 같은 악기로 이루어졌다. 부모의 교육 수준은 대부분 높았다(아버지의 30%, 어머 니의 38%가 대학 졸업을 하였으며, 아버지의 50%, 어머니의 39%가 대학원 졸업을 하였다). 어머니의 55%, 아버지의 40%가 1~51년(최소 연수는 어머니 10년, 아버지 30년)에 이르기까지 악기를 연주한 경험이 있었다. 아버지의 13%($n=29$)는 음악 전문가라고 하였다. 그 외에도 4개 음악 기관이 있는 소 재지의 특성으로 볼 때 음악 전문가라고 대답한 아버지 중에는 1세대, 2세 대 이민자들이 많았을 것으로 보인다. 조부모의 53%, 어머니의 46%, 아버 지의 40%가 미국과 캐나다 이외의 나라에서 출생하였다. 이들의 반은 아시 아(예, 대한민국, 중국, 대만) 태생이었고, 나머지 반은 유럽과 남아메리카(예, 러시아, 쿠바, 멕시코) 태생이었다.

자료 분석

자료 분석은 본 연구의 조사 성격을 나타내는데, 요인의 구조를 알아보고 검사도구의 척도를 결정짓기 위하여 요인분석을 하였다. 이것을 기초로 세 영역(음악, 학업, 운동)과 두 차원(기대, 가치)의 행렬에 따라 항목을 의미 있게 구성해 주는 하위척도를 만들었다. 표본은 비교분석을 하기 위하여 4개의 연령 집단으로 나누고 다변량분산분석(MANOVA)을 하여 평균의 차이를 알아보았다. 세 영역 내, 영역 간의 기대 신념과 가치의 상관 유형을 밝히기 위해 관련 측정치로 상관을 알아보았다.

결 과

요인분석과 척도 만들기

첫째, 세 영역에서 자녀의 능력, 동기, 가치에 대한 부모의 신념을 측정하는 30개 문항(각 영역별 10개 문항; 〈표 1-1〉 참조)에 대하여 요인분석을 하였다. 배리맥스 회전(Varimax rotation)을 사용하여 7개 요인을 추출하였는데, 전체 변량의 68%를 설명하는 것으로 나왔다. 요인 부하량을 조사한 결과, 요인구조가 일반적 개념 틀과 일치하는 것으로 나왔으나, '능력'과 '동기' 문항은 같은 요인에 부하되는 경향이 있었다. 세 영역에서 능력과 동기를 측정하는 15개 문항과 세 영역에서 가치나 중요성을 평가하는 15개 문항으로 각각 요인분석을 하였다. 그 결과, 몇 개 문항을 제외하고는 모두 개념화한 것(〈표 1-1〉 참조)과 아주 일치하였다.

세 영역(음악, 학업, 운동)에서 '기대' '동기 신념'을 동일하게 측정하는지를 확인하기 위하여 각 영역에서 문두(item stem)가 같은 문항 각 5개의 평균을 구하여 '능력(competence)' '동기 신념(즉, 기대)' 값을 구하였다. 각 영역별 알파 신뢰도계수는 .78, .71, .92였다(〈표 1-1〉 참조). 마찬가지로 각 영

표 1-1 음악, 학업, 운동 영역에서 기대 신념, 열망 측정 문두의 요인 부하량

음악(MU), 학업(AC), 운동(AT)에 사용된 문두	음악	학업	운동
	요인 부하량		
능력/동기			
1. 자녀의 ___에 대한 기술은 어느 정도입니까?	.68	.87	.91
2. 자녀는 ___에서 얼마나 발전하였다고 봅니까?	.76	.60	.86
3. 자녀는 ___에서 타고난 재능이 어느 정도라고 생각합니까?	.45	.75	.86
4. 자녀는 ___의 동기가 어느 정도라고 생각합니까?	.75	.76	.85
5. 자녀가 ___에 어느 정도의 시간을 보냅니까?	.76	.25	.83
알파 신뢰도	.78	.71	.92
열 망			
6. ___에서 성취한 것이 가족에게 큰 의미가 있습니까?	.79	.80	.88
7. ___의 활동이 가족에게 어느 정도 중요합니까?	.87	.81	.87
8. 이 영역이 자녀에게 얼마나 중요하다고 생각합니까?	.60	.64	.76
9. 자녀가 ___과 관련된 직업을 택할 것을 얼마나 기대합니까?	.28	.65	.73
10. 자녀가 성인이 되어서 ___에서 얼마나 성공할 것이라고 기대합니까?	.49	.79	.67
알파 신뢰도	.79	.82	.85
	문항 평균(표준편차)		
노력 신념, 갈등 지각, 미결정			
자녀가 ___에서 잘하기 위해 어느 정도 노력이 필요합니까?	4.17	4.01	4.59
	(1.50)	(1.65)	(1.65)
___에서 성공하기 위해서는 재능보다 노력이 더 중요하다고 생각합니까?	5.06	5.67	4.65
	(1.40)	(1.21)	(1.46)
음악 훈련에서 요구되는 것이 ___와 얼마나 갈등을 일으킵니까?	(N/A)	3.71	3.00
		(1.84)	(1.94)
자녀에게 음악 훈련을 계속 시켜야 할지의 여부를 결정하는 것이 얼마나 어려웠습니까?	2.36	N/A	N/A
	(1.74)		

주: 모든 문항에 대해 '낮음(1)'에서 '높음(7)'까지 7점 척도가 사용됨

역에서 문두가 같은 성취 가치를 측정하는 5개 문항의 평균을 구하여 '성취 열망'을 측정하였다. 세 측정치의 알파 신뢰도계수는 각각 .79, .82, .85였다 (〈표 1-1〉 참조). 부하량이 서로 다른 문항은 자체 가중치로써 적절한 척도

가 성립되기 때문에 개념상 부하량이 낮은 문항은 높은 문항보다는 덜 중요하다는 것에 주목해야 한다. 이렇게 보면 세 영역의 동질성은 상대적인 것이다.

예비 분석

4개 기관 간의 질문지 회수율 차이 때문에 체계적 차이가 있는지의 여부를 알아보기 위하여 아버지와 어머니의 교육 수준과 이들의 악기 연주 연수를 사용하여 잠재적 차이를 찾아보았다. 그 결과, 4개 집단 간에 아버지나 어머니의 교육 수준별 카이스퀘어 값은 통계적으로 유의미한 차이가 없었다. 아버지나 어머니의 악기 연주 연수 간에도 통계적으로 유의미한 차이가 없었다. 4개 음악 기관별 부모의 능력, 동기 신념, 성취 열망에도 체계적 차이가 있는지를 확인하기 위하여 다변량분산분석을 하였다. 그 결과, 4개 집단 간에 통계적으로 유의미한 차이가 없었다. 4개 기관의 표본 간에 동질성이 확인되었기 때문에 이후의 분석에서는 기관의 정체성을 고려하지 않았다.

자녀의 성별이나 응답자(부모)의 성별에 따라 어떤 차이가 있는지 알아보기 위하여 앞에서와 마찬가지로 차이 검증을 하였다. 그 결과, 능력, 동기 신념, 성취 열망에서 6개의 측정치들은 통계적으로 유의미한 차이가 없었다. 따라서 자녀나 부모의 성별에 대한 구분은 더 이상 하지 않았다.

훈련 기간, 훈련 연수의 평균치 및 상관계수

음악 수업 연수를 세 집단으로 구분하는 배경의 주요인으로 사용하였다. 첫째, 형식적 음악 훈련 기간은 음악 숙달 수준이나 기술 수준과 정적 상관이 있다(Ericsson et al., 1990). 따라서 이 기간이 다르면 학생의 음악능력도 달라지며 이것은 결국 부모의 지각이나 결심에 영향을 줄 수 있다. 둘째, 훈련 연수는 부모나 자녀 모두의 음악 훈련에 대한 헌신의 수준을 나타낸다. 셋째, 연령과 음악 훈련 연수 간에 상관이 높다는 것($r = .72$)은 훈련 연수가

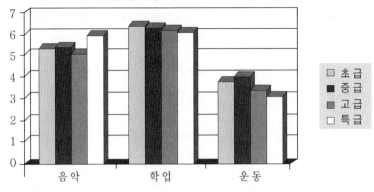

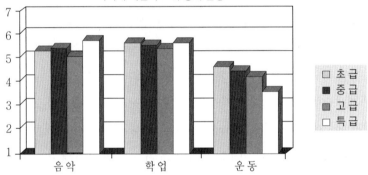

[그림 1-1] 음악 훈련 연수, 연령에 따른 자녀의 능력/동기에 대한 부모의 신념과
성취 열망

더 길어지면 음악능력 발달에서 다른 도전과 기회에 직면할 수도 있다는 것
을 의미한다. 평균 연령이 9세(SD=2.92)이고 훈련받은 연수가 3.5년 이하
에 해당하는 학생(n=88)은 '초급'으로, 평균 연령이 11.4세(SD=2.41)이고
훈련받은 연수가 4년 이상 6.5년 이하인 학생(n=70)은 '중급'으로, 평균 연
령이 13.66세(SD=1.78)이고 훈련받은 연수가 7년 이상 9년 이하인 학생
(n=40)은 '고급'으로, 평균 연령이 15.87세(SD=1.43)이고 훈련받은 연수가
10년 이상 12년 이하인 학생(n=33)은 '특급'으로 각각 분류하였다. 3개 영
역의 능력, 동기 신념, 성취 열망 점수에 대한 평균의 차이는 [그림 1-1]에

예술 · 음악 영재학생

제시되어 있다.

음악 훈련 연수(4개 집단)를 고정 요인으로 하여 다변량분산분석을 한 결과, 집단 간에 통계적으로 유의미한 차이가 있었다(Wilks' L = .82, F[18, 622] = 2.59, p < .001). 단일분산분석을 한 결과, 훈련 연수는 학업의 능력/동기 신념과 성취 열망을 제외한 모든 변인에 통계적으로 유의미한 영향을 미치는 것으로 나타났다. 사후검증(Tukey HSD)을 한 결과, 대부분 '고급' 집단과 나머지 집단 간에 차이가 있었다. 특히 음악과 운동 영역의 능력/동기 신념과 성취 열망에서 차이가 있었는데, 고급 집단의 부모는 나머지 집단의 부모보다 자녀의 음악능력을 더 높이 평가하고 운동 능력은 더 낮게 평가하였다. 또한 고급 집단의 부모는 이보다 낮은 집단의 부모에 비하여 음악에서 자녀의 능력이나 동기, 성취 열망이 더 높았으나 운동에서는 더 낮았다. 학업에서는 4개 집단 간에 신념의 차이가 없었지만 그 정도는 네 집단 모두 높았다.

영역 간 평균의 차이를 알아보기 위하여 능력/동기 신념의 세 측정치를 피험자 내 요인으로 하고 4개 집단은 피험자 간 요인으로 하였다. 피험자 간 요인(능력/동기 신념의 세 가지 점수)의 Wilks' Lambda는 .50(F[2, 225] = 114.94, p < .001)이었다. 피험자 내와 피험자 간(음악 수업 연수) 요인은 통계적으로 유의미한 상호작용 효과가 있는 것으로 나타났다(Wilks' L = .86, F[6, 452] = 5.66, p < .001). 이것은 세 영역에서의 능력/동기 신념의 차이 역시 형식적 음악 훈련 기간에 영향을 준다는 것을 의미한다. 가치 요인(업적 열망 점수)에 대한 Wilks' Lambda는 .17(F[2, 226] = 478.05, p < .001)이었고 피험자 내와 피험자 간 요인과 상호작용 효과가 있었다(Wilks' L = .88, F[6, 452] = 4.33, p < .001). 이상을 종합해 볼 때 부모는 자녀의 능력과 동기에 대한 기대 신념, 성취 열망을 영역마다 달리한다. 이러한 차이 때문에 형식적 음악 훈련 기간이나 음악 훈련 연령이 달라진다고 할 수 있다.

세 영역에서 집단 내 또는 집단 간 능력/동기 신념과 성취 열망과의 상관 형태를 보면 연령과 음악 훈련 연수의 효과를 알 수 있다. 〈표 1-2〉에서 보듯이 초급 집단의 경우, 영역 내에서의 능력/동기 신념과 성취 열망과의 상

표 1-2 다른 기술 수준과 연령 집단에 따른 세 영역 내 및 영역 간 기대 신념과 열망의 상관

	능력_음악	능력_학업	능력_운동	열망_음악	열망_학업
능력_음악					
능력_학업	.44/.34/.27/.12				
능력_운동	-.06/-.03/-.20/-.26	-.04/-.03/-.12/.37			
열망_음악	.49/.66/.69/.73	.20/.15/.18/-.05	.02/.04/-.01/-.17		
열망_학업	.20/.16/-.22/-.18	.34/.54/.28/.51	.25/.08/.25/.20	.23/.09/-.04/-.32	
열망_운동	-.14/.10/-.18/-.35	.12/.10/.08/.52	.42/.67/.78/.58	.29/.22/-.03/-.34	.30/.11/.29/.53

주: 집단 1(초급)~집단 4(특급)의 순위에서 순위 상관계수가 0으로 나왔다.

관은 나머지 세 집단에 비하여 유의미하게 낮다. 이것은 연령이 높아지고 훈련 연수가 길어지면 부모가 자녀의 강점과 동기에 대한 지각에 따라 자신의 열망을 맞추려는 경향이 있음을 보여 준다. 더 흥미로운 사실은 음악에서의 능력/동기 신념이 운동에서의 능력/동기 신념($r = -.26$)뿐만 아니라 성취 열망($r = -.35$)과도 부적 관계에 있고, 특급 집단의 경우 음악에서의 열망은 학업에서의 열망($r = -.32$)뿐만 아니라 운동에서의 열망($r = -.34$)과도 부적 관계에 있지만, 나머지 세 집단은 그렇지 않다는 것이다. 이런 부적 상관은 음악에서의 기대와 가치 신념이 높을수록 운동과 학업 영역에서의 기대와 가치 신념이 더 낮아지고 반대로 낮아지면 더 높아진다는 것을 의미한다. 그러나 이러한 상관 형태는 음악 수업 연수가 10년 이하인 아동의 부모들에게는 나타나지 않았다. 주어진 변수의 범위가 작기 때문에 이런 상관의 형태는 특급 집단의 부모와 나머지 집단의 부모 간에 세 영역의 기대와 열망이 큰 차이가 있다는 것을 의미한다.

음악에서 능력/동기 요인과 성취 열망 요인에 대하여 몇몇 문항의 부하량이 작기 때문에 이러한 문항의 상관을 조사하였다. 음악에서 두 개의 능력 측정 문항(1번과 3번) 간의 상관계수는 .63이었고, 음악에서 진로와 관계가 있는 2개의 열망 측정 문항(9번과 10번) 간의 상관계수는 .57이었다. 음악에서 두 능력 문항과 진로에 관계가 있는 2개의 열망 문항 간의 상관계수는 .30에서 .61이었으며, 상관의 평균이 .46이고 모두 .01 수준에서 통계적으로 유의미하였다.

훈련 기간과 연령에 영향을 주는 노력과 요구 간의 갈등

자료에 나타난 것으로 볼 때, 만일 학업이 음악 훈련만큼 중요하다고 생각한다면 부모는 자녀의 연령에 따라 요구되는 시간, 노력, 음악 훈련과 학업, 운동 사이에 생기는 잠재적 갈등을 어떻게 보아야 하는가? 이 문제를 알아보기 위해 우리는 음악 훈련 기간을 한 요인으로 하고 이 질문과 관련된 6개의

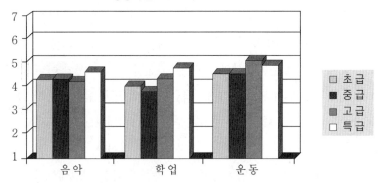

성공에 필요한 노력

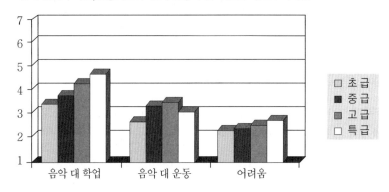

음악 훈련과 학업, 운동의 요구 간의 갈등과 음악 훈련 지원의 어려움

[그림 1-2] 성공에 필요한 노력, 음악 훈련과 그 밖의 영역에서의 요구 간의 갈등, 음악 훈련의 지속적 지원 여부 결정의 어려움

문항을 종속 변인으로 하여 분산분석을 하였다(〈표 1-1〉에 있는 문항과 [그림 1-2]에 있는 기술 정보 참조). 그 결과, 2개 문항에서 통계적으로 유의미한 영향이 있는 것으로 나타났다. "자녀가 학업 영역에서 잘하기 위하여 얼마나 노력해야 합니까?"라는 질문에 대하여 통계적으로 유의미하게 연령 간의 차이가 있었다($F[3, 222] = 2.69, p < .05$). 부모는 자녀의 연령이 높을수록 노력을 많이 해야 한다고 생각하였다. 이것은 연령과 이 문항의 상관계수에서도 나타났다($r = .26, p < .01$). 표본을 세 문화 집단으로 나누었을 때 우연하게

예술·음악 영재학생

도 아시아계 부모는 이 문항에서 다른 부모보다 점수를 더 높게 주는 경향이 있었다($F[2, 226] = 6.24$, $p < .01$). "음악 훈련과 학업 교육의 부담 때문에 겪게 되는 갈등을 어느 정도 느낍니까?"라는 질문에 대해서도 통계적으로 유의미하게 연령 간의 차이가 있었다($F[3, 222] = 5.44$, $p < .001$). 자녀의 연령이 높을수록 갈등도 분명히 높게 나타나고 있다($r = .34$, $p < .01$).

이 외에도 어떤 영역에서 요구되는 노력을 부모가 어떻게 생각하느냐 하는 것은 타고난 능력 이외에 노력이 중요하다고 생각하는 것과 연관이 있을 가능성이 있다고 보고 조사하였다. "당신은 음악[학업, 운동]에서 성공하기 위해서 재능보다 노력이 더 중요하다고 생각합니까?"라고 물었다. 그런데 부모의 응답은 그렇지 않은 것으로 나타났다. 그러나 평균을 보면 노력을 더 지지하는 것으로 나타났다(각각 평균, $Ms = 5.06$, 5.67, 4.66). 노력이 중요하다고 생각하고 요구와의 갈등이 높아지는 경우에 "자녀에게 음악 훈련을 계속 시킬 것인지 여부를 결정하는 것이 얼마나 어려웠습니까?"라는 질문을 한 결과, 부모는 어려움이나 갈등이 없었다고 하였다($M = 2.36$, $SD = 1.79$). 대부분의 부모는 아마도 자녀의 잠재적 재능과 동기를 굳게 믿으며 부모 자신의 가치와 열망 때문에 자녀의 음악적 발달을 계속 뒷바라지하는 것이 아닌가 생각된다.

논 의

이 연구의 목적은 유명한 예비 대학 음악 프로그램에 참여한 자녀의 부모들의 기대와 가치 신념을 조사하는 데 있었다. 자녀의 음악적 발달과 성취에 대한 부모의 지각을 조사하는 데 초점을 두었지만, 아동이 성장하면서 점차 음악에 필적하는 관심과 활동(주로 학업과 운동)에 대해서도 조사하였다.

그 결과, 부모는 음악과 학업 영역에서 자녀가 큰 잠재력을 지니고 있다고 생각하지만 운동 영역에서는 반드시 그렇지는 않은 것으로 나타났다. 부모는 역시 운동보다는 음악과 학업성취를 더 중요하게 생각하였다. 교육 수준이 높은 부모라는 것을 감안하면 이러한 가치 지향이 놀라운 것은 아니다. 흥미로운 점은 자녀의 잠재력에 대한 부모의 지각은 타고난 재능에 그 기초를 두고 있을 뿐만 아니라 동일 요인에 다른 차원의 문항이 부하되듯이 동기에도 그 기초를 두고 있다. 능력(혹은 재능)과 동기(혹은 노력 수준)의 구분은 부모의 경우 자식만큼 분명하지 않을 가능성이 있다. Starke, Deakin, Allard, Hodges 및 Hays(1996)가 면접 조사를 한 결과, 운동 전문 코치는 영재 선발 기준에 동기를 포함시킨다는 것을 알았다. 음악능력과 재능에 대한 부모의 지각을 측정하는 두 문항은 비교적 이 요인의 부하량이 적지만, 상관은 매우 높은 것으로 나타났다. 이것은 특히 음악에서 노력/동기와 타고난 능력이 어느 정도 구분된다는 것을 암시해 준다는 것에 주목해야 한다. 비록 이 연구에서는 이 문제에 대하여 분명한 증거를 제시하지 않았지만, 음악 등의 영역에서 재능의 성격을 부모들이 어떻게 생각하느냐 하는 것은 중요한 문제다. 그 이유는 귀인의 관점에서 보면 타고난 능력이 안정적이고 통제 불가능한 요인인 반면, 동기와 노력 수준은 변화 가능하고 아동이 통제할 수 있는 요인이기 때문이다. 따라서 별로 성공하지 못한 아동은 타고난 능력이 부족하다고 생각할 수 있는 데 반해, 부모는 단순히 그것을 동기의 부족으로 해석할 수 있는 것이다. 재능과 동기에 대한 부모의 지각과 아동의 지각을 통합하는 체계적 연구가 더 많이 필요하다(예, Evans, Bickel, & Pendarvis, 2000).

본 연구가 공헌한 것 중에 독특한 점은 다양한 연령의 아동과 다양한 기간의 훈련 경험을 지닌 아동을 대상으로 하여 학령기 아동의 생활에서 중요한 세 가지 영역을 살펴보았고, 연령과 음악 훈련 기간이 서로 다른 4개 집단의 영역 내 또는 영역 간의 평균치에서 차이를 발견하였으며, 서로 다른 상관 형태가 있다는 것을 발견한 것이다. 여러 가지 면에서 매우 동질적인 집단이라 하더라도 부모는 자녀의 형식적 음악 훈련 기간과 연령에 따라 흥미로운 차이를 보였다. 이러한 결과는 음악 훈련 연수가 많아지면서 부모가 일념으로 자녀의 성취를 열망하는 일반적 관념과 일치하고 있다. 특히 10년에서 12년간 음악 훈련을 받은 자녀(즉, 특급 집단)의 부모는 음악에 열망이 높았지만 학업과 운동에는 이보다 낮았다. 또한 음악에 대한 능력/동기 신념과 성취 열망의 평균치가 가장 높았고 운동에서 가장 낮았다. 이러한 결과는 부모가 자녀의 음악적 발달과 성취를 일념으로써 지원하기 위해 자신의 기대와 열망을 상황에 따라 조정하는 것으로 보인다. '중급'과 '고급' 집단의 학생은 대부분 Bloom(1985)이 정의한 재능 발달의 두 번째 단계에 머무르는 데 비해서, '특급' 집단의 학생은 두 번째 단계에서 세 번째 단계로 옮겨 가고 있는 중이며, 이들이 고등학교를 마칠 때쯤에는 음악 관련 직업을 선택할 것인지에 대하여 심각하게 고민하는 것 같다. 부모의 생각과 가치가 변한다는 것은 새로운 발전적 도전과 기회를 반영하는 것일지도 모른다.

부모는 자녀가 음악에서 성공할 수 있는 잠재력(능력과 동기를 포함함)을 가진다고 많이 기대하고 가치를 높게 두기 때문에 결정적으로 자녀에게 헌신적·지속적으로 음악 뒷바라지를 할 수 있는 것으로 보인다. 이것은 부모와 자녀가 서로 영향을 주는 쌍방 관계에 있는 것이지만 자녀의 음악 성취에 가치를 높게 두는 부모는 자녀에게 좋은 쪽으로만 기대하는 경향이 있다. 이러한 관계는 자녀의 연령과 음악 훈련의 연수가 늘어남에 따라 그 경향이 커진다는 것은 주목할 만하다(〈표 1-2〉 참조). 이러한 결과는 부모가 자녀의 타고난 능력이 음악에서 성공하는 데 그다지 결정적으로 작용하지 않는 것으로 본다는 생각과는 배치되는 것 같다(Evans, Bickel, & Pendarvis, 2000; Sosniak, 1997). 그러나 이러한 결과는 능력과 동기 문항을 동일 요인에 부하하도록 한 요인분석의 문제를 해결하여 조정하여야 한다. 또한 자녀의 음악 훈련의 기초가 되고 있는 동기의 내적 측면과 외적 측면을 연구한 다른 연구(Dai & Schader, 2001)에서 보고되었듯이, 이 집단의 경우는 음악 명성을 얻는 것이 음악 성공의 중요한 준거는 아니라는 점을 지적할 필요가 있다.

본 연구의 제한점에 대하여 몇 가지 논의할 필요가 있다. 우선 질문지 회수율이 높지 않았고 표본 크기가 작아도 모집단의 하위 집단을 잘 대표하고 있었다는 점이다. 더욱이 부모의 높은 교육 수준, 직업으로서의 음악에 대한 관심, 학업성취의 동반적 강조 등은 이 표본만의 독특한 특징이 아니라 모집단의 일반적 특징이라고 볼 수 있다(Davidson et al., 1996; Evans, Bickel, & Pendarvis, 2000). 집단마다 질문지 회수율이 다르고 표본의 대표성이 있을지에 대한 염려가 있었으나, 이 점은 4개의 음악 기관에 다니는 자녀의 부모의 신념과 교육 수준이 거의 동등하기 때문에 별 문제가 되지 않는다고 볼 수 있다.

본 연구가 지니는 또 다른 제한점은 표본을 작은 집단으로 나누다 보니 통계 검증력과 해석의 신뢰성이 떨어진다는 점이다. 학생의 연령과 음악 훈련 기간에 따라 부모의 지각과 가치에 미치는 영향이 어떻게 다른지는 자료의 횡단적 특징 때문에 알 수 있을지 확실치 않다. 이 연구에서 집단 간의 체계적 차이는 표집의 오류 때문은 아닌 것으로 보인다. 왜냐하면, 이 연구 자료의 경우 일반적으로 인위적 차이는 없으며 실제는 있을지도 모를 미묘한 정도의 차이가 없는 것으로 나타나기 때문이다. 따라서 이 연구에서 상관계수와 평균치 차이의 통계적 유의미성은 분산의 범위와 사례수의 제한에 따라 과소평가된 것일 수도 있다. 부모의 신념 체계와 가치 지향성의 차이, 이에 따라 부모가 자녀에게 지속적으로 음악 뒷바라지를 하는 데 어떤 영향을 미치는지에 대한 확실한 증거를 얻기 위해서는 더 엄격하게 표집을 하고 더 좋은 연구 설계(예, 종단적 연구방법)를 하여야 한다.

본 연구가 예비 연구의 성격이 있음에도 불구하고 새로 개발한 도구와 연구방법을 사용하였기 때문에 결과는 꽤 유망하다고 볼 수 있다. 이 연구는 동기 이론을 통하여 자녀에게 음악 훈련을 시킬 때 부모의 뒷받침과 관여가 중요하다는 것을 보여 주는 몇몇 기존 문헌에 대하여 더 깊이 통찰할 수 있도록 해 준다. 구체적으로 본 연구결과는 부모가 자녀에게 음악 훈련을 시킬 초기에는 음악 재능 자체의 발달이 아니라 어떤 다른 일반적 가치를 추구하기 위하여 시작하였다는 것을 보여 준다. 그러나 훈련 기간이 늘어나고 어떤 도전이나 좋은 기회를 만나게 되면, 기대 신념과 가치를 바탕으로 자녀에게 지속적으로 음악적 훈련 뒷바라지를 하는 것이 점점 더 중요해진다는 것을 보여 준다. 아주 우수한 자녀의 부모는 음악, 학업, 운동에 대한 자신의 지각과 가치를 조정하여 자녀의 음악적 재능 발달에 전념하는 것 같다. 따라서 부모의 헌신을 비롯하여 다양한 사회적 상황을 고려하지 않고 단순히 개인의 노력만으로 재능이 발달한다고 보는 시각은 중요한 요소, 어쩌면 불가피한 중요한 요소를 간과하는 것인지도 모른다.

📑 참고문헌

Atkinson, J. W. (1957). Motivational determinants of risk taking behavior. *Psychological Review, 64*, 359-372.

Bloom, B. S. (Ed.). (1985). *Developing talent in young people*. New York: Ballantine Books.

Dai, D. Y., & Schader, R. M. (2001). Parents' reasons and motivations for supporting their child's music training. *Roeper Review, 24*, 23-26.

Davidson, J. W., Howe, M. J. A., Moore, D. G., & Sloboda, J. A. (1996). The role of parental influences in the development of musical performance. *British Journal of Developmental Psychology, 14*, 399-412.

Dix, T. (1993). Attributing dispositions to children: An interactional analysis of attribution in socialization. *Personality and Social Psychology Bulletin, 19*, 633-643.

Ericsson, K. A., Krampe, R., & Tesch-Romer, C. (1993). The role of deliberate practice in the acquisition of expert performance. *Psychological Review, 100*, 363-406.

Ericsson, K. A., Tesch-Romer, C., & Krampe, R. (1990). The role of practice and motivation in the acquisition of expert-level performance in real life. In M. J. A. Howe (Ed.), *Encouraging the development of exceptional skills and talents* (pp. 109-130). Leicester, England: The British Psychological Society.

Evans, R. J., Bickel, R., & Pendarvis, E. D. (2000). Musical talent: Innate or acquired? Perceptions of students, parents, and teachers. *Gifted Child Quarterly, 44,* 80-90.

Freeman, J. (1976). Developmental influences on children's perception. *Educational Research, 19,* 69-75.

Frome, P. M., & Eccles, J. S. (1998). Parents' influence on children's achievement-related perceptions. *Journal of Personality and Social Psychology, 74,* 435-452.

Gagné, F. (1999). Defining polyvalence operationally: The breadth versus depth dilemma. In N. Colangelo & S. G. Assouline (Eds.), *Talent development III: Proceedings from the 1995 Henry B. and Jocelyn Wallace National Research Symposium on Talent Development* (pp. 425-429). Scottsdale, AZ: Gifted Psychology Press.

Kemp, A. E. (1996). *The musical temperament.* Oxford, UK: Oxford University Press.

Nicholls, J. G. (1989). *The competitive ethos and democratic education.* Cambridge, MA: Harvard University Press.

Parsons, J. E., Adler, T. F., Futterman, R., Goff, S. B., Kaczala, C. M., Meece, J. L., & Midgley, C. (1983). Expectancies, values, and academic behaviors. In J. T. Spence (Ed.), *Achievement and achievement motivation* (pp. 75-146). San Francisco: Freeman.

Parsons, J. E., Adler, T. F., & Kaczala, C. M. (1982). Socialization of achievement attitudes and beliefs: Parental influences. *Child Development, 53,* 310-321.

Philips, D. (1987). Socialization of perceived academic competence among highly competent children. *Child Development, 58,* 1308-1320.

Sloboda, J. A., Davidson, J. W., Howe, M. J. A., & Moore, D. G. (1996). The role of practice in the development of performing musicians. *British Journal of Psychology, 87,* 287-309.

Sosniak, L. A. (1997). The tortoise, the hare, and the development of talent. In N. Colangelo & G. A. Davis (Eds.), *Handbook of gifted education* (2nd ed., pp. 207-217) Boston: Allyn and Bacon.

Starke, J. L., Deakin, J. M., Allard. F., Hodges, N. J., & Hayes, A. (1996).

Deliberate practice in sports: What is it anyway? In K. A. Ericsson (Ed.), *The road to excellence: The acquisition of expert performance in the arts and sciences, sports, and games* (pp. 81-106). Mahwah, NJ: Erlbaum.

음악 재능: 선천적인가, 후천적인가?
학생, 부모, 교사의 지각[1]

Robert J. Evans, Robert Bickel, Edwina D. Pendarvis

(Marshall University)

음악 영재, 학부모, 교사에 대한 조사 자료를 분석한 것을 보면 이들은 각각 서로 다른 귀인 양상을 분명하게 보여 주었다. 학생은 자신이 음악적으로 성공한 것은 타고난 능력이 있고 열심히 노력하였기 때문이라고 생각하였다. 가족이나 친구는 다소 방해가 된다고 생각하였다. 이와는 아주 대조적으로, 이들의 부모는 자식의 타고난 재능이 보통이었으나 가족이나 친구들이 격려해 주었기 때문에 자녀가 훌륭한 음악 성취를 이룰 수 있었다고 생각하였다. 음악 영재를 가르친 교사는 학생의 타고난 능력도 작용하였고 학생이 열심히 노력도 하였지만, 이와 더불어 학생이 학교교육도 잘 받았기 때문이라고 생각하였다. 이러한 귀인 양상의 차이는 사람들이 자신에게 나타난 좋은 결과에 대해서는 자신의 특성이나 영향 탓으로 돌리려 한다는 여러 연구결과와 일치하고 있다.

종 모양 곡선(The Bell Curve; Herrnstein & Murray, 1994)에 대한 논쟁은 첨예하게 대립되어 왔다. 지능이 결정적으로 작용한다는 Herrnstein과 Murray

---

1) 편저자 주: Evans, R. J., Bickel, R., & Pendarvis, E. D. (2000). Musical talent: Innate or acquired? Perceptions of students, parents, and teachers. *Gifted Child Quarterly*, *44*(2), 80-90. ⓒ 2000 National Association for Gifted Children. 필자 승인 후 재인쇄.

의 유전적 결정론에 동조하거나 반대하는 수많은 논평이나 기사, 논문을 볼 때, 인간 행동에 끼치는 유전과 양육의 영향에 대한 문제는 많은 사람들이 지속적으로 갖는 관심사임을 알 수 있다(예, Kinchloe, Steinberg, & Gresson, 1996 참조). Herrnstein과 Murray의 주장에도 불구하고 지난 수십 년간 많은 연구들이 있었지만, 유전과 양육의 문제에 대한 해답을 내놓지 못하였으며, 어쩌면 절대 해결할 수 없을지도 모른다(Berliner & Biddle, 1995).

그렇다 하더라도 유전과 환경 중에서 어느 쪽이 성취에 더 많은 영향을 주는지에 대한 질문은 나름대로 의미가 있다. 이 책에 실은 논문에서는 음

연구의 활용도

사람의 신념과 행동은 서로 관련이 있으므로 영재를 대상으로 한 연구는 탁월한 성취를 보이는 사람이 어떻게 귀인을 하는지를 아는 데 도움이 될 것이다. 이러한 연구를 하면 생산적 귀인 유형을 촉진시킬 수 있는 수업이나 상담 방법을 개발할 수 있을 것이다. 그러나 어떤 귀인 유형이 생산적인지는 집단에 따라 다를 것이다. 이 논문에 등장한 아동처럼 자신은 재능을 타고났다고 생각하는 것이 좋을지 모른다. 그러나 만일 부모가 타고난 재능을 성취의 유일한 요인으로 생각하고, 성취에서 가장 중요한 요인이라고 할 수 있는 노력을 중요치 않다고 생각한다면 부모는 자녀를 위하여 노력을 다하지 않을 수 있다. 영재에 대하여 교사가 어떤 생산적 귀인을 하는가에 대한 것도 또 하나의 관심거리다. 이 논문에서 교사들은 학생의 능력을 높이 평가하였고, 형식적 교육이 학생들의 성취에 중요한 역할을 한다고 믿는 것으로 나타났다. 어쩌면 '피그말리온 효과(자기충족예언 효과)'가 학생의 성취에 기여하였을지도 모른다. 많은 연구에서 학생에 대한 교사의 기대가 높으면 학생의 성취에 긍정적 영향을 준다는 것을 볼 수 있다.

이 논문에서 영재, 영재의 부모, 교사의 지각이 어떤지에 대하여 연구하는 것은, 유전과 환경 중에서 어느 쪽이 탁월한 성취에 영향을 더 많이 끼치는지를 가능한 객관적 용어로써 밝히려는 연구가 지속적으로 이루어지는 것이 중요하지 않다고 주장하려는 데 목적이 있는 것이 아니다. 단지 성숙 대 양육으로 양분하여 생각하는 것이, 영재를 이해하고 이들의 재능 발달을 도와주려고 하는 교육자와 상담자에게 부적합하다고 제안할 뿐이다.

악 영재와 이들의 부모와 교사가 성숙 대 양육의 문제를 어떻게 보고 있는지를 소개하고 있다. 구체적으로 말해서 음악 영재는 자신의 음악 성취를 자신의 타고난 재능 때문이라고 보는지, 아니면 학교와 같은 형식적 교육이나 부모의 도움, 그 밖의 다른 환경으로 보는지를 알아보려고 하였다. 또한 음악 영재의 부모와 교사는 영재와 비슷한 귀인을 하는지, 아니면 다른 형태의 귀인을 하는지 알아보았다.

문헌 고찰

Rotter(1954)와 Heider(1958)의 연구에서 비롯된 대부분의 귀인 이론은, 사람이 성공하거나 실패하는 근원을 보는 관점과 이들이 실제 수행하는 것 사이에는 어떤 관련이 있을 것이라고 가정한다. 귀인 연구를 보면 사람들은 집단에 따라 자신들이 수행한 결과에 대하여 서로 다르게 설명한다(Collier, 1994). 이러한 부류의 연구에서는 성취 수준이 높은 사람이 그 원인을 자신의 능력이나 노력으로 돌리는 경향이 있다고 많이 보고되고 있다(Antaki, 1994).

이와는 달리 성취 수준이 낮은 사람들은 귀인 양상이 이들보다 더 복잡하고 자기패배적 경향을 보인다(Graham, 1990). 성취 수준이 낮은 사람은 종종 자신의 실패를 타고난 능력의 부족으로 보거나, 과제의 난이도와 같은 외적 요인으로 본다. 더욱 흥미로운 것은 성취 수준이 낮은 사람의 경우 일반적으로 어쩌다가 성공한 경우에 그 원인을 외적 요인으로 돌린다는 사실이다. 이러한 외적 요인에는 과제가 쉬웠다거나, 교사가 봐 주었다거나, 운이 좋았다는 것이 있다. 하지만 귀인 유형을 논의할 때 유의할 점은 귀인이나 기대가 학생 특성(trait)과 일치하지 않을 수 있다는 점이다(Marsh, 1984; Peterson & Barrett, 1987). 예를 들면, Battle(1972)은 학생의 성공적 학업수행에 대한 기대와 실제 수행 간의 관계를 확인한 결과, IQ가 평균을 넘지만 자신이 '잘하지 못할 것'이라고 기대한 학생은 IQ가 평균 이하라도 '잘할 것'이라고 기대한 학생보다 학업성적이 더 낮다는 것을 발견하였다.

능력과 기대가 미치는 영향이 별개인 것은 분명한 듯하다. 학생의 어떤 능력과 비교하든 이와는 관계없이 자신의 성공과 실패 중에서 어느 것을 기대하느냐, 또한 자신의 성패의 원인을 어디로 돌리느냐에 따라 수행이 향상될 수도 있고 저하될 수 있을지도 모른다(Peterson & Barrett, 1987; Velez, 1989).

Licht와 Dweck(1984)에 따르면, "잘할 능력이 없다고 결론을 내린다는 것은 더 노력을 해 봐야 소용이 없다는 뜻을 내포"(p. 628)하기 때문에 이러한 사고과정은 낮은 성취의 주요인이 될 수 있다는 것이다. 결국 성취 수준이라는 것은 생활 속에서 일어나는 일부 사건이나 결과에 대하여 자신이 통제할 수 있다고 생각하는지의 여부에 달려 있는 것이다(Kelly, 1993).

음악 영재학생도, 학업성취 수준이 높은 학생은 그것을 외적 요인보다 내적 요인으로 돌린다는 Marsh(1984)와 Antaki(1994)의 연구처럼 될지는 아직 밝혀지지 않았다. 하지만 성취 수준이 높고 낮은 것에 대한 원인 지각은 부분적으로 그 사람의 사회적 지위에 따라서 좌우된다는 것도 명심해야 한다. 사회경제적 지위가 낮은 가정의 학생은 외적 귀인 성향이 있는 반면(Rotter, 1972), 지위가 높은 가정의 학생은 높은 학업능력이나 열심히 공부하는 역량과 같은 내적 요인으로 귀인시키는 성향이 있다(Brantlinger, 1993). 영재로 판별되는 것도 사회경제적 지위와 상관이 있기 때문에, 예술 재능이 있는 학생 역시 내적 귀인 성향을 보일 가능성이 높다. 그렇다면 음악 영재도 자신의 성공을 주로 자신의 재능이나 적어도 열심히 노력하는 역량으로 귀인시킬 것으로 예상된다.

영재학생 역시 자신이 성공한 것을 설명할 때 부모의 신념이나 사회의 지배적 기대의 영향을 받았다고 할지도 모른다. 미국에서는 전통적으로 재능을 상당 부분 타고나는 것으로 간주해 왔다(예, Friedman & Rogers, 1998; Hollingworth, 1942; Terman, 1925 참조). 결국 영재의 부모뿐만 아니라 영재도 이러한 영향을 받아 자신의 높은 성취를 타고난 능력 때문이라고 본다.

예술 · 음악 영재학생

Cox, Daniel 및 Boston(1985)의 연구에서 작가, 영화제작자, 음악가 등 재능이 매우 뛰어난 맥아더 재단의 구성원들은 자신이 이룩한 특별한 업적이 부모가 엄청나게 지원해 주었기 때문인 것으로 보았다고 하였는데, 이것은 사실이다. 그러나 이것은 일반적으로 선천적 능력에 초점을 맞춘 것 중에서 특별한 예외다. 미국에서는 타고난 능력에 대한 믿음이 너무 일반적이기 때문에 특별한 재능 발달의 결정적 요인을 가족과 학교로 보는 연구는 거의 없다. 그러나 Bloom(1985)은 가족과 학교 요소가 조숙한 발달에 미치는 영향을 연구한 Pressey(1955)의 선행연구에 이어 연구를 하였다. Bloom은 저서 『청소년의 재능 계발(Developing Talent in Young People)』에서 환경 요소를 강조하고 세계적 수준의 음악가들 중에서 어린 나이에 비상한 음악 재능을 보이는 경우는 거의 찾을 수 없었다고 하였다.

Bloom의 재능 발달 연구에서 중요한 부분은 특별한 성취를 보인 21명의 피아니스트에 대하여 Sosniak(1985)이 추적 연구한 것이었다. Sosniak은 이 세계적 수준의 피아니스트들에게서 몇 가지 공통 특성을 발견하였다. 인구통계학적 측면에서 보면, 이들이 속한 가정은 사회경제적 지위가 비교적 높았다. 그리고 모두 백인이고 대부분 남자였다. Sosniak은 조기에 재능을 확인한 것으로는 이 피아니스트들의 성취를 도저히 예측할 수 없다고 결론 내렸다. Sosniak의 연구에 참여한 음악 영재의 부모들은, 그들이 다른 형제와 특별히 구별되는 재능은 보이지 않았다고 하였다. 지지할 만한 증거가 없는데도 불구하고 이들의 부모들은 성취가 아주 뛰어난 자녀들에 대해서는 유별나게 높은 기대를 하였고 그들에게 재능이 있다고 확신하였다.

Sosniak에 따르면, 부모들이 자녀의 음악적 재능에 대한 신념 때문에 음악 교육을 일찍 받도록 하고 교육 속도를 냈을 것으로 보았다. 교사들은 이 아이들의 학습 속도가 빨랐으며, 조언해 주면 아주 빠르고 효과적으로 반응한다고 하였다. Sosniak의 연구에서 귀인 성향에 대하여 직접 조사하지는 않았지만, 이 학생들이 일찍부터 보인 수행과 이들의 독특한 교육과 경험의 객관적 원인은 타고난 능력이 아니라는 것을 분명히 하였다.

연구방법

탁월한 성취의 원인이 어디에 있는지를 설명하기 위하여 학생들의 내적 또는 외적 요인에 대한 이들의 귀인 성향을 연구한 많은 논문과, 귀인 형태에 대한 관심에 시사점을 주는 Sosniak의 어린이 음악 영재 연구를 통해 음악 영재의 능력 지각과 그 밖의 이점에 대하여 조사할 수 있게 되었다. 외적 요인과 내적 요인 개념의 등장으로 학생의 귀인 성향과 부모나 교사의 귀인 성향의 비교가 촉발되었다.

연구대상자

본 연구가 이루어진 Blue Lake Fine Arts Camp(BLFAC)는 전형적인 순수 예술 프로그램이다. 1996년에 미국 미시간 주 트윈 레이크에서 열린 BLFAC 국제 프로그램에 참가한 학생을 대상으로 하였는데, 이들은 음악 교사와 학교 행정가가 추천하여 BLFAC 여름 프로그램에 입학 허가를 받은 학생들이다. 이 프로그램에 참가한 약 4,000명의 학생 중에서 우수한 학생만이 권위 있는 국제 프로그램 오디션을 볼 수 있었는데, 7%에 해당하는 260명만 참가할 수 있었다. 연구자들은 까다로운 선발 조건에 비추어 볼 때 참가한 학생을 음악 영재로 보았다. 국제 프로그램 참가자들의 연령은 12~17세였다. 83명은 오케스트라, 8명은 심포니 밴드, 84명은 합창단, 16명은 재즈 밴드에 참가하였다. 참가자의 약 80%가 백인이었고, 나머지는 흑인, 라틴 아메리카인, 아메리카 원주민, 아시아인이 소수를 차지하였다. 대부분 학생의 가정 소득은 연 6만 달러 이상이었다. 이들 부모들은 주택을 소유하고 있었고, 학력은 대부분 대학원 이상이었으며, 전문직에 종사하고 있었다. 간단히 말해서 이 학생들은 연구자가 예상하였던 대로, 음악 영재가 가지는 인종과 계층의 특성이 있었다. 이들은 다른 영재나 능력이 특별나게 뛰어난 학생과 마찬가지로, 예외 없이 대부분 백인에다 교육, 소득, 직업적 지위가 높은 가정환경을 가지고 있었다(Brantlinger, 1993; Sosniak, 1985; Tyler-Wood & Carri, 1993; Velez, 1989).

더욱이 이 학생들은 교사와 학교 행정가로부터 깊은 애정과 관심을 받았다. 이러한 점 때문에 이 학생들이 1단계 BLFAC에 들어갈 수 있었고 최종 프로그램까지 참가할 수 있었다고 볼 수 있다. 학교 관계자들로부터 관심을 받는 일은 사회경제적 배경이 좋은 학생이 그렇지 않은 학생보다 더 흔하게 일어난다(Howley, Howley, & Pendarvis, 1995; Kelly, 1993; Lareau, 1989; Oakes, 1986; Swartz, 1997).

자료 수집

봄과 여름 유럽 투어를 위하여 실시하는 리허설 기간에, 질문지를 비롯하여 여러 가지 조사지를 260명의 참가자들에게 우송하였다. 5월에 있는 주말 리허설과 6월에 있는 집중 리허설 사이의 쉬는 기간에 우편물을 받아 볼 수 있도록 발송하였다. 우편물에는 안내문, 학생용 질문지, 학부모용 질문지, BLFAC에 1차로 학생을 추천해 준 교사용 질문지가 있었다. 각 질문지는 주소를 기재하고 우표를 붙인 반송용 봉투를 동봉하였다.

검사도구

각 질문지는 21개의 공통 문항으로 구성되어 있으며 학생, 학부모, 교사 각각에 맞게 어휘를 조금씩 바꾸었다. 어떤 문항은 태도를 묻는 것이었고 어떤 문항은 사실을 묻는 것이었다. 각 문항은 그 특성에 따라 반응 영역을 다섯 가지로 구분한 Likert 형식을 취하였다(학생용 질문들은 〈표 2-1〉에 나와 있다.).

그러나 불행하게도 이 자료 수집이 재능에 대한 귀인 유형에 대하여 우리가 관심을 갖기 이전에 이루어졌기 때문에 각 질문지에 척도는 없었다. 이

| 표 2-1 | 귀인 성향을 알 수 있는 문항: 부하량 해석이 가능한 문항 |

- 타고난 특별한 음악능력이 있다고 믿는다.
- 선생님은 내가 타고난 특별한 음악능력이 있는 것으로 생각한다.
- 친구들은 내가 타고난 특별한 음악능력이 있는 것으로 생각한다.
- 몇 살 때 처음 성악이나 연주에 관심을 갖게 되었습니까?
- 몇 살 때 처음 가족, 친구 혹은 다른 사람들을 위해 노래나 연주를 하였습니까?
- 가까운 친구들은 당신이 음악에 관심을 갖는 것을 지지하였습니까?
- 가족들은 당신이 음악에 관심을 갖는 것을 지지하였습니까?
- 유치원 교사들은 당신이 음악에 관심을 갖는 것을 지지하였습니까?
- 학교 교사들은 당신이 음악에 관심을 갖는 것을 지지하였습니까?
- 처음 학교에서 특별상을 받거나 인정을 받은 것은 몇 살 때였습니까?
- 학교에서 음악을 공부한 지는 몇 년이나 됩니까?
- 개인 지도를 받은 지는 몇 년이나 됩니까?
- 당신은 연습을 하고 싶었습니까?

주: 위 문항은 학생용 질문지에 들어 있는 것이다. 교사용 질문지와 부모용 질문지에는 응답자 의 역할에 따라 어휘를 적절하게 바꾸어 같은 문항들이 들어 있다. 모든 문항에 대한 반응 은 다섯 가지 범주로 구분되어 있으나 문항마다 그 성질은 다르다.

질문지는 음악 재능이 있는 학생을 대상으로 한 여름 캠프에서 아주 뛰어난 학생과 그들의 부모와 교사의 여러 가지 특성에 대한 예비 보고서를 작성하기 위하여 필요한 기술 정보를 산발적으로 얻는 데 목적이 있었다.

분석방법

이 논문 작성을 위하여 계획을 수정하여 2차 분석을 하였다. 당초 서술에 목적을 두고 다소 느슨하게 만든 질문지를 통해서 얻은 정보는 사용하지 않고, 음악 발달에 대한 학생, 학부모, 교사의 귀인을 밝히는 데 필요한 문항만 골라 사용하였다. 즉, 음악 재능 발달을 설명하는 데 사용된 학생, 부모, 교사 간의 귀인 유형 차이를 확인하려고 하였다.

결과적으로 학생의 음악 성취에 대하여 학생 자신, 부모, 교사들은 이것을 어떻게 설명하는지 이들 간의 특징을 간략하게 보여 주는 이상적 모델을 찾고 싶었다. 특히, 세 집단의 귀인 유형 간에 비슷한 점과 차이점을 확인하는 데 관심이 있었다.

확률적 표집을 하지 않고 학생, 부모, 교사 등 세 모집단의 모든 구성원들에게 질문지를 발송하여 자료를 수집하였다. 모집단은 학생 260명, 부모 260명, 교사 260명으로 이루어졌다.

그러나 제2차 분석에서는 모집단 분석에만 관심을 갖지 않았다. 보다 더 폭넓은 관심사가 분석되기를 바랐기 때문에 결과의 일반화에 분명히 문제가 있다는 점을 인정하지만 응답자 중에서 사용 가능한 응답지만 엄선하여 분석하였다.

물론 추론할 마땅한 통계적 근거가 없다는 것은 인정한다. 그럼에도 불구하고 이미 언급하였듯이, 여기에 선정된 학생들은 다양한 방식으로 관찰되었고 많은 관찰자들이 보고한 영재학생과 아주 비슷하다. 이 학생들은 대부분 사회경제적 수준이 비교적 높은 가족의 자녀이고 본토박이 백인들이다. 다른 종류의 영재와 마찬가지로 음악 영재 역시 업적이 뛰어났다고 해서 극적인 사회적 상승으로 이어지는 경우는 거의 없다. 이러한 학생들은 일반적으로 인종적 · 사회적 · 경제적으로 유리한 환경에서 태어난 것이 분명하다.

여기에서 연구한 영재와 이들의 가계, 교사, 이들이 학교 내외에서 경험한 것들은 뛰어난 재능이 있는 젊은이들을 위한 고급 프로그램과 연관되어 있을 것으로 생각되는 것과 같은 사회적 전형을 보이고 있다.

응답률

두 차례 질문지를 우송한 결과, 응답률은 학생 48%, 학부모 47%, 교사 34%였다. 이것은 학생 125명, 학부모 123명, 교사 88명에 해당한다. 비교적 낮은 회수율 때문에 내적 타당도와 외적 타당도에 문제가 있다. 이 점에 대해서는 아래에서 논의하기로 한다.

자료 분석

질문지에 대한 응답자들의 자료 분석에 사용한 통계 도구는 알파 요인분석이었다. 세 집단에 대한 모집단 자료를 수집하고 분석하여 학생, 부모, 교사의 귀인 유형을 개념적으로 간략하게 보여 주려고 하였다. 이를 위하여 알파 요인분석이 가장 적절하다고 생각하였다(Nunnally & Bernstein, 1994; Tacq, 1997). 따라서 지금은 고전이 되었지만 Nunnally가 쓴 『심리측정이론 (Psychometric Theory)』 초판에서 해석 가능한 문항당 사례수가 10명 이하인 경우는 분석결과를 잘못 해석할 수 있다고 하였는데, 저자의 이런 충고를 기억하는 것이 중요하다(Nunnally, 1967). 이렇게 보면 학생 집단과 부모 집단은 문제가 없지만 교사 집단은 조건을 충족시키지 못하기 때문에 문제가 있다. 문항당 사례수는 학생과 부모 집단이 각각 약 9.6명, 9.5명이지만 교사 집단은 6.8명밖에 되지 않았다. 그런데 최근에 Grimm과 Yarnold (1995)는 전체 응답자 수가 100명 이상이면 문항당 응답자 수가 5명 정도라도 괜찮다고 하였다. 그러나 이 조건 역시 학생과 부모 집단은 충족시키지만 교사 집단은 88명밖에 되지 않아 충족시키지 못하였다. Tabachnik과 Fidell(1996)은 또 하나의 개략적 규칙을 제시하고 있는데, 각 요인 부하량이 .800 미만이면 사례수가 최소 300이 넘어야 하고 .800 이상이면 사례수가 150이라도 괜찮다고 하였다.

다른 한편, Stevens(1996)는 요인 부하량을 표본 크기에 따라 획일적으로 문항당 사례수를 기준으로 하여 따지지 말고 요인 부하량과 표본 크기에 따라 상대적으로 해석할 것을 권장하였다. Stevens는 이러한 개략적 기준에 얽매이지 말아야 하며 요인 부하량이 .300 이상이면 해석 가능하다고 하였다. 그러나 Stevens는 표본 크기가 줄어들면 해석 가능한 요인 부하량을 올려야 한다는 간단명료한 지침을 제시하였는데, 이 값 이하인 경우는 해석이 불가능하다는 것이다. 여러 기준으로 따져 봐도 본 연구에서의 각 문항별 응답률이 크지 않은 것은 사실이다. 이에 따라 본 연구에서는 Stevens의 절차를 수용하여 학생의 경우는 요인 부하량이 .463 이상, 학부모의 경우는 .471 이상, 교사의 경우는 .548 이상의 것만 해석하였다(Nunnally & Bern-stein, 1994 참조).

결국 사용 가능한 부하량이 있는 문항 수는 13개로 줄었고(〈표 2-3〉, 〈표 2-4〉, 〈표 2-5〉 참조), 나머지 9개 문항은 해석하지 않았다.

해석 가능한 요인들

세 집단의 응답자에 대한 각각의 스크리 플롯이 [그림 2-1]에 제시되어 있다. 학생과 교사의 플롯에서는 두 번째 요인이 추출된 후에 기울기가 완만해지는 경향을 분명하게 보였다. 부모의 경우는 변하는 지점이 덜 분명하고 종종 개인적인 판단으로 스크리 플롯을 해석하여야 한다는 것을 보여 준다. 이 사례에서는, 세 번째 요인이 추출된 후에 완만한 경향이 일어나는 것으로 보인다. 따라서 스크리 플롯에 대한 일반적 추산 규칙을 적용하면, 학생과 교사에 대한 처음 두 가지 요인과 부모에 대한 첫 세 가지 요인에 대해서는 해석이 가능하다(Johnson & Wichern, 1998).

부모 집단의 세 요인은 적어도 해석이 가능할 만큼의 큰 부하량을 가지고 있다. 반면, 학생 집단은 세 번째 요인 하나만 해석이 가능할 정도의 부하량을 가지고 있으며 교사 집단은 전혀 없다. 확인한 7개의 요인은 각각 해석이 가능할 정도의 부하량을 가지며, 내적 일관성이 보통 수준에서 높은 수준까지 이르고 있고 Cronbach α 계수의 범위는 .61~.81이었다(Frary, 1995; Paita, Love, Leftwachra, & Grabovsky, 1999). 각 요인의 고유값은 1.00 이상으로 해석 가능성에 대한 Kaiser의 준거를 충족시키며(Grimm & Yarnold, 1995), 각 요인은 전체 변인의 10% 이상을 설명해 주고 있다. 더욱이 각 집단에서 어떤 변인도 한 요인 이상에 대하여 해석할 수 있을 정도로 큰 부하량을 가지고 있지 않았다. 각 집단에서 각 요인 해석이 가능할 정도로 큰 부하량을 가지고 있는 것이 최소한 2개는 되지만 5개 이상인 집단은 없다. 또

```
                    스크리 플롯: 학생
                    분기점에서 얻은 고유값

        2.771           *

        2.312                 *

        1.380                       *
        1.270                             *
        1.032                                   *
                        1     2     3     4     5
```

```
                    스크리 플롯: 부모
                    분기점에서 얻은 고유값

        3.278           *

        2.218                 *

        1.634                       *
        1.056                             *
         .978                                   *
                        1     2     3     4     5
```

```
                    스크리 플롯: 교사
                    분기점에서 얻은 고유값

        3.182           *

        2.416                 *

        1.436                       *
        1.253                             *
        1.055                                   *
                        1     2     3     4     5
```

[그림 2-1] 스크리 플롯: 학생, 부모, 교사

한 각 집단은 부하량이 거의 0에 가까운 요인이 1개 이상이다. 마지막으로, 〈표 2-2〉를 보면 집단마다 사교회전(obligue rotation)한 요인 간의 상관은 크지 않다. 간단히 말해서 집단에 대한 Thurstone의 단순구조는 추정할 수 있다(Nunnally & Bernstein, 1994; Tabachnik & Fidell, 1996). 따라서 부모 집단을 해석하기 위하여 세 요인을 잡고, 학생 집단과 교사 집단을 해석하기 위하여 각각 두 요인을 잡은 것은 타당한 결정이고 다양한 통계적 배경에 대하여 방어할 수 있는 정도로 보인다(Grimm & Yarnold, 1995; Tacq, 1997).

요인 회전

요인에 대한 해석 가능성을 높이기 위하여 회전하는 방법을 선택하는 것은 본질적으로는 임의적이다(Pedhazur & Schmelkin, 1991). 그렇지만 직교회전(orthogonal rotation)을 쓸 것인지 사교회전을 쓸 것인지를 결정할 때는 실질적 준거를 사용하여야 한다(SAS Institute, 1990; Tacq, 1997). 구체적으로 말하면 우리가 사용하는 변인을 이용하여 서로 관련이 없거나 관련이 있는 일상에서 일어나는 현상과 일치하는 구인을 산출하기를 기대하고 있는가 하는 것이다. 현재의 예에서 교육이나 그 관련 영역에 대한 지난 30년간의 연구는 개인, 가족, 학교, 다양한 상황 요인이 관련되어 있다는 것을 실질적으로 분명히 보여 주고 있다(예, Bryk & Raudenbush, 1992; Coleman et al., 1966; Farkas, 1996; Iversen, 1991; Lareau, 1989 참조). 이러한 변인들은 각각 서로 관련이 있고 은연중에 사회적으로나 문화적으로 서로 영향을 주는 어떤 맥락의 일부다. 이 연구에서는 직교회전이 이 연구의 실제적 지식과 불일치한다는 결론을 내리고 사교회전을 사용하기로 하였다. 구체적인 회전 방법은 SPSS 소프트웨어에서 쓸 수 있는 유일한 사교회전과정인 직접 오블리민(direct oblimin)을 사용하였다.

사교회전은 패턴 행렬과 구조 행렬 등 두 가지 행렬을 만든다. 이 두 행렬은 요인들이 직교하는 경우는 동일하지만 그렇지 않으면 부분 표준화 회귀 계수와 유사한 부하량을 갖는 패턴 행렬로 해석된다(Stevens, 1996; Tabachnik & Fidell, 1996). 이 글에서는 패턴 행렬을 보고하고 해석하였다. 사교회전에 뒤이어 요인 상관 행렬표를 〈표 2-2〉에 제시하였다. 〈표 2-2〉에서 보듯이 몇 요인 간은 사실 직교가 아니면서 중간 정도의 상관이 있다.

연구결과

본 연구에서 답을 얻으려고 한 질문을 간단하게 요약하면 다음과 같다.

| 표 2-2 | 사교회전의 근거 |

	학생: 요인 상관 행렬	
	I	II
I		
II	-.032	

	부모: 요인 상관 행렬		
	I	II	III
I			
II	.183		
III	.151	-.046	

	교사: 요인 상관 행렬	
	I	II
I		
II	-.130	

학생, 부모, 교사가 학생의 음악적 성공에 대한 이유를 같은 방식으로 설명하는가? 만일 그렇다면, 세 집단의 요인구조가 서로 같을 것이다. 그렇지 않다면 서로 다른 세 가지 유형의 귀인 구조가 나타날 것이다.

학생의 귀인 성향

학생의 역할-특수적 귀인 성향을 해석하는 데 사용된 두 요인을 〈표 2-3〉에 제시하였다. 첫 번째 요인(방해받음이라 이름 붙임)은 세 가지 해석이 가능한 부하량을 가지고 있는 타고난 음악능력이고, 두 번째 요인은 음악능력 발달을 위하여 부모와 친구들이 제공한 지지다.

학생들은 자신이 음악 재능을 타고났다고 확신하는 것이 분명하며, 그들의 판단에 대하여 교사와 친구들도 동의하고 있다. 학생의 재능 자체와 그 재능의 존재와 가치에 대한 공유된 믿음이 학생의 음악능력 발달을 촉진하는 데 기여하였다.

그러나 가족과 친구들이 격려한 것은 2개의 부적 부하량이 있다는 것에

표 2-3 음악능력 발달에 대한 학생의 귀인 성향 : 독불장군형*

	방해 받음	유익한 관여
음악능력 발달에서 재능 역할에 대한 공유된 믿음		
학생 믿음	.679	-.068
교사 믿음	.662	-.030
친구 믿음	.730	.035
음악능력 발달에서 조기 관여 역할에 대한 믿음		
조기 흥미	.073	.499
조기 수행	-.095	.676
음악능력 발달에서 사회적 지지 역할에 대한 믿음		
친구 격려	-.489	.052
가족 격려	-.529	-.022
음악능력 발달에서 학교의 지지 역할에 대한 믿음		
유치원 교사	-.370	-.253
학교 교사	-.114	.001
학교에서의 인정	-.071	.487
음악능력 발달에서 노력 역할에 대한 믿음		
학교 수학 연수	.030	.664
사교육 연수	.000	.465
개인적 노력	-.114	-.001
Cronbach 알파	.76	.68
고유값	2.771	2.312
설명된 변인	21.3%	17.8%
전체 = 39.1%		
n = 125		

주: Bartlett Test of Sphericity = 375.71, $p <$ .00001; Kaiser-Meyer-Olkin Test of Sampling Adequacy = .6311; *부하량 .463 이하는 해석되지 않았음

주목할 필요가 있다. 학생들은 가족과 친구들이 자신들의 음악능력 발달에 실제로 방해가 된 것으로 보았다. 그러나 두 번째 요인(유익한 관여로 이름 붙임)의 해석 가능한 부하량을 보면 가족과 친구들이 자신의 음악능력 발달에 방해가 된 것으로 판단하였음에도 불구하고, 학생들은 음악 경험을 일찍부터 하였고, 교내외에서 음악 성장을 위하여 오랜 기간 동안 열심히 노력하였

으며, 자신의 성취에 대해서 학교에서 인정받았다는 것을 보여 준다.

부모의 귀인 성향

부모의 귀인 유형은 학생들의 귀인 유형과 확연하게 다르다. 〈표 2-4〉에 있는 첫 번째 부모 요인(방해받지 않음으로 이름 붙임)에 대한 세 가지 해석이 가능한 부하량을 보면, 부모의 관점은 음악적 성공이 타고난 재능 때문이라고 보는 자녀의 믿음과는 일치하지 않다는 것을 분명하게 알 수 있다. 자녀와는 달리, 이 세 가지의 부적 부하량은 부모들 누구나 자녀의 성공을 타고난 능력으로 보지 않는다는 것을 보여 주는 증거다. 부모들은 자녀의 재능을 믿지 않는 듯한 귀인 유형을 보여 주고 있다.

부적 부하량의 크기와 일치성은, 특히 학생 귀인과 다음에 살펴볼 교사 귀인과 대조해 볼 때 두드러진다. 부모의 부하량을 보면 부모들은 학생들의 재능 부족이 자녀의 음악능력 발달에서 중요한 장해가 되는 것으로 보는 것을 알 수 있다. 이 외에도 학생들의 '유익한 관여' 요인에서는 조기 흥미를 보여 주었지만 부모들은 이것을 단지 조기 흥미 쪽으로만 귀인시키지 않을 뿐 아니라 조기 혐오로 귀인시켰다. 이것은 '방해받지 않음' 요인에서 조기 흥미 변인에 대한 부적 부하량을 적절하게 해석한 것으로 보인다.

나아가 학생과 부모는 열심히 노력하여 얻은 것에 대해서도 뚜렷한 대조를 이룬다. 부모들의 귀인 유형에서 세 번째 요인(좌절받음으로 이름 붙임)을 보면 열심히 노력한 것이 단지 실망으로 끝나는 것이 아니라 너무 절망하여 자기패배감을 초래할지도 모른다는 것을 시사한다. 또한 학교에서 학생을 인정해 주지 않으면 음악능력 발달은 상당히 줄어들 수 있다는 것을 보여 준다. 부모는 자녀의 재능이 부족하고 조기 흥미가 부족하다고 믿더라도, 두 번째 요인(격려받음으로 이름 붙임)에서 조기 경험을 하고 친구와 가족이 격려하고 학생이 노력하는 성향이 있으면 음악능력은 발달한다고 본다는 것을 보여 준다. 이는 실망스럽고 좌절하는 일이 있더라도 이것이 노력에 영

예술 · 음악 영재학생

표 2-4 음악능력 발달에 대한 부모의 귀인 성향: 노력가형*

	I 방해받지 않음	II 격려받음	III 좌절받음
음악능력 발달에서 재능 역할에 대한 공유된 믿음			
학생 믿음	-.603	-.127	-.026
교사 믿음	-.793	-.151	-.121
친구 믿음	-.797	-.283	-.162
음악능력 발달에서 조기 경험 역할에 대한 믿음			
조기 흥미	-.379	.332	-.307
조기 수행	.384	.802	.242
음악능력 발달에서 사회적 지지 역할에 대한 믿음			
친구 격려	.403	.516	.044
가족 격려	.387	.497	.242
음악능력 발달에서 학교의 지지 역할에 대한 믿음			
유치원 교사	.376	.280	.189
학교 교사	.366	.344	-.106
학교에서의 인정	.084	.301	-.479
음악능력 발달에서 노력 역할에 대한 믿음			
학교 수학 연수	-.206	.043	-.620
사교육 연수	-.097	-.150	-.817
개인적 노력	.154	.442	.057
Cronbach 알파	.81	.61	.75
고유값	3.278	2.218	1.634
설명된 변인	25.2%	17.1%	12.6%
전체 = 54.8%			
n = 123			

주: Bartlett Test of Sphericity = 462.097, $p <$ .00001; Kaiser-Meyer-Olkin Test of Sampling Adequacy = .671; *부하량 .471 이하는 해석되지 않았음

향을 미친다고 부모들은 믿는다는 것을 의미한다.

만약 개인적 노력 변인에 대한 유의미한 정적 부하량이 없다면 학교 내외에서의 노력에 대한 부적 부하량은, 자녀가 노력하지 않았기 때문에 음악능력 발달이 줄어든 것으로 부모가 판단함을 의미할 것이다. 그러나 전반적으로 요인과 부하량을 볼 때, 노력 변인에 대한 부적 부하량은 성취가 부족하

였거나 좌절 때문으로 해석하는 것이 더 적절하다. 이것을 보면 모든 사람들이 음악 재능이 모자란다고 하더라도 학생이 왜 음악에 적극적으로 관여하는지 이해할 수 있다.

그런데 만약 학생의 음악 성취가 확인되지 않았다면 이들은 자료에 포함되지 않았을 것이라는 사실을 기억하는 것이 중요하다. 재능이 있더라도 자녀가 음악적 성취를 이루게 된 이유에 대해서, 부모들은 자녀가 어려움을 극복하도록 가족과 친구가 격려해 주었기 때문이라고 생각한다.

교사의 귀인 성향

교사의 귀인 유형은 〈표 2-5〉에서 보듯이 학생의 귀인 유형과 매우 비슷하다. 그러나 부모 집단과는 아주 대조를 이루고 있다. 교사들은 학생들의 음악능력 발달을 상당 부분 학생들의 음악 재능 때문으로 본다. 이것은 교사들의 두 번째 요인(재능)에서 특히 잘 나타난다. 또한 교사들의 첫 번째 요인(유익한 관여)을 보면, 학생들의 음악능력 발달이 학교 내외에서 열심히 노력한 탓이며 학생들과 마찬가지로 학교에서 인정해 주었기 때문이라고 보았다. 이것은 부모들의 귀인 유형과는 아주 대조를 이룬다.

교사의 두 번째 요인(재능)은 음악적 성취가 타고난 재능 때문이라고 본 학생들의 첫 번째 요인과 매우 비슷하다. 하지만 학생들과 달리, 교사들은 가족과 친구들이 학생의 음악능력 발달에 촉진 역할(혹은 장해가 되는 역할)을 한 것으로는 보지 않았다. 이 점은 부모들의 관점과는 아주 다르다. 누구나 교사와 학생의 결과는 아주 유사하지만 부모는 교사와 학생과는 아주 다르다고 말한다.

귀인 유형

요인을 통해 나타난 귀인 유형을 좀 더 자세하게 분석하여 학생, 부모, 교사의 응답을 바탕으로 음악에서 성공한 학생들의 유형을 세 가지로 나누어

표 2-5 음악능력 발달에 대한 교사의 귀인 성향 : 자기 시동형*

	유익한 관여	재 능
음악능력 발달에서 재능 역할에 대한 공유된 믿음		
학생 믿음	.061	.878
교사 믿음	-.028	.569
친구 믿음	-.031	.790
음악능력 발달에서 조기 경험 역할에 대한 믿음		
조기 흥미	.618	.072
조기 수행	.619	-.141
음악능력 발달에서 사회적 지지의 역할에 대한 믿음		
친구 격려	.414	-.453
가족 격려	.354	-.377
음악능력 발달에서 학교 지지의 역할에 대한 믿음		
유치원 교사	.342	-.174
학교 교사	.121	-.097
학교에서의 인정	.789	-.086
음악능력 발달에서 노력 역할에 대한 믿음		
학교 수학 연수	.701	-.087
사교육 연수	.555	.026
개인적 노력	-.101	-.106
Cronbach 알파	.78	.81
고유값	3.182	2.416
설명된 변인	24.5%	18.6%
전체 = 43.1%		
n = 88		

주: Bartlett Test of Sphericity = 283.655, $p <$ .00001; Kaiser-Meyer-Olkin Test of Sampling
 Adequacy = .590; *부하량 .548 이하는 해석되지 않았음

설명하고자 한다.

독불장군형 학생들의 귀인 유형으로서 여기서는 유익한 관여를 받았으며 재능이 있는 독불장군으로 부르겠다. 이들에겐 타고난 음악능력, 유익한 학교교육, 최선의 노력이 매우 중요한 역할을 하였다. 일찍이 음악 활동을

경험한 것이 도움이 되었지만 가족과 친구로부터 실망스러운 영향을 받았음에도 불구하고 성취를 이루었다. 이들은 자신의 능력을 믿고, 의지가 굳으며, 시간과 노력을 지속적으로 투자하였고, 학교교육도 잘 받았다고 생각한다. 이들은 자신의 가족과 친구의 반대에도 불구하고 높은 성취를 이루었다. '독불장군'의 특성이 이들의 귀인 성향에 복합되어 있는 것이다.

자기 시동형 학생과 교사 간의 중요한 차이점은 교사 집단에겐 가족과 친구들이 지지한 것으로 해석할 수 있는 부하량이 없다는 점이다. 학생들은 자신에게 가장 가까운 가족과 친구를 부적으로 귀인시켰으나 교사는 그렇지 않았다. 학생과 마찬가지로 교사 역시 유익한 관여를 받았고, 재능이 있으며, 학교의 지지를 받은 것으로 귀인시켰다. 그러나 교사는 가족과 친구에게 특별히 영향을 받지도 않았고 방해도 받지 않은 것으로 생각하였다. 이를 종합해 볼 때 교사들의 귀인 유형은 '자기 시동형'이라고 부를 수 있다.

노력가형 이것은 부모의 귀인 유형이다. 부모의 귀인 유형은 학생이나 교사의 유형과는 아주 다르다. 재능 부족, 조기 흥미 부족, 열심히 노력해도 결과를 얻지 못하는 데서 오는 좌절감과 같이 음악능력 발달을 저해하는 조건 속에서도 지속적으로 격려를 받아 꾸준히 노력하는 것이 '노력가형'의 특징이다. 평범한 재능에 신통치 않은 학교의 지원을 받으며, 개인적으로 시간과 에너지를 투입하는 가운데 꾸준히 음악능력을 발달시켜 나가는 형이다. 탁월한 재능이 없기 때문에 필연적으로 좌절을 경험하고, 그 가운데에서 지속적으로 음악 활동을 하기 때문에 좌절은 실제로 일어나며 불가피하다. 이 유형은 음악 성취에 따른 희생의 대가가 너무 크다. 가족과 친구들의 격려와 조기에 음악에 관여한 점이 결국 음악능력을 획득하게 한 강한 원동력이며 시간이 지남에 따라 실제적으로 음악능력을 획득해 나간다.

예술·음악 영재학생

논 의

우리는 본 연구에서 방법상의 결함을 밝히기 위하여 많은 노력을 하였다. 표본은 질문지의 문항 수에 비해 크지 않았고, 회수율은 바라던 것보다 낮았다. 이제는 익숙한 Campbell과 Stanley(1963)가 소개한 용어를 빌리자면, 작은 표본의 크기와 낮은 질문지 회수율 때문에 내적 타당도와 외적 타당도가 문제가 될 수 있다.

전술한 것과 같이 내적 타당도에 문제가 있기 때문에 각 요인에서 문항당 반응자의 수가 해석에 문제가 없을 만큼 큰 것만 골라 하였다. 요인분석 결과를 고의로 꾸미거나 편향적으로 해석한 것은 없다. 주도면밀한 탐색 방법을 사용하여 밝혀낸 요인은 비록 잠정적이지만 유용하게도 세 집단 간에 뚜렷한 귀인 성향의 차이를 보여 준 것으로 보인다. 그러나 외적 타당도 문제는 여전히 남는다. 세 집단의 응답률은 학생이 48%, 부모가 47%, 교사가 34%로 서로 달랐다. 확률적 표집을 하지 않고 모집단을 대상으로 자료 수집을 시도하였다 하더라도, 사실 여기에서 얻은 자료가 응답자의 세 모집단에 적용하였을 때의 전형이라고 보기 어려운 결과가 나올 가능성은 존재한다. 그러나 귀인 유형에 혼입하여 작용할 수 있는 교육, 직업, 소득, 인종과 같은 요인은 내적으로 동질적이었다는 것을 인정할 수 있다. 비록 질문지의 회수에 혼입된 중요 변인들의 가능성 때문에 결과를 일반화하기엔 기초적 통계가 불확실하더라도, 세 집단 간의 내재적 동질성 때문에 전형적 사례와 별반 다르지는 않다.

마찬가지로 이 연구에서 학생 표본도 사회적 측면에서 보면 다른 많은 관찰자들이 보고한 영재학생과 동일한 특성이 있다. 그들 대부분은 비교적 사회경제적 지위가 높은 가정에 속하고 토박이 백인들이었다. 다른 종류의 재능과 마찬가지로, 음악적으로 큰 성취를 하여도 극적으로 사회적 상승으로 이어지는 경우는 극히 드물었다. 이런 성취를 한 학생들은 일반적으로 인종적·사회적·경제적으로 좋은 환경에서 태어났다. 사람들은 이 학생들이 재능이 있다는 것을 아주 쉽게 알아차렸고, 학생들은 교사와 타인을 통해 육성되고 보상을 받았다. 우리가 분석하고 해석한 것이 분명 의미 있는 것이라고 강력하게 주장할 수 있다. '독불장군형' '자기시동형' '노력가형'은 분명 통계적 분석을 알려 주는 것에 지나지 않지만, 이것은 각각 학생, 교사, 부모 간의 귀인 유형이 극명하게 다르다는 것을 보여 준다.

결론

연구 초기에 우리는 음악 영재 역시 다른 분야의 영재와 마찬가지로 자신의 재능을 대부분 타고난 능력으로 귀인시킬 것인지에 대하여 의문을 가졌다. 여기에서 분석한 결과, '그렇다'고 단호하게 결론을 내렸다.

하지만 귀인 유형이 복잡하고, 각 유형을 비교해 보면 사실 놀라운 발견을 하게 된다. 음악 성취가 높은 학생이 가족과 친구가 자신들의 음악능력 발달을 위한 노력에 방해가 된다고 생각한다는 사실을 알려 주는 재능에 대한 문헌은 아직 없다.

마찬가지로 논란거리가 되겠지만, 자녀의 음악 성취가 높은 것은 타고난 능력이 부족하지만 부모가 격려하고 경험을 제공한 때문이라는 사실을 알려 주는 재능 관련 문헌도 아직 없다. 만약 우리가 영재 관련 문헌을 토대로 하였다면 정반대 결과를 기대하였을 것이다. 사실 교사의 귀인 유형에는 타고난 능력, 흥미, 경험과 관여, 노력이 포함되었기 때문에, 부모의 것과 유사할 것으로 예상하였다. 그러나 교사의 귀인 유형에서조차 가족과 친구들의 격려는 포함되어 있지 않았다. 이 연구를 통해 재능에 관한 귀인 유형은 활동 유형에 따라 다를 수도 있다는 생각이 든다. 즉, 재능의 영역마다 노력하는 정도가 다를 것이라는 것이다. 음악 영재의 귀인 유형은 어떤 면에서 다른 영역의 영재에 관한 수많은 보고와는 다르다.

이런 놀라운 사실의 발견에도 불구하고 모든 유형에 공통 특성은 있다.

예술·음악 영재학생

모든 유형은 Marsh(1984)가 발견한 사실과 일치한다. 즉, 사람들은 자기가 성취한 것에 대하여 자기에게서 그 원인을 찾으려는 경향이 있다는 것이다. 이 연구에서 조사한 부모 역시 자녀의 타고난 능력보다는 자신들이 자녀를 격려하고 음악적 관여 기회를 제공한 것이 자녀의 성취에 결정적 역할을 한 것으로 생각하였다. 이와 달리 교사는 학교공부와 학교에서 보상한 것이 학생의 음악능력 발달에 중요한 영향을 미쳤다고 생각하는 듯하다. 학생들은 자신의 능력과 노력이 그들의 성공에 중요한 역할을 한 것으로 생각하였다.

이 기술 연구는 귀인 반응이 복잡하다는 것을 시사한다. 연구결과에 따르면 학생, 교사, 부모의 지각이 다르게 나타났는데, 이후의 연구에서는 높은 성취를 한 근원에 대하여 다양한 집단의 지각을 확인하는 것이 필요하다고 본다. 높은 성취의 원인에 대한 학생들의 인식과 그들이 실제 수행한 수준 간의 상호작용을 입증한 연구는 높은 성취를 보인 것의 일부 현상에 지나지 않을 수도 있다. 어린이가 성취한 것의 원인이 어디에 있는지에 대하여 부모와 교사는 어떻게 생각하는지를 밝히는 것도 영재의 성취 수준을 이해하는 데 많은 도움이 될 것이다.

참고문헌

Antaki, C. (1994). *Explaining and arguing: The social organization of accounts.* London: Sage.

Battle, E. (1972). Motivational determinants of academic competence. In J. Rotter, J. Chance, & E. Phares (Eds.), *Applications of a social learning theory of personality* (pp. 155-168). New York: Holt, Rinehart, and Winston.

Berliner, D., & Biddle, B. (1995). *The manufactured crisis.* Reading, MA: Addison-Wesley.

Bloom, B. (1985). *Developing talent in young people.* New York: The Free

Press.

Brantlinger, J. (1993). *The politics of social class in secondary school.* New York: Teachers College Press.

Bryk, A., & Raudenbush, S. (1992). *Hierarchical linear modeling.* Newbury Park, CA: Sage.

Campbell, D., & Stanley, J. (1963). Experimental and quasi-experimental designs for research on teaching. In N. Gage (Ed.), *Handbook of research on teaching* (pp. 171-246). Chicago: Rand McNally.

Coleman, J., Campbell, E., Hobson, C., McPartland, J., Mood, A., Weinfeld, F., & York, R. (1966). *Equality of educational opportunity.* Washington, DC: U.S. Government Printing Office.

Collier, G. (1994). *Social origins of mental ability.* New York: John Wiley.

Cox, J., Daniel, N., & Boston, B. (1985). *Educating able learners: Promising programs and practices.* Austin, TX: University of Texas.

Farkas, G. (1996). *Human capital or cultural capital.* New York: Aldine De Gruyter.

Frary, R. (1995). *Testing memo 8: Reliability of test scores.* Blacksburg, VA: Virginia Tech Measurement and Research Services, Virginia Polytechnic Institute and State University.

Friedman, R., & Rogers, K. (1998). *Talent in context.* Washington, DC: American Psychological Association.

Graham, S. (1990). Communicating low ability in the classroom: Bad things good teachers sometimes do. In S. Graham & V. Folkes (Eds.), *Attribution theory: Applications to achievement, mental health, and interpersonal conflict* (pp. 17-36). Hillsdale, NJ: Lawrence Erlbaum.

Grimm, L., & Yarnold, P. (1995). *Reading and understanding multivariate statistics.* Washington, DC: American Psychological Association.

Heider, F. (1958). *The psychology of interpersonal relations.* New York: John Wiley.

Herrnstein, R., & Murray, C. (1994). *The bell curve.* New York: The Free Press.

Hollingworth, L. (1942). *Children above 180 IQ (Stanford Binet): Origin and*

예술·음악 영재학생

development. Yonkers-on-Hudson, NY: World Book Company.

Howley, C., Howley, A., & Pendarvis, E. (1995). *Out of our minds: Talent development and anti-intellectualism in U.S. schools*. New York: Teachers College Press.

Iversen, G. (1991). *Contextual analysis*. Newbury Park, CA: Sage.

Johnson, R., & Wichern, D. (1998). *Applied multivariate statistical analysis*. Upper Saddle River, NJ: Prentice Hall.

Kelly, D. (1993). *Last chance high: How girls and boys drop in and out of continuation schools*. New Haven, CT: Yale.

Kinchloe, J., Steinberg, S., & Gresson, A. (Eds.). (1996). *Measured lies*. New York: St. Martin's

Lareau, A. (1989). *Home advantage*. New York: Falmer.

Licht, B., & Dweck, C. (1984). Determinants of academic advantage: The interaction of children's achievement orientations with skill area. *Developmental Psychology, 20*, 628-636.

Marsh, H. (1984). *The selfserving effect (bias?) in academic attributions: Its relation to academic achievement and self-concept*. (ERIC Reproduction Service No. ED 252527)

Nunnally, J. (1967). *Psychometric theory*. New York: McGraw-Hill.

Nunnally, J., & Bernstein, I. (1994). *Psychometric theory*. New York: McGraw-Hill.

Oakes, J. (1986). *Keeping track*. New Haven, CT: Yale.

Paita, L., Love, D., Leftwachra, K., & Grabovsky, I. (1999, January). *Evaluating the analytic needs of HEDIS*. Paper presented at the National Association of Health Data Organizations, Atlanta, GA.

Pedhazur, E., & Schmelkin, L. (1991). *Measurement, design, and analysis: An integrated approach*. Hillsdale, NJ: Lawrence Erlbaum.

Peterson, C., & Barrett, L. (1987). Explanatory style and academic performance among university freshmen. *Journal of Personality and Social Psychology, 53*, 603-607.

Pressey, S. (1955). Concerning the nature and nurture of genius. *Scientific Monthly, 81*, 52-61.

Rotter, J. (1954). *Social learning and clinical psychology.* Englewood Cliffs, NJ: Prentice-Hall.

Rotter, J. (1972). Beliefs, social attitudes, and behavior: A social learning analysis. In J. Rotter, J. Chance, & E. Phares (Eds.), *Applications of a social learning theory of personality* (pp. 335-350). New York: Holt, Rinehart, and Winston.

SAS Institute. (1990). *SAS user's guide: Statistics.* Cary, NC: Author.

Sosniak, L. (1985). Learning to be a concert pianist. In B. Bloom (Ed.), *Developing talent in young people* (pp. 19-67). New York: Ballantine.

Stevens, J. (1996). *Applied multivariate statistics for the social sciences.* Mahwah, NJ: Lawrence Erlbaum.

Swartz, D. (1997). *Culture and power. Chicago:* University of Chicago Press.

Tabachnik, B., & Fidell, L. (1996). *Using multivariate statistics.* New York: HarperCollins.

Tacq, J. (1997). *Multivariate analysis techniques in social science research.* Thousand Oaks, CA: Sage.

Terman, L. (1925). *Mental and physical traits of a thousand gifted children.* Stanford, CA: Stanford University Press.

Tyler-Wood, T., & Carri, L. (1993). Verbal measures of cognitive ability: The gifted low SES student's albatross. *The Roeper Review, 16,* 102-105.

Velez, W. (1989). Why Hispanic students fail. In J. Ballantine (Ed.), *Schools and society* (pp. 380-388). Mountainview, CA: Mayfield.

결정 경험: 음악 조숙성에 대한 연구[1]

Cathy Freeman(Teachers College, Columbia University)

본 연구에서는 음악 조숙성과 '결정 경험(crystallizing experience)'을 중재하는 기제의 본질에 대하여 검토하였다. Howard Gardner(1983)는 음악 지능을 인간 지능에 포함시켜야 한다고 설득력 있게 주장하였다. 그는 음악능력을 여러 가지 방법으로 발달시킬 수 있다고 주장하면서, 그중 하나가 바로 살아가는 동안 타고난 재능을 발휘하는 계기인 '결정 경험'이라고 하였다. 결정 경험은 영재가 처음으로 어떤 재능 영역에 어떻게 전념하게 되는지를 설명하는 하나의 유용한 구인이 될 수 있다. 이 연구는 음악 조숙성을 보인 24명의 남자 중학생들에게 개인 또는 집단으로 그들이 겪은 결정 경험에 대하여 물어보았다. 이 결정 경험 연구는 특출한 수행 구조와 성질을 이해하는 데 중요한 몇 가지 시사점을 제공해 주고 있다.

'음악 지능이 높다'는 말은 무엇을 의미하는가? 한 아이가 높은 음악 성취를 하는 원인은 무엇인가? 수년간 심리학자와 교육자는 이러한 질문에 당혹감을 느껴 왔다.

지난 15년 동안 훌륭한 성취와 특별한 수행에 대한 연구가 급격히 늘었고 (예, Ericsson & Charness, 1994; Howe, 1990; Simonton, 1988), 재능을 주제로

---

1) 편저자 주: Freeman, C. (1999). The crystallizing experience: A study in musical precocity. *Gifted Child Quarterly, 43*(2), 75-85. ⓒ 1999 National Association for Gifted Children. 필자 승인 후 재인쇄.

하거나 다양한 재능 개념을 다룬 책이 많이 출판되었다(예, Csikszentmihalyi, Rathunde, & Whalen, 1993; Gardner, 1983; Gruber & Wallace, 1989; Feldman, 1980/1994). 그중에서도 위에서 제안한 질문에 가장 근접한 출판물은 Gardner가 쓴 『마음의 틀: 다중지능이론(Frames of Mind: Theory of Multiple Intelligence)』(1983)으로, 이 책에서는 '음악 지능'이라는 용어를 소개하고 있다.

Gardner는 음악 지능을 7가지의 인간 지능군에 포함시켜야 한다고 설득력 있게 주장하였다. 그는 7개의 지능이 인간이 하는 일에서의 중요성은 똑같다고 보고 있다. Gardner는 '음악'과 '지능'이라는 용어를 도발적으로 결합함으로써 음악 재능과 조숙성의 본질과 기원에 대하여 논의하고 생각할 수 있는 새로운 어휘와 유망한 개념적 틀을 제공해 주고 있다. 이제 조숙한 음악 재능은 고차적이고 별개의 독특한 인간 지능을 표현한 것으로 볼 수 있다.

Gardner는 새로 출현하는 능력을 영역 특수적인 것으로 본다. 그래서 그는 특별한 재능이란 개인의 지능과 특정 영역에서 요구하는 것이 아주 밀접하게 결합된 결과라고 주장한다. Gardner는 특별한 재능이 여러 가지 방식

연구의 활용도

이 논문은 Walters와 Gardner(1986)가 정의한 '결정 경험'에 대한 연구다. 이 연구결과는 음악 조숙아에게 일어나는 공통 현상으로서의 결정 경험에 대한 생각을 지지하고 있다. 특히 흥미로운 것은 결정 경험이 자아개념에 장기간 미치는 효과에 대한 보고다. 결정 경험은 특정 영역의 잠재적 재능을 확인하는 데 유용한 구인으로 사용될 수 있다. 더욱이 이것은 학생이 어떻게 내적 동기를 갖게 되고 그럼으로써 어떻게 자신의 목적 달성을 최대화하는지에 대한 통찰을 얻는 데 유용하다. 이 연구는 또한 재능을 확인하는 데 여러 준거를 사용해야 한다는 것을 지지한다. 특히 다중지능이론과 같은 접근을 지지한다. 영재교육은 다면적이기 때문에 단일 개념의 재능이 설 자리가 없다. 아이들에게 결정 경험에 대하여 질문 조사를 하는 것은 새로운 형태의 조사의 장을 여는 것이며 영재의 요구를 충족시켜 주기 위하여 우리가 무엇을 어떻게 하고 있는지를 바라보는 새로운 방법을 제시하는 것이다.

으로 나타난다고 믿고 있다. 이 과정에서 중추적 요인 중의 하나가 결정 경험 현상이라는 것이다(예, Walters & Gardner, 1986).

결정 경험

David Henry Feldman(1971, 1980/1994)이 최초로 인지 구조 결정체(crystallizers)를 연구한 이래, Walters와 Gardner(1986)는 결정 경험이 "특별한 재능이나 잠재력이 있는 사람과 그 재능이 드러날 분야의 재료(materials) 간에 일어난 놀랍고도 기념비적인 접촉"(p. 308)이라고 정의하였다. 다시 말해서 이러한 사람은 자신이나 자신의 삶의 여정을 결정짓는 통찰을 일순간에 갑자기 얻게 되며, 어떤 주어진 영역에서 자신이나 자신의 능력에 대한 관점이 극적으로 영향을 받는다. 예를 들면, 드뷔시는 9세에 형식적 교육을 받기 시작하였고 14세에 피아노를 잘 쳐서 상을 받았다. 그는 처음 몇 년간은 작곡에 전혀 관심이 전혀 없었으나, 바그너의 음악을 듣고 나서부터는 모든 것이 바뀌었다(Walters & Gardner, 1986). Gardner는 "결정 경험을 말할 때 나는 사람이 자신의 소명을 발견하는 순간을 염두에 둡니다. 이것은 자신의 소명을 오랫동안 충분히 유지하도록 해 주는 그 어떤 것입니다."라고 하였다(개인적 교신, 1997년 8월 26일).

Walters와 Gardner는 수학, 음악, 시각예술에서 뛰어난 인물의 전기 정보를 연구하였고, 창의성이 있는 사람의 생활 경향이나 유형을 밝히기 위하여 영재를 가르친 교사를 대상으로 면접을 하였다. 갈릴레오, 르누와르, 드뷔시 등의 여러 사상가와 예술가를 대상으로 한 연구에서 수많은 공통 특징과 경험을 발견하였다. 많은 사례에서 사람들은 특정 영역에서 자신의 능력의 주요한 측면을 발견하거나 결정 경험을 하였는데, 이것으로 특정 영역에 대한 자신의 능력에 대한 관점이 장기간 바뀌었다.

이러한 경험은 여러 가지 형태로 나타나는 것처럼 보이지만 일반적으로 생애 초기에 일어나며 이것은 어떤 관심 영역에 끌리는 신호라고 할 수 있다. Walters와 Gardner(1986)는 이것을 '시발 결정 경험(initial crystallizing experience)'이라고 불렀다. 이 외의 경험 또는 '정련 결정 경험(refining crystallizing experiences)'은 초기에 어떤 매력을 느끼고 난 뒤에 일어난다. 어느 쪽이든 Walters와 Gardner에 따르면, 결정 경험의 극적인 성격 때문에 사람은 특정 유형의 경험에 주의를 기울이게 되고, 결국 이 경험을 기초로 하여 자신의 자아개념을 새롭게 구성하며, 차후에도 이러한 경험을 다시 하고 싶어 한다는 것이다.

Walters와 Gardner의 연구결과는 영재에게 자주 일어나는 현상으로서의 결정 경험의 구인을 지지하고 있다. 그러나 모차르트의 경우에서 볼 수 있듯이 생물학적 천성과 강도 높은 훈련을 함께하는 것과 같은 방법으로도 음악 영역에서 높은 성취를 할 수 있다(Walters & Gardner, 1986). 간단히 말해서 Walters와 Gardner는 결정 경험을 어떤 영역에서 높은 성취를 하기 위한 필수 선결 조건이나 전제로 보지는 않는다. 하지만 결정 경험은 개인의 재능 영역을 어떻게 최초로 발견하였으며, 한 분야에서 뛰어난 업적을 이루기까지 어떤 과정을 거쳤는지를 설명하기 위한 구인으로 유용하게 사용할 수 있다.

결정 경험과 영재교육

재능 발달 연구와 전문가 수행 연구는 영재교육 분야와 관련성이 매우 높다. 특히 1993년에 국립교육연구사무국(National Office of Education Research)에서 발표한 것처럼 재능의 개념이 확장되었기 때문에 더욱 그렇다. 연구결과를 보면, 대부분의 신동이 성인과 같은 특별한 수행 수준에는 미치지 못한다 하더라도(Ericsson & Charness, 1994), 흔히 아이 때의 조숙성은 성인이 되었을 때 창의성의 전조가 되며 성인의 창조성은 특정 영역에 집중된다(Ochse, 1990). 최근에는 특별한 수행에 대한 연구결과가 교육 실제

예술·음악 영재학생

에 별 영향을 주지 못하고 있다. 예를 들면, 어떻게 처음에 잠재적 재능을 발견할 수 있는지를 밝히지 못하고 있다.

영재교육 분야에서는 아직 음악 조숙성이 있거나 결정 경험을 하였을지도 모르는 많은 학습자 집단에 대하여 심도 있는 연구를 하지 못하고 있다. 그러나 Walters와 Gardner(1986)가 말하였듯이 이러한 연구는 결정 경험을 촉진하거나 결정 경험에 수반되는 조건을 이해하는 데 매우 도움이 될 것이며, 바로 이러한 경험이 영역 특수적 재능을 계발하는 데 아주 중요한 역할을 할 것이다.

연구 목적

본 연구의 목적은 결정 경험이 음악적으로 조숙한 소년들에게 공통적으로 일어나는지 알아보고, 만일 그렇다면 결정 경험의 성격은 무엇이며, 결정 경험 이전에는 어떤 일이 일어나고, 그 결과는 어떤 것인지 알아보는 데 있다. 본 연구와 관련하여 특히 흥미로운 것은 결정 경험이 일생 동안 자아개념에 극적인 영향을 준다고 강력하게 확신하지만, 아직 경험적으로 검증된 것은 아니라는 것이다. 사람들은 결국 이러한 경험을 다시 하고 싶어 하고 이러한 경험을 바탕으로 오랫동안 자신의 소명을 다하게 된다. 구체적으로 다음과 같은 연구문제에 대한 답을 구하려고 한다.

1. 결정 경험은 음악적으로 조숙한 사람들에게 공통적으로 일어나는 전형적 현상인가, 아닌가?
2. 결정 경험은 어린이의 삶에 어떤 종류의 영향을 미치는가? 자아개념이나 특정 영역의 능력을 향상시키기에 충분한 원동력이 되는가?
3. 결정 경험의 본질은 무엇인가? 다시 말해서 결정 경험의 내적 구조, 동기적 측면, 정서적 측면은 무엇인가?
4. 결정 경험에 영향을 주는 환경은 무엇인가? 특정 영역에 마음이 끌리

게 하는 도화선인 시발 결정 경험과, 생의 후반에 나타나면서 한 분야에서 특별한 도구나 방식의 발견 지표인 정련 결정 경험은 어떻게 다른가?

연구방법

본 연구에서는 개인별 또는 표적 집단을 면담하여 얻은 자료를 통하여 음악 조숙성과 관련이 있는 결정 경험을 설명하고 결론을 내렸다. 연구를 엄격하게 수행하는 데 기여할 수 있는 다양한 조사방법을 사용하는 연구 설계를 채택하였다(Patton, 1990). 이것은 단순히 종이와 연필로 음악능력과 그 발달 수준을 측정하는 표준화 검사나 준거지향 검사를 사용하는 대부분의 연구와는 다르다. Miles와 Huberman(1994)은 훌륭한 질적 자료를 사용하면 뜻밖의 좋은 발견을 하거나 새로운 통합을 이끌어 내는 경우가 많다고 하였다. 본 연구는 결정 경험에 관한 주요 주제의 출현을 추구하였으며, 학생의 관점에서 현재에서 과거로 거슬러 올라가는 형태를 이용하면서 설명하였다.

연구대상

성 토머스 성가대 학교는 1919년에 설립된 뉴욕 시 소재의 자립형 사립학교다. 성가대 학교는 성 토머스 교회 교구의 목사와 교구 위원회가 운영하며, 영국 런던에 있는 웨스트민스터 사원 성가대 학교의 교장으로 재직하였던 교장이 관리한다. 이 학교는 요크민스터에서 오르간 연주자이자 합창단 교사였던 T. Noble 박사의 요청으로 설립되었다. 성 토머스 성가대 학교는 영국의 성가대 학교를 모델로 하여 영국 성가대 학교 전통을 미국 자립형 학교에 접목시킨 것이며, 교회와 제휴한 기숙제 성가대 학교로서는 미국에서 유일하고, 전 세계에 남아 있는 3개 학교 중의 하나다. 성 토머스 성가대 학교는 보통 음악학교가 아니라 훌륭한 교육과정을 갖추었으며 정식으로 인가받은 교육기관이다. 5번가의 성 토머스 교회에서 주 6회의 합창 미사를 하기 위해 매년 400곡 이상의 음악을 준비한다. 이 외에 풀 오케스트라와 함께 매년 4개 이상의 주요 합창 음악회 무대에 선다. 성가대가 링컨 센터와 카네기 홀 무대에서 노래하는 것이 TV로 방송되며 매일 90분씩 연습한다.

선발과 입학 기준은 음악 적성, 학업능력, 학교생활에 적응할 수 있는 능력이다. Renzulli(1986)가 평균 이상의 능력, 창의성, 과제집착력으로 재능을 정의한 것과 비슷하다. 일단 아동이 입학 허가 신청을 하면, 합창단 교사는 개인 오디션을 보고, 검정을 거친 후보자를 학교로 초대해서 1주일의 시험기간을 거치게 한다. 입학 허가 과정의 첫 단계는 성가대 단장이 평가하는 성악과 기악 오디션으로, 음악 조숙성을 평가하기 위한 검사의 하나다. 시험기간 1주 후에 학업검사와 지능검사를 실시한다. 5학년 학생들 중에서 높은 학업능력, 뛰어난 음악 적성, 그리고 성가대 학교생활에서 엄격하게 요구되는 것을 충족시킬 수 있는 강한 사회·정서적 능력을 보여 주는 학생 10명을 선발한다.

표 본

본 연구의 참가자들은 성가대 학교의 남자 중학생 24명으로 연령은 10~14세이고 평균 연령은 12세다. 대다수의 학생은 가정의 사회경제적 수준이 '중'에서 '상중'인 백인이었다. 앞에서 언급하였듯이 음악 조숙성은 성악과 기악 영역에서의 뛰어난 능력으로 정의된다. 적어도 한 개 이상의 악기 훈련을 받은 경험이 있고 훈련 가능한 소프라노 목소리를 지녀야 한다.

학교 입학 조건의 하나로 학생들은 Wechsler 아동용 지능검사(3판)를 받아야 한다. 24명 전체 아동의 평균 지능지수는 128이었다. 이전의 학업성적 같은 기타 학업평가 방법도 학생의 전체 학업 프로파일에 똑같은 비중으로 반영하였다. 그리고 엄격한 학업 요구를 충족시킬 수 있는 능력에 따라 학생을 선발하였다.

표 집

개인 면담과 표적 집단을 구성하기 위하여 의도적 표집, 혹은 LeCompte 와 Preissle(1993)이 말한 준거지향 선발을 하였다. 표집은 "사람은 발견하고, 이해하고, 통찰을 얻고 싶어 한다. 그래서 가장 잘 알 수 있는 표본을 표집할 필요가 있다."(Merriman, 1998, p. 48)라는 가정하에 의도적 표집을 하였다. 학생의 업적, 음악 적성, 본 논문의 연구문제에 기여할 수 있는 정도를 근거로 선발하였다. 교장, 음악 교사, 영어 교사, 본 연구자가 7명의 학생을 개인 면담대상자로 지명하였다. 표적 집단을 구성하기 위하여 6학년과 8학년 학생들을 앞에서 제시한 것과 같은 기준으로 지명하였다. 선발된 학생들의 부모들에게 승인서를 받고 개인 면담을 받을 학생을 선발하였다. 익명성을 보장하기 위해 학생들의 이름 대신에 숫자를 사용하였다.

자료 수집

3개월간 다음과 같은 자료를 수집하였다. 1) 연구 장소에서 3회에 걸쳐서 각 1시간씩 일반 관찰, 2) 7명의 학생과 1회 개별 면담, 3) 2개 표적 집단은 원래의 영어 수업시간 이용, 4) 결과를 확인하기 위해 부모와의 대화, 연구에 도움이 되는 서류와 기록을 검토하였다. 입학 서류, 입학 시험성적, 성적표, 교사와 부모의 의견서, 표준화 검사점수, 음악능력에 대한 대안적 평가, 통신문, 교사 메모, 학교와 부모 간의 공식적 통신문, 교육 이념과 같은 공식적 학교 기록물, 학교 출판물, 신문 기사, 학생들의 과제물 등도 검토하였다.

자료 수집과 삼각측량법(triangulating method)의 기초로서 다음과 같은 방법을 사용하였다. 관찰자가 교실에 참여하지 않는 일반 관찰을 1시간씩 세 번 하였다. 이 외에 현장 기록, 학업성적과 평가물을 재검토하고, 두 표적 집단과의 회합, 선발된 7명과 45분간 개방식 면접, 학생이 진술한 것을 확인하기 위한 부모와의 대화 등을 하였다. 다수의 증거 자원 때문에 "조사의 수렴선 형성"(Yin, 1994, p. 92)이 가능해졌는데, 이것이 삼각측량법의 장점 중의 하나다.

일반 관찰

자료의 첫 번째 원천은 세 시간 동안 이루어진 교실 관찰과 학급교사와의 면접이다. 거의 모든 시간을 학교에서 연구하는 데 사용하였기 때문에 연구 현장과 학교 문서에 무제한으로 접근할 수 있었다. 별개의 세 개 사건에 대하여 각 학생을 관찰하고 현장 기록을 하였는데, 나중에 이야기 형식으로 바꾸어 다시 쓰고 현장에서 발생한 주제를 연구하였다.

면접 두 번째 자료의 원천을 얻기 위하여 교사의 추천을 받은 7명의 학생을 의도적으로 선택하여 개별 면접하였다. 선발할 때 교사는 학생의 음악 적성과 학업능력을 기준으로 삼았다. 개별 면접을 통해 깊이 있게 분석할 수 있었고 결정 경험에 대한 주관적 관점에도 접근할 수 있었다. 학생들은 학교 안의 조용한 방에서 개별적으로 다정하고 친근하게 이야기하듯이 면접하였다.

미리 준비한 질문지를 가지고 학생들에게 Spradley(1979)가 "대여행 (grand tour)"이라고 말한 가장 중요한 질문을 하였다. Patton(1990)의 제안을 따라서 나는 이분법적 질문이 아닌 개방형 질문을 하였다. 면접 질문은 미리 구조화하여 개별 면접과 표적 집단 면접을 하였다. 면접 질문은 여러 개로 나누어 하나씩 질문하여 어린이에게 어려움이 없도록 하였다. 일관성을 유지하기 위해 개별 면접과 표적 집단 면접 모두에서 동일한 언어와 용어를 사용하여 결정 경험을 묘사하도록 하였다. 개별 면접한 것은 다시 정리 기록하였으며 녹음은 하지 않았다. 녹음기를 사용하면 대화의 질이 떨어질 수 있다고 생각하였기 때문이다.

학생들에게는 다음과 같은 결정 경험에 대한 정의를 인쇄한 종이를 주었다. "결정 경험이란 특별한 재능이나 잠재력을 가진 사람과 그 재능이 나타날 분야의 재료 간에 놀랄 만하고 기념비적으로 결합되는 어떤 경험이다." (Walters & Gardner, 1986, p. 308) 학생들이 더 자세한 설명을 원하면, 결정 경험이 충분하게 유지되는 어떤 기억으로서 자신의 음악능력에 몰입할 수밖에 없도록 느끼게 해 주는 그 어떤 것이라고 말해 주었다. 질문은 다음과 같다.

a. 당신은 결정 경험을 해 본 적이 있습니까? 결정 경험이라고 설명 들은 것과 비슷한 점이나 다른 점은 무엇입니까?
b. 당신은 어떤 느낌을 받았습니까?
c. 결정 경험을 할 때 누가 있었습니까?
d. 당신 가족들은 음악능력이 있습니까?
e. 결정 경험은 당신의 삶에 지대한 영향을 주었습니까? 그것이 어떤 방식으로든 당신을 변화시켰습니까?

표적 집단 개별 면접 다음에 각 10명(평균 연령은 12세)씩으로 구성되는 두 개의 표적 집단을 면접하였다. 개별 면접을 한 6명의 소년들 중에서 3명이 표적 집단에 들어 있었다. 표적 집단에는 8학년과 6학년 영어반 학생들이 있었다. 개별 면접과 표적 집단 면접은 45분 정도 진행되었으며 비슷한 질문을 하였다.

LeCompte와 Preissle(1993)는 자연스럽게 응집된 집단에서 사람들의 다양한 반응을 찾아내고 의미 있는 논쟁을 이끌어 내기 위한 방법으로 표적 집단을 추천하였다. 이러한 경우에 표적 집단에서의 상호작용은 결정 경험에 대하여 더 솔직하고 분명한 해석을 이끌어 내는 경향이 있다.

LeCompte와 Preissle(1993)에 따르면, 연구자는 참가자들이 합의에 도달해야 한다는 압력을 받지 않고 다양한 인식과 관점을 자유롭게 표현하도록 하기 위하여 표적 집단에서는 허용하는 분위기를 조성하여야 한다고 지적하였다. 각 회합을 시작할 때 긍정적이든 부정적이든 모든 종류의 의견을 말하도록 하였다. 동의하거나 동의하지 않는 반응들에 대해서는 판단을 보류하였다. 영어 교사가 핵심 단어와 문구를 기록함으로써 공동으로 회합을 조정하였다. 이 기록들을 이야기 형식으로 고쳐 기록하고 내용이 일치하는지 확인하기 위해 두 사람이 기록한 것을 비교하였다. 표적 집단 면접은 녹음하여 축어록을 작성함으로써 귀납적 분석을 하였다(Miles & Huberman, 1994). 드러난 주제는 결정 경험의 공통성을 확인하기 위해 코딩하였다.

자료 분석

질적 연구에서 자료 분석은 자료 수집을 한 뒤 일정 기간 동안에만 하는 것이 아니라 전 연구 기간에 걸쳐서 하며, 자료 수집과 분석을 동시에 한다(LeCompte & Preissle, 1993).

Miles와 Huberman(1994)은 '분석 추출(Analytical Abstraction)'이라는 과정지향적 접근을 주창하였다. 1단계에서는 자료를 코딩하거나 분류하고, 분석적으로 주석을 달고 연결 지은 후, 면접 때 녹음한 테이프와 기록한 노트를 재구성한다. 2단계에서는 자료를 모으고 자료에 담긴 주제와 경향을 확인한다. 3단계에서는 설명하는 틀을 만들어 명제를 검증한다. 다시 말해서 하나의 주제로 시작하여 범주를 코딩하고, 주제와 경향을 확인한 뒤에 탐색 틀을 만들어 자신이 발견한 것을 검증한다.

본 연구는 위에서 말한 3단계 과정을 사용하였다. 즉, 자료를 코딩하고 주제를 모으고 다시 코딩하였다. 이 과정은 개별 면접과 표적 집단 면접에 모두 사용하였다. 첫 번째 단계에서 개별 면접과 표적 집단 면접의 자료 사본 세 부를 만들었다. 첫 번째 사본은 나중의 필요할 경우에 대비해서 주석을 달지 않고 원본을 그대로 보존하였다. 두 번째 사본은 개별 면접한 것에 주석을 달았고 표적 집단의 것은 옮겨 쓴 곳에다 주석을 달았다. 주석에는 더 알아보아야 할 질문과 공통적으로 나타나는 주제를 넣었다. 자료 분석 과정의 두 번째 단계에서는 자료를 코딩하여 전반적 주제와 경향을 확인하였다. 자료에서 강조해야 할 점과 빠진 점을 찾기 위해 여백에 표시를 해 두었다. 자료 분석 과정의 세 번째 단계는 잠정적 결과를 얻기 위하여 세 번째 사본을 가지고 교차 확인하였다. 삼각측량법을 통하여 어떤 형태가 나타나는지를 보기 위하여 자료 분석 내내 이러한 절차를 사용하였다.

자료의 삼각측량법을 사용하면 하나의 자료원을 검증하여 그 자료의 설명력을 확인하거나 반박하여야 한다. 이 기법을 사용한 것이 결정 경험을 둘러싼 개념, 아이디어, 주제를 구성하는 데 도움이 되었다. 결정 경험과 비슷하지만 다르게 표현되는 용어와, 음악 조숙성에 대한 결정 경험과의 관계가 증명되었다.

연구결과를 이해하기 쉽게 제시하기 위해 현장에서 기록한 것은 대화체로 질문에 따라 분류하였으며, 자료를 하나의 설명 틀로 통합하여 종합하였다. 개별 면접과 표적 집단 회합에서 사용하였던 질문마다 하나의 영역을 두어 주요 개념과 주제를 설명하기 위해 요약한 것, 핵심 사항, 주목할 만한 인용구를 실었다.

연구결과

이 탐색적 연구에서는 결정 경험의 성격과 그 발생을 중재하는 기제를 조사하였다. 개별 면접과 표적 집단 면접에서 결정 경험에 대한 몇 가지 주제를 찾았다. 결정 경험을 분석한 결과, 이것은 음악적으로 조숙한 사람들에게 공통적으로 나타나는 현상이라는 이전의 연구결과를 확인하였다. 특히 흥미로운 것은 학생들의 자아개념에 대한 장기적 효과가 있었다는 점이다.

연구문제

• 결정 경험은 음악 조숙아들에게 공통적 현상인가?

연구한 결과, 결정 경험은 음악적으로 조숙한 사람들에게 공통적으로 나타나는 현상이었다. 개인 면접을 한 7명의 모든 소년들은 예외 없이 결정 경험을 한 적이 있다고 하였다. 표적 집단 면접을 한 대부분의 소년들도 결정 경험을 하였다고 하였다. 한 학생은 자신의 결정 경험을 다음과 같이 표현하였다. "나의 결정 경험은 '비창 소나타 4악장'을 완벽하게 해냈을 때였다." 또 다른 학생은 "음, 6살 때 나는 가장 큰 음악적 충격을 받았다. 나는 그것을 결코 잊지 못할 것이다—그 지휘자가 나의 부모님에게 내가 큰 음악 능력을 가지고 있다고 말하였다."라고 자신의 결정 경험을 설명하였다. 그 때의 느낌이 어땠는지 물어보았을 때, 그는 "음악을 듣지 않거나 음악이 옆에 없으면 못 살 것 같다고 생각하였다. 음악은 나의 몸에 영원히 단단하게 들러붙어 떨어지지 않는 것 같았다."라고 대답하였다.

• 결정 경험은 젊은이들의 삶에 어떤 영향을 미치는가? 자아개념을 향상시키거나 어떤 영역에서의 능력을 향상시키기에 충분한 원동력이 되는가?

Gardner는 "결정 경험을 말할 때 나는 자신의 소명을 발견하는 순간을 염두에 둡니다. 이것은 자신의 소명을 오랫동안 충분히 유지하도록 해 주는 그 어떤 것입니다."라고 하였다(개인적 교신, 1997년 8월 26일). 이 가장 명백한 열정은 특별히 강렬한 기억의 효과로 남아 있었다. 한 소년에게 느낌이 어땠느냐고 물었을 때 그는 "그것은 말로 표현할 수가 없어요."라고 하였다. 어떤 소년은 "그것은 마치 불이 켜지는 것 같았다. 나는 그것을 결코 잊지 않을 것이다."라고 하였다. 또 다른 어떤 소년은 눈에 눈물을 글썽이며 "그 경험은 나의 어머니 같았고 바로 사랑이었다. …그것을 묘사할 다른 방법이 없다."라고 말하였다. 아마 틀림없이 그것은 극적 영향을 끼치는 기억일 것이다. 많은 소년들은 그 경험이 영적인 것은 아닐지라도 대단한 것으로 느끼고 있었다.

특히 재미있는 것은 결정 경험이 자아개념에 장기적인 영향을 준다는 보고다. 질문을 받은 대부분의 소년들은 그 경험을 열심히 묘사하려고 하였다. 한 소년을 제외하고 모든 표적 집단 소년들은 결정 경험을 하였다고 하였으며 그 때문에 자아개념이 좋아졌다고 하였다. "그 순간부터 나는 무엇이든 할 수 있다는 것을 알았다." "나는 보호를 받고 있고 안전하다고 느꼈으며, 나는 그것을 결코 잊지 않을 것이다."와 같은 말을 하였다. "나는 자신감을 느꼈다." "그것은 나의 자신감을 향상시켰다." "나는 무엇이든 할 수 있다고 느꼈다."와 같은 말을 면접에서 흔히 들을 수 있었다. 한 학생은 "그것은 마치 당신이 하키 장비를 갖추고 빙판에서 넘어지는 것과 같다. 빙판에 강하게 부딪쳐도 나는 보호받고 있다는 느낌을 받는데, 그것은 이상한 기분이다."라고 묘사하였다. 결정 경험을 묘사하기 위해 또 다른 은유를 사용하여 한 소년은 그것은 마치 "빅뱅 이론"과 같다고 말하였다.

• 결정 경험의 동기적 또는 정서적 측면은 무엇인가?

결정 경험의 구인은 학생들이 왜 내적 동기를 갖게 되었지를 아는 데 유용할 수 있다. 더 중요한 것은 이 연구에서 전통적인 상황에서라면 간과하기 쉬운 특정 영역에서의 잠재적 재능을 결정 경험을 통하여 찾아낼 수도 있다는 것을 제시한 점이다. 개별 면접을 한 7명의 소년 중에서 6명은 음악 결정 경험을 하였다. 단 한 명만 운동에서 결정 경험을 하였다. 흥미롭게도 운동 영역에서 결정 경험을 한 소년은 운동에서 비상한 능력을 보였다. Walters와 Gardner(1986)는 대부분은 아닐지라도 많은 사람들이 결정 경험에서 정서적 경험을 한다는 이론과 이러한 사실이 일치한다고 주장하였다. 특히 개인이 특정 영역에서 '유망하다면' 더욱 그렇다는 것이다. Walters와 Gardner(1986)에 따르면, 만일 특정 영역에서 재능이 없다면 결정 경험은 극적이거나 지속적인 영향을 주지 않는다는 것이다.

**• 이 특별한 사건을 둘러싼 구체적인 상황은 무엇이며 시발 결정 경험과 정
  련 결정 경험은 어떻게 다른가?**

Walters와 Gardner(1986)는 결정 경험이 여러 형태로 나타난다고 가정하
였다. 하나는 시발 결정 경험으로서 아동의 진로에서 일찍이 일어나는데,
이것은 개인과 어떤 능력 영역 사이에 끌림이 있다는 신호다. 세 살 된 학생
이 처음으로 '생일 축하합니다' 음악을 듣고 나서 한 옥타브 높여서 원래 코
드를 연주한 것이 한 예다. 두 번째는 정련 결정 경험으로서 생의 후반에 나
타나며 어떤 영역에서 자신의 장기를 발견하는 데 도움이 된다. 정련 결정
경험은 한 청소년이 피아노로 〈비창 소나타〉 4악장을 능숙하게 연주하는
것으로써 설명할 수 있다. 이 연구에서 정련 결정 경험은 훈련의 후반에 나
타나고 전형적으로 자기 학습을 할 때 일어나는 반면에, 시발 결정 경험에는
많은 자원, 특히 부모의 지지와 악기에 조기 노출되는 것이 필요하다.

이전의 연구결과와 마찬가지로 시발 결정 경험은 개인에게 어떤 영역에
입문하는 길을 제공해 줄 수 있으며, 조건만 되면 그 영역을 숙달할 수 있다.
반면에 정련 결정 경험은 개인이 그 영역에 매력을 느끼고 난 뒤에 일어난다.

부모의 지지, 훈련, 노출 음악능력은 주로 오랜 기간의 훈련, 악기에 대
한 노출, 부모의 지지를 통해 숙달된다. 이런 요소가 없다면 시발 혹은 정련
결정 경험은 일어날 수 없을 것이다. 대부분의 소년들이 자신이 성취한 것은
타고난 능력, 연습, 노력의 종합적 결과라는 데 동의하였다. 음악에 대한 노
출과 부모의 격려가 시발 결정 경험과 밀접한 관련이 있는 반면, 집중적인 훈
련이 정련 결정 경험과 관련이 있었다. 몇몇 학생들은 그들의 어머니, 아버지
혹은 교사의 지지와 격려가 없었다면, 시발 결정 경험이 아마 일어나지 않았
을 것이라고 하였다. 학생들은 부모가 자신들의 재능을 지지하고 격려하였
다고 하였다. 예를 들면, "나의 어머니가 나에게 미소를 보낸 것을 기억한
다." 또는 "나의 아버지가 바로 그곳에 있었다는 것을 기억한다."라고 말하
였다.

이 연구에 참여한 대부분의 소년들은 음악적 배경이 있었고 일찍부터 훈련을 받았다. 부모의 격려는 개별 면접이나 표적 집단 면접에서 결정 경험을 설명할 때 이들의 공통 주제였다. 하지만 칭찬이나 강화는 소년들이 그것을 정직하고 건설적이라고 생각할 때만 받아들여졌다. 결정 경험을 하지 못하였다고 주장하는 한 소년은, 아버지가 많은 것을 요구하였다고 기억하고 있었다. 그는 "나는 그것을 끝내고 싶을 뿐이었다."라고 하였다. 힘든 기억은 결정 경험의 발생을 억제할 수도 있는 것으로 보인다. Walters와 Gardner(1986)는 다음과 같이 말하였다.

> 대체로 결정 경험은 원칙적으로 타고난 재능, 자기 학습, 자료에 대한 노출과 환경이 특별한 방식으로 결합될 때만 일어나는, 부서지기 쉬운 현상이다. 결국 주어진 자료를 가지고 탁월성을 발휘할 수 있는 강한 소질과, 특별한 것은 아니더라도 그 어떤 기회가 주어지는 상황일 때 결정 경험이 일어날 가능성이 가장 많다(p. 330).

Gardner의 연구결과와 마찬가지로, 본 연구에서도 결정 경험은 음악적으로 조숙한 소년이면 누구나 경험하는 현상이라는 것을 시사한다. 이전의 Gardner의 연구결과를 확대 적용하면 이 소년들에게 일반적 기회뿐만 아니라 특별한 기회에 노출시키는 것을 강조해야 한다. 이것이 이들의 결정 경험의 전조가 되는 것이다(Ericsson & Charness, 1994; Feldman, 1991; Howe, 1990 참조).

천재에 대한 체계적 연구를 보면 타고난 재능이 유일한 설명 요인이라는 증거는 거의 없고 특출한 능력은 종종 최적의 환경 조건에서 획득된다는 것을 보여 준다. Feldman(1991, 1980/1994)은 대부분의 신동이 성인이 되었을 때 자신의 잠재력을 발휘하지 못한다고 하였다. 이것은 높은 재능, 환경적 지지, 적절한 교육자, 기회가 동시에 충족되지 못하기 때문이라는 것이다. 재능은 필요조건이지만 특별한 음악 성취의 충분조건은 아닌 것이다. 즉, 재능은 광범위한 지원, 적절한 자원 등이 없이는 계발될 수 없다(Feldman, 1991).

악기　특정 악기에 끌리느냐 하는 것이 본 연구와 이전 연구의 공통 주제였다. "내가 피아노나 바이올린을 연주하던 잊을 수 없는 순간을 기억하는가?"라는 질문을 하였는데, 한 소년은 베토벤의 곡을 피아노로 연주할 때 결정 경험을 하였다고 하였고, 어떤 소년은 자신의 목소리를 악기로 생각하였다고 하였다. 악기는 이들의 내적 표현의 대상을 대표하는 것으로 보인다. 한 소년은 "그것은 나의 내부에서 나온다. 도저히 노래를 하지 않을 수 없다."라고 하였다. 개별 면접 중에 한 학생은 자신의 어머니와 피아노 선생님이 보는 가운데 피아노 발표회를 하다가 계시를 받았다고 하였다. 두 번째 결정 경험은 클라리넷을 연주하고 있을 때였는데, 그는 "나는 결코 그것을 잊지 못할 것이다. 나는 어머니와 함께 있었다. 우리는 〈Etude Rose C장조〉를 연주하였다. 나의 어머니가 거기 계셨고, 내가 있었고, 나의 선생님, 우리 세 명이 무대 위에 있었다."라고 하였다.

Walters와 Gardner(1986)는 악기 선택의 중요성에 대하여 언급하였는데, 악기 선택은 어떤 영역의 섬세한 조율이나 최적의 장소를 찾는 것과 같다는 것이다. 학생들이 묘사한 몇 가지 경험은 결정체, 그 자체로 들린다. 몇몇 사례를 보면, 소년들은 처음 악기를 접하였을 때나 처음 학교에 와서 성가대의 노래를 들었던 순간을 얘기하고 있다. 너무 극적이고 감격해서 한번의 경험으로 그 순간 결정을 내렸다는 것이다. 악기 연주를 듣는 것은 가끔은 형식적 음악 훈련을 받기 이전에 음악 감각을 결정해 준다.

어린 시절의 기억들: 10년 법칙　교사나 학생들의 이야기를 들어 보면 어릴 때의 기억이 있는 소년들은 남다른 특출한 재능이 있고 높은 음악 적성을 보인다. 예를 들면, 한 학생은 "세 살 생일에 어머니가 '생일 축하합니다'를 연주하였는데, 나는 몇 옥타브 높여서 처음 몇 소절을 연주하였다."라고 하였다. 이 학생은 피아노로 즉흥곡을 연주하기 시작하였고 여덟 살에 작곡을 시작하였다. 그는 현재 오페라를 창작하고 있다. 그는 피아노와 첼로를 다 연주하지만, 피아노를 더 편안하게 느낀다. 성가대에서 일인자인

한 소년은 병원에서 태어나서 집으로 온 날부터 어머니가 클래식 음악을 연주했다는 것을 자신의 어머니한테 들었다고 하였다. 뛰어난 기교로 모차르트 음악을 아주 잘 연주하는 한 소년은 자신이 태어나기 전부터 어머니가 모차르트를 계속 연주하였다는 이야기를 들었다. 이러한 모든 말은 학생들의 부모에게 확인한 사실이다.

더 자세히 분석한 결과, 3세 때까지의 기억을 할 수 있었던 5명의 소년은 모두 거의 10년 동안 음악 연습을 한 것으로 나타났다. Ericsson과 Charness (1994)는 전문가 수준의 수행을 획득하기 위해서는 약 10년간의 집중적 훈련이 필요하다는 것을 알았다. Gardner(1983)는 영역에 관계없이 높은 수준의 수행을 하기 위해서는 약 10년간의 집중 연습이 필요하다고 하였다. Feldman(1980/1994) 역시 높은 수준의 수행을 하기 위해서는 적어도 10년간의 노력이 있어야만 한다고 하였다. Feldman(1991, 1980/1994)은 "음악 신동은 3~5세까지의 시기가 매우 중요하다."(p. 54)라고 하였다.

연구의 제한점

본 연구에는 몇 가지 제한점이 있다. 잠재적으로 표집이 편향되었다. 연구대상 학생들은 특별한 지지를 받은 배경이 있는 음악적으로 조숙한 남자 중학생들이기 때문에, 음악적으로 조숙하지만 지지를 받지 못하는 배경을 가진 학생들에게 일반화하기 어렵다. 향후 연구에서는 이질적 표본을 대상으로 하고 다른 인지능력 영역도 포함할 필요성이 있다. 그 외에도 연구대상 학생들은 음악적으로 조숙할 뿐만 아니라 교회가 지원하는 성가대 학교의 학생들인데, 이러한 점은 결정 경험과 같은 개인적 일을 소통할 수 있는 능력과 유창성 측면에서 볼 때 특별한 도전이라고 할 수 있다. 대부분의 남자 중학생들과 달리 본 연구의 소년들은 자신이 해석한 것을 자유롭게 표현하였고 그 결정 경험을 예수 출현이나 꿈 같은 계시로 생각하였다. 참가자

예술·음악 영재학생

들이 적극적으로 결정 경험을 보고한 것은 이 매우 특수한 상황에서 만들어진 환경의 간접 결과일 수 있다.

이 연구는 또한 자기 보고식이라는 제한점이 있다. 이들이 묘사한 것은 실제로 일어난 것이 아니라 일어나기를 바라던 것일 가능성도 있다. 그러나 부모, 교사, 친구들이 이것을 확인해 주었기 때문에 그럴 가능성은 적다고 볼 수 있다.

시사점

이론에 주는 시사점

Walters와 Gardner의 결정 경험에 대한 관심은 다중지능이론에서 나왔다. 다중지능이론(MI)은 앞에서 말하였듯이 결정 경험의 존재나 중요성에 대하여 규정하지 않는다. 그러나 그것은 다양한 영역에 걸쳐 갑작스러우면서도 강력하며 장기간의 효과가 있는 이런 경험이 일어난다고 제안한다(Walters & Gardner, 1986).

아주 최근의 출판물에서는 이런 보고의 과거 회상적 성격으로 미루어 볼 때 다시 이야기하는 과정에서 기억이 극화되었다고 그 정당성을 비판하고 있다. 교육자들과 심리학자들은 오랫동안 '아하' 경험에 관심을 가져왔다. Howard Gruber(1981)는 개념적으로 풍부한 '아하' 경험의 처방을 제시하였는데, 이것은 '아하' 경험의 복잡한 내적 구조를 잘 보여 주고 있다. 그는 통찰을 장기적 과정의 일부로 보았으며 이 과정은 의도적 작업을 통해 통제된다고 믿었다. Gruber는 '아하' 경험 연구에서 통찰을 빈도, 크기, 지속 기간으로 측정하였다. 우선 그는 통찰이 일어난다는 것은 그 영역에서 어느 정도 숙달한 것을 가리키며, 통찰은 종종 공고해지거나 확고해지는 것을 나타낸다는 것을 알았다. 통찰은 경험이 두드러지는 방식으로 효과 있게 나타난다. Gruber는 창의적 과정의 본질이 한순간에 있다거나 결정 경험 같은 형태로 이루어진다는 것에 대하여 의문을 제기하였다.

Walters와 Gardner(1986)는 창의적인 사람들이 삶의 과정에서 경험하는 흥미 있는 결정 경험을 묘사하고 나열하였다. 이러한 경험은 지도 교사, 부모와의 접촉, 어떤 경우는 악기를 접함으로써 나왔다(Ochse, 1990). Feldman (개인적 교신, 1998년 6월 10일)에 따르면, '아하' 경험은 구체적 문제를 해결하거나 수수께끼를 해결하는 것과 관련해서 나오며, 결정 경험의 핵심은 '아하' 경험과 비슷하지만 동일한 것은 아니라는 것이다. Gardner의 결정 경험에 대한 설명이나 Gruber의 '아하' 경험의 설명 중 어느 것이 더 옳은지 혹은 통찰을 얻는 수단으로 각각 존재하는 것인지는 앞으로 더 연구할 필요가 있다.

본 연구의 결과는 순간적 성격이 있는 결정 경험을 이론화하는 것이 중요하다는 증거를 제공하고 있다. 비록 학생들이 짧은 순간을 극적으로 묘사하였지만, 이러한 즉시적 발생 현상에 아주 반대되는 사례도 있을 수 있다. 대부분의 학생은 자신의 재능을 주로 집중하고 희생하고 열심히 노력한 덕분이라고 하였으며, 적절하게 노출되지 않았다면 시발 결정 경험은 일어나지 않았을지 모른다고 하였다.

이 때문에 '재능 대 훈련'이라는 끊임없는 질문과 그것이 결정 경험에 어떻게 작용하는지의 문제에 봉착하게 된다. 전문성 계발 분야의 연구자들(예, Ericsson & Charness, 1994)은 결정 경험의 존재를 의문시하고 수행의 차이는 훈련의 양에 따라 달라진다고 주장한다. 전문 수행가의 삶을 연구하는 것에서 장기간의 집중적 훈련이나 계획적인 훈련이 중심적 역할을 한다는 것이 확인되었다. Gardner(1983; Walters & Gardner, 1986)는 특출한 수행이 개인의 지능과 특정 영역에서 요구하는 것의 밀접한 결합에서 비롯된다고 주장하였다. 다중지능이론에 따르면, '영재'란 특정한 영역에서 높은 수준의 '가공하지 않은' 지능이 있으면서 어떠한 종류의 훈련을 받기 전에 그 지능을 표출하는 아이라는 것이다(Walters & Gardner, 1986).

훈련의 효과에 대한 최근 연구를 보면(예, Ericsson & Charness, 1994), 타고난 재능과 능력이 어떤 영역에서 높은 수준의 수행에 필요조건인지 의심을 하게 된다. Ericsson과 Charness는 오랫동안 훈련을 하면 일반적으로 생각하였던 것보다 전문가의 인지적, 생리적 과정이 훨씬 많이 변한다는 것을 발견하였다. Walters와 Gardner(1986), 그리고 Feldman(1991)은 가공하지 않은 지능발달이 전문 영역에 도달하려면 가공하지 않은 지능보다 훈련의 역할이 훨씬 크다는 입장을 취하고 있다. Bereiter와 Scardamalia(1993)도 전문가가 되기 위해서는 재능이 필요하다는 것을 인정하면서도, Ericsson과 Charness(1994)와 마찬가지로 시간과 노력이 필요하다는 것을 강조하였다.

높은 수준의 수행을 획득하기 위해서 타고난 경향성을 보일 필요가 없을지 모르지만, 결정 경험은 잠재적 재능 영역을 확인하는 데 유용한 구인으로 사용될 수 있다. 전문가 수행을 연구한 사람들은 시발 결정 경험의 유용성을 의심할 수도 있지만, 상당한 훈련을 한 후에 삶의 후반에 발생하는 정련 결정 경험이 중요하다는 근거는 분명하다. 그러나 본 연구에 참여한 학생들에게 시발 결정 경험은 자신의 초기 음악 진로에서 일어나는 진정한 현상으로 감탄하지 않을 수 없는 사례이고, 이러한 현상은 어떤 지적 영역에 대한 일반적 끌림의 징조인 것이다. 대부분의 학생들이 어떤 영역에서 유망하다면 그런 정서적 경험을 할 것이다.

이처럼 한편으로는 음악에 대한 조기 노출이 시발 결정 경험의 필수 조건이라고 말할 수 있다. 시발 결정 경험을 통해서 개인의 관심과 동기는 수업의 몰입으로 나타나게 된다. 다른 한편으로는 정련 결정 경험이 수업에 매진하도록 하는 촉매 작용을 하고, 그 결과 높은 수준의 전문가 경지에 오를 수 있게 된다. 예를 들면, 예후디 메뉴인(Yehudi Menuhin)의 결정 경험은 세 살 때 일어났다. 그는 샌프란시스코 교향악단 연주회에 정기적으로 갔는데, 교향악단과 루이 퍼싱거(Louis Persinger)가 연주하는 바이올린 소리를 듣자마자, "네 살이 되는 생일날 바이올린과 바이올린을 가르쳐 줄 루이 퍼싱거를 선물로 주세요."라고 하였다. 그런데 그는 결국 이 둘을 모두 가지게 되었다(Walters & Gardner, 1986, p. 314).

Walters와 Gardner(1986)에 따르면, 결정 경험을 통해 다중지능의 유용성을 평가하고 다중지능이론을 재능 발달이나 특정 영역의 숙달 방법과 같은 문제에 연결하는 것이 가능해진다.

향후 연구에 주는 시사점

본 연구는 음악적으로 조숙한 소년들이 어느 정도 결정 경험을 하며 그것의 성격은 어떤 것인지에 대한 정보를 제공하는 첫걸음이다. 앞으로 이 외의 지능이나 음악 영역에 대한 연구, 이질 표본을 대상으로 한 연구가 나오면 이 연구결과를 확장하는 데 도움이 될 것이다. Walters와 Gardner(1986)가 결정 경험은 영역에 따라 다르게 발생한다고 주장하였지만, 결정 경험이 어떤 조건에서 발생하는지를 확인하기 위해서는 더 깊은 질적 연구가 필요하다. 결정 경험을 확인하는 중요한 연구 전략으로는 아무래도 사례연구법을 강조할 수밖에 없다. 과거의 일을 설명하는 형식을 사용하면 대화가 가능하고 창의적 통찰을 일으키는 과정과 조건을 서술하는 것이 가능하다.

앞으로의 연구는 다음 네 가지 목표에 우선순위를 둘 수 있을 것이다. 1) 더 많은 집단이나 이질적 표본을 대상으로 연구하였을 때 그것이 본 연구 결과와 일치하는지 확인한다. 2) 잠재적 음악 영재나 다른 영역의 영재를 판별하는 데 유용한 결정 경험 가설을 설정한다. 3) 시발 결정 경험과 정련 결정 경험과의 차이점을 밝힌다. 4) 결정 경험의 내적 구조를 더 자세하게 조사한다. 즉, 결정 경험은 갑작스럽게 얻은 영감인가? 아니면 장기간에 걸친 과정의 일부인가?

실제에 주는 시사점

만일 교육자들이, 학생들이 결정 경험을 할 수 있다는 것을 안다면 학생의 개별 목적 달성에 적절한 도움을 줄 수 있을 것이다. Roeper(1996)는 다

예술·음악 영재학생

음과 같이 말하였다.

> 오늘날의 영재교사와 전문가는 '영재는 누구인가?' '영재의 정서는 보통 아이들의 정서와 어떻게 다른가?'가 아니라, '영재는 무엇을 하는가?' '영재는 무엇을 할 수 있는가?'라는 측면에서 영재를 본다. 영재교사는 영재의 동기가 무엇인지 보지 못하고 있다(p. 18).

결정 경험 개념, 그 자체는 학생으로 하여금 말하지 않으면 배기지 못하는 '마술' 같은 의미가 있다. 결정 경험은 학생의 흥미, 희망, 욕구에 대하여 더 많은 통찰과 지식을 얻는 데 도움이 된다.

Roeper(1996)는 "영재는 자기 스스로 추구하는 복잡한 자아를 가지고 있다."(p.18)라고 말하였다. 결정 경험은 학생의 내재 동기를 발견하는 데 적절하다. 영재는 일찍부터 내적 통제 소재가 발달하는 경향이 있으며 이 때문에 이러한 분명한 순간을 쉽게 깨닫는 경향이 있다. 아이에게 자신의 결정 경험에 대해 물어보는 것은 좋은 교육이다. 그것은 사회의 선을 위해서라기보다는 개인의 목표 달성을 위한 것이다.

우리 분야는 영재교육의 실제는 단일 개념적인 것이 아니라 다차원적이라는 것을 인식할 필요가 있다. 아이에게 결정 경험에 대하여 물어보는 것은 새로운 연구 형태의 장을 여는 것이며, 영재의 개별 욕구를 충족시키기 위하여 우리가 무엇을 하여야 하고 프로그램을 어떻게 조직하여야 하는지를 찾아보는 하나의 새로운 방법을 제공해 준다.

참고문헌

Bereiter, C., & Scardamalia, M. (1993). *Surpassing ourselves: An inquiry into the nature and implications of expertise*. Chicago, IL: Open Court.

Csikszentmihalyi, M., Rathunde, K., & Whalen, S. (1993). *Talented teenagers:*

The roots of success and failure. New York: Cambridge University Press.

Ericsson, K. A., & Charness, N. (1994). Expert performance: Its structure and acquisition. *American psychologist, 49,* 725-747.

Feldman, D. H. (1971). Map understanding as a possible crystallizer or cognitive structures. *American Educational Research Journal, 8,* 485-501.

Feldman, D. H. (1980/1994). *Beyond universals in cognitive development.* Norwood, NJ: Ablex Publishing Corporation.

Feldman, D. H. (1991). *Nature's gambit: Child prodigies and the development of human potential.* New York: Teachers College Press.

Gardner, H. (1983). *Frames of mind: The theory of multiple intelligences.* New York: Basic Books.

Gruber, H. E. (1981). On the relation between "Aha experiences" and the construction of ideas. *Historical Science, 19,* 306-324.

Gruber, H. E., & Wallace, D. B. (1989). *Creative people at work.* New York: Oxford University Press.

Howe, M. J. (1990). *The origins of exceptional abilities.* Cambridge, MA: Basil Blackwell.

LeCompte, M. D., & Preissle, J. (1993). *Ethnography and qualitative design in educational research.* New York: Academic Press.

Merriman, S. (1998). *Case study research in education: A qualitative approach.* San Francisco: Jossey-Bass.

Miles, M. B., & Huberman, A. M. (1994). *Qualitative data analysis.* Thousand Oaks, CA: Sage Publications.

Ochse, R. (1990). *Before the gates of excellence.* New York: Cambridge University Press.

Patton, M. Q. (1990). *Qualitative evaluation and research methods.* Newbury Park, CA: Sage.

Renzulli, J. S. (1986). *Systems and models for developing programs for the gifted and talented.* Mansfield Centre, CT: Creative Learning Press.

Roeper, A. (1996). A Personal statement of philosophy of George and Annemarie Roeper. *Roeper Review, 19,* 18-19.

Simonton, D. K. (1988). *Scientific genius: A psychology of science.* New York: Cambridge University Press.

Spradley, J. (1979). *The ethnographic interview.* New York: Holt, Rinehart & Winston.

Walters, J., & Gardner, H. (1986). The crystallizing experience: Discovering an intellectual gift. In R. J. Sternberg & J. E. Davidson (Eds.), *Conceptions of giftedness* (pp. 306-330). New York: Cambridge University Press.

Yin, R. K. (1994). *Case study research: Design and methods* (2nd ed.) Thousand Oaks, CA: Sage.

04

TBW 영재 프로그램: 초등학생 무용과 음악의 잠재적 재능의 판별[1]

Susan Baum(College of New Rochelle)

Steven V. Owen(University of Connecticut)

Barry A. Oreck(ArtsConnection)

여기에서는 재능 판별도구(Talent Identification Instrument, TII)의 신뢰도와 타당도의 증거를 제시하고자 한다. 이 도구는 여러 차례의 음악과 무용 오디션을 거치면서 관찰한 것을 바탕으로 다양한 판단을 종합하여 평가한다. 이 도구는 소득이 낮고 이중 언어를 사용하며 특수교육을 받는 도시의 초등학교 학생들에게 여태까지 간과되어 왔던 능력을 재인식하기 위하여 개발된 것이다. 이 도구의 관찰 과정은 예술 전문가와 학급교사들이 쉽게 인식할 수 있는 예술 행동을 불러일으키도록 설계되었다.

채점자 간 일치도도 높고 안정성 추정치도 적합한 것으로 나타났다. 타당도는 요인분석과 다양한 구인타당도를 통하여 확인되었다. 여기에서 제시한 수행에 기초한 평가방법은 예술 영역뿐만 아니라 학업 영역의 잠재력을 발견하기 위해서도 사용될 수 있다는 시사점을 준다.

1) 편저자 주: Baum, S., Owen, S. V., & Oreck, B. A. (1996). Talent beyond words: Identification of potential talent in dance and music in elementary students. *Gifted Child Quarterly*, 40(2), 93-101. © 1996 National Association for Gifted Children. 필자 승인 후 재인쇄.

공연예술 분야에서의 재능을 심리측정학적으로 적절하게 사정하는 문제 때문에 연구자들은 끊임없이 도전을 받아 왔다. 같은 분야의 전문가들 사이에서조차 재능의 정의와 평가가 일치하지 않기 때문에 정확한 사정은 어려운 문제다. 하지만 실천가들은 재능 계발이 필요한 대상을 선발하기 위하여 재능 검사와 공연 오디션에 늘 의존하고 있다. 검사와 오디션은 특히 불리한 환경에 처한 아이나 지필 검사에 약한 아이들에게는 제한점이 있다. 예를 들면, 음악 재능 측정[예, Gordon 음악 오디에이션 검사(Gordon Measures of Music Audiation, Gordon, 1979), Seashore 음악 적성 검사(The Seashore Tests of Musical Aptitude, Seashore, 1938)]은 정적 맥락에서 지각 능력만을 재는 것이며 글로 써서 응답하는 것이다.

공연 오디션이 더 좋을 것 같지만 그것 역시 제한점이 있다. 첫째, 공연 오디션에서는 재능을 표현할 기회가 제한된다. 한 번 관찰하는 것으로는 신뢰성이 떨어지기 때문에 예언타당도가 매우 낮다(Nunnally, 1978). 전문성을 연구하는 학자들은 장기간에 걸쳐 나타나는 동기, 과제집착력, 창의성 등이 능력만큼 중요하다고 하였다(Gardner, 1983; Renzulli, 1978). 더욱이 동기, 과제집착력, 창의성은 단 한 차례의 오디션으로는 제대로 발휘되지 못할 수도 있고 공정하게 판단되지 못할 수도 있다.

둘째, 음악과 무용 공연을 평가하는 데 사용하는 전형적 도구(예, Detroit Public Schools Creative Process Scale, Byrnes & Park, 1982; The South Carolina Guidelines for the Identification of Artistically Talented Students, Elam & Doughty, 1988)는 이전에 특별 훈련을 받았는지의 여부에 따라 아주 민감하다. 즉, 이러한 도구는 적성이 아니라 성취를 측정한다. 이것은 특히 형식적 예술 훈련을 받을 기회가 제한된 아동을 사정하는 데는 타당도에 문제가 있다.

최근에는 아동들의 다양한 재능 계발에 대한 관심이 높기 때문에 본 연구는 특히 교육에 중요한 관련성이 있다. 본 연구에서는 이중 언어를 사용하고, 특수교육을 받으며, 소득이 낮은 가정에 속한 아동들의 음악과 예술 잠재력을 발견하기 위하여 문화적 편파성이 없고 신뢰성이 있으며 타당한 과정을 제시하고 있다. 또한 이 과정을 통해 학급교사는 학업성취도만으로는 발견할 수 없는 학생들의 긍정적 학업 특성에 관심을 갖게 된다. 이러한 학생들이 음악과 무용 활동을 할 때 주의를 집중하고, 지시가 복잡하여도 잘 따라 하고, 노력을 경주하고, 문제를 해결하는 것을 볼 때, 교사들은 종종 학생들의 능력에 대한 기대 수준을 높이고 교수전략을 음악과 무용 활동에도 적용한다.

그러나 가장 중요한 것은 본 연구가 위기에 처한 학생들의 재능을 계발하는 데 필요한 자금과 시간을 확충하기 위한 근거를 제공하는 일이다. 도전적 예술 훈련 프로그램에서 성공한다는 것은 학생, 특히 학교공부 때문에 어려움을 겪고 있는 학생의 학업 행동에도 일반화될 수 있다. 학생들이 어떻게 주의를 기울이고, 노력하고, 연습하고, 준비하고, 목표에 전념하는지를 알게 된다.

TBW 영재 프로그램

미국 교육부에서 3년간 Javits 기금을 받은 뉴욕 시의 한 기관인 ArtsConnection은 무용이나 음악에 재능이 있는 초등학생을 판별하여 재능을 계발하는 데 목적이 있었다. 'TBW(Talent Beyond Words)'로 알려진 ArtsConnection 프로그램은 전통적 발굴 방법을 사용하였다면 탈락하였을지도 모를 학생을 대상으로 한다는 분명한 목적을 가지고, 특히 판별 과정에서 문화적 또는 사회경제적 편향성을 줄이는 데 주의를 기울였다. 무용과 음악에서 잠재적 재능이 있는 3학년 학생을 발굴하기 위해 뉴욕과 브루클린에 있는 2개 학교에서 판별 과정을 개발하였으며 학교 현장에서 검증하였다.

본 연구의 전반적 핵심 질문은 '영재 판별 과정의 신뢰성과 타당성의 근거가 무엇인가?'라는 것이다. 이 질문에 대답하기 위하여 경제적으로나 학업적으로 불리한 조건에 있는 학생이 무용과 음악에서 잠재적 재능이 있는지를 확인하기 위한 관찰 모델을 제시하였다. 또한 무용과 음악에서의 잠재적 재능을 확인하기 위한 관찰 체크리스트의 개발 과정을 설명하고, 이 과정의 신뢰도와 타당도도 제시하였다.

재능의 정의

재능의 확인 과정은 초보 예술가나 전문 예술가 누구나 이해할 수 있는 포괄적이고 광범위한 행동에 근거를 둔 준거를 설계하였다. [그림 4-1]에 재능 준거를 열거하고 정의를 제시하였다. 다양한 예술 양식과 기법을 대표하는 예술 교육자 토론 집단이 재능의 정의에 따라 관찰 도구를 만들었는데 이들 중에는 음악과 무용 전문가도 포함되어 있다. 토의 집단 구성원은 예술 분야와 교육 분야에서 유명한 뉴욕 시의 한 기관인 ArtsConnection에서 위촉하였다.

무 용

기 술

1. 신체 조절
   느낌으로 안다. 즉, 조정할 수 있고, 한쪽 다리로 균형을 잡을 수 있다. 다리, 팔, 상체의 힘이 강하다. 또 바른 자세를 유지할 수 있다.

2. 협응력 및 민첩성
   동작을 결합시킬 수 있고, 복잡한 동작을 할 수 있으며, 신체 각 부위를 따로 움직일 수 있고, 공간 이동을 자유롭고 빠르게 할 수 있다.

3. 공간 인식
   타인을 인식하고 다른 무용수에 맞춰서 자신을 조정할 수 있으며, 원이나 직선 상에서 균형을 유지할 수 있고, 시공간 감각이 정확하다.

4. 기억과 회상
   정보를 기억하고, 따라 하지 않고도 할 수 있으며, 동작을 정확하게 보고 재연할 수 있으며, 순서대로 동작을 할 수 있다.

5. 리듬
   몸으로 강약을 느끼고, 리듬 형식을 정확하게 반복할 수 있고 예상하며, 적절한 동작을 기다렸다가 시작하고, 기본 박자를 찾을 수 있다.

동 기

6. 집중력
   주의를 기울이고, 동작에 몰입하며, 수업에 흥미를 가지고 참여한다.

---

7. 인 내

쉽게 포기하지 않고, 연습하며, 시간이 지남에 따라 발전하고, 생각하는 시간을 갖고, 바르게 하기 위해 열심히 노력한다.

창의성

8. 표현력

움직이는 것을 즐거워하고, 정열적 · 역동적으로 수행하고 몰입하며, 느낌을 교환한다.

9. 동작의 질

다양한 역동성을 보이고, 동작의 수준, 방향, 형태에 솜씨가 있고, 세밀하게 소통하고, 동작이 풍부하며, 신체 각 부위를 연결시킨다.

10. 즉흥성

자발적으로 반응하고, 현실 창조에 집중하고, 세밀한 것을 표현하며, 놀랍거나 색다른 대답을 한다.

음 악

기 술

1. 리 듬

몸으로 강세를 느끼고, 규칙적인 박자를 맞출 수 있으며, 리듬 형식을 정확하게 따라 할 수 있다. 반복 형식을 연주할 수 있고, 기다렸다가 정확한 순간에 시작할 수 있으며, 기초가 되는 박자를 찾을 수 있다.

2. 음 지각

음색과 음고의 차이를 인식하고, 역동성에 반응하며, 음고를 맞출 수 있으며, 가락을 반복할 수 있고, 가락을 분리하여 유지할 수 있다.

3. 협 응

공간을 쉽게 움직이고, 두 가지 이상을 동시에 할 수 있으며, 신체를 움직이면서 또는 정지한 채로 조절할 수 있고, 패턴 반복을 유지할 수 있으며, 두 손으로 작업할 수 있다.

동 기

4. 열 정

즐겁게 반응하고, 기꺼이 참여하며, 호기심이 있고, 질문을 하며, 익숙하지 않은 음악 양식에도 개방적이다.

5. 집중력

주의를 기울이고, 과제에 집착하며, 수업활동에 흥미를 가지고 참여하고, 주의 깊게 귀를 기울이며, 지시한 대로 할 수 있다.

6. 인 내

쉽게 포기하지 않고, 시간이 지나면서 발전하고, 생각하는 시간을 갖고, 지적해 주면 받아들이고 고친다.

> 창의성
> 7. 표현력
>   민감하게 반응하고, 열의를 가지고 수행하며, 몰입하고, 느낌을 잘 주고받는다.
> 8. 작곡과 즉흥 연주
>   자발적으로 즉흥 연주를 하고, 모험을 하며, 놀랍거나 색다른 말을 하고, 독창적
>   방식으로 소리를 내고, 노래를 만들 수 있다.

[그림 4-1]　무용과 음악 영재 판별을 위한 정의와 핵심 용어

연구방법

연구대상자

뉴욕 시 초등학교 15개 학급 3학년 학생($N=396$)이 2년 동안 본 연구에 참여하였는데, 대부분의 학생은 이중 언어를 사용하였고 특수교육을 받는 불리한 조건에 놓여 있었다. 2개 학교 3학년 학급의 인종 구성을 살펴보면 흑인 40%, 라틴 아메리카계 37%, 백인 21%, 아시아계 2%였다. 남학생이 52%, 여학생은 48%였다. 이들 중 4%는 특수교육이 필요한 학생이었다.

학생 전체를 '선택 집단' '대기자 집단' '비선택 집단'의 세 집단으로 나누었다. '선택 집단' 학생은 오디션에서 무용이나 음악에 특별한 재능을 보인 학생이다. 한 학교에서는 음악 영재를 선발하였고($n=42$), 나머지 한 학교에서는 미술 영재를 선발하였다($n=51$). '대기자 집단' 학생은 잠재력은 있지만 일관성이 없거나 경계선에 있는 학생이다. 대기자 학생은 무용에서 22명, 음악에서 16명이었다. '비선택 집단'은 시도를 해 보았지만 선발되지 않은 학생들로서 무용에서 154명, 음악에서 128명이었다.

판별 과정

판별 과정은 예술 재능의 여러 측면을 관찰하기 위하여 다양한 활동으로

구성한 오디션을 여러 차례 실시하는 것으로 이루어졌다. 2년 동안 정규수업을 받는 교실에서 3학년 학생들에게 두 명의 예술 전문가(예, 두 명의 무용가가 무용 수업을, 두 명의 음악가가 음악 수업을 담당함)가 한 팀이 되어 가르치는 오디션 수업을 매주 한 번씩 7차례 하였다. 오디션 수업의 목적은 높은 잠재적 재능이 있는 학생들을 뽑아서 더 수준 높은 훈련을 시키는 데 있다.

오디션 수업 중에는 평가자들이 재능 판별도구(TII)인 관찰 체크리스트를 사용하여 학생들의 행동을 기록하였다. 채점자는 직업 예술인 강사 2명, 학급교사 1명, ArtsConnection의 예술 교육자 1명, 매주 외부에서 초청하는 예술 전문가 1명이었다. ArtsConnection의 채점자는 예술 훈련과 경험이 있고 학령기 영재를 판별하고 계발한 경험이 있다. 외부 전문가들은 예술 분야나 영재, 이중 언어 또는 특수교육 전문가들이었다.

판별 과정에 적용한 교육과정

오디션 수업을 위한 교육과정은 기술적 접근과 창의적 접근을 결합시켰다. 수업은 가능한 한 학생들이 실제로 훈련받는 수업과 비슷한 환경 조건에서 예술을 소개하도록 설계하였다. 다양한 문화적 전통에서 나온 교수법을 사용하였다. 인종 배경이 다양한 학생, 다양한 방법과 속도로 배우는 학생, 처음 동작을 배울 때 불안해하거나 부끄러워하는 학생들까지 모두 포용할 수 있도록 설계하였다.

오디션 수업용 무용 교육과정은 현대 무용 기법, 창의적 동작, 아프리카와 카리브 무용과 음악 요소를 결합시켰다. 무용 수업은 일상적이고 가벼운 준비 스텝, 일련의 무용 동작, 즉흥 독무와 군무로 구성하였다. 음악 교육과정에서는 많은 문화에서 나오는 리듬을 훈련하였는데, 아프리카-쿠바, 카리브, 아시아, 미국 등의 민요, 재즈와 블루스 표현형식, 독창과 합창, 성가를 넣었다. 음악 수업은 오르프 기법을 사용하는 재즈 즉흥곡, 아프리카 타악기, 조지아 지역 동남부 흑인의 전통 음악 등이 섞여 있다. 학생들은 색소

무 용

1주 – 리듬

리듬 패턴을 따라가고 이끌어 가며, 제때에 즉흥적으로 하고, 마루를 가로질러 가는 동작 형태를 보임

2주 – 협응과 민첩성

똑같은 동작하기, 정반대 동작하기, 손뼉 치며 노래하기

3주 – 기억과 결합

이전에 배운 것 복습하고 새롭게 조합하기

4주 – 신체 조절: 몸통 사용

몸통에 있는 에너지와 관련한 즉흥 표현과 공간 탐색

5주 – 공간 인식

짝 맞춤, 방향 전환, 창의적 탐색; 다른 사람들과 함께 움직이기

6주 – 동작의 질

대조적 동작 표현, 즉흥 동작과 작품 만들기

7주 – 집중(침묵 교실)

지난 시간 학습한 내용 복습, 심상을 사용하여 움직임과 고립 탐색, 관찰과 집중

음 악

1주 – 리듬

리듬 형식을 따라 하고 박자를 맞추기

2주 – 소리 지각

음높이를 맞추고, 멜로디를 따라 하며, 역동적 강약과 성악 패턴 유지

3주 – 노래와 멜로디

선창과 답창, 확장 형식, 노래 부르기, 2부나 3부로 타악기 연주하기

4주 – 악절 나누기

시작 시기를 알고, 소절의 가락을 목소리에서 악기로 전환할 수 있고, 노래로 부르기

5주 – 협응

신체로 리듬 치기, 조절하기, 두 손 사용하기, 악기 테크닉

6주 – 표현력

타악기 연주, 즉흥 연주와 변환, 음성 조절, 율동

7주 – 작곡과 즉흥 연주

주어진 소절 즉흥 연주하기, 악기 탐색, 묻고 답하기, 민감성, 강도

[그림 4-2] 음악과 무용 영재 판별을 위한 교육과정

폰, 콩가, 봉고, 작은북, 심벌즈, 팀파니 같은 다양한 악기로 수업하였다. 각 오디션 수업은 학생들의 재능이 잠재되어 있는 영역을 찾아내는 데 초점을 맞추어 교육과정 영역을 다양하게 구성하였다. 이전에 예술 수업을 받은 경험이 부족한 학생이 많다는 것을 고려하여, 오디션 수업을 통하여 평가도 하고 예술 형태도 소개하도록 하였다. 오디션 수업에서는 이전에 연습한 것을 반복시키기도 하지만 그 수업만으로는 숙달하기 어려운 도전적 활동도 제시하기 때문에 점차적으로 어려워지도록 구성되어 있다. 이러한 과정을 통해서 인내력과 기억력 같은 특성을 살피고 이전의 경험이나 초기의 수줍음과 같은 영향을 제거할 수 있었다. [그림 4-2]는 무용과 음악의 핵심 교육과정이다.

영재 판별 준거

TII는 교실에서 관찰 기록한 자료와 학생 개인의 재능 프로파일로 구성되며, 두 가지 모두 관찰할 재능 행동이 포함되어 있다. 어느 영역에서든지 특출한 수행을 보이면 관련 항목에 플러스 표시를 하도록 하였다. 채점자들이 표시한 점수는 매주 합계를 내고 수업에서 행동을 선택한 채점자 인원수로 점수를 매겼다. 7주 동안 무용에서 선발된 한 학생의 재능 프로파일의 예는 [그림 4-3]에 제시되어 있다.

각 수업에서 마지막에 채점한 사람은 전반적 평가를 하고 그것으로써 잠정적으로 학생들을 구분하였다(선택 집단, 대기자 집단, 비선택 집단). 전체 점수는 TII 체계에서 중요한데, 이것으로 채점 항목에 포함되지 않은 특별한 사항을 부가 기록할 수 있고 이러한 것을 종합하여 전반적 평가를 한다. 득점표에 엄격하게 기록된 전체 점수만으로는 다양한 재능 프로파일을 나타내지 못할 수 있다. 몇 개 분야에서만 특출한 학생들은 여러 영역에서 주목은 받지만 어느 영역에서도 뛰어나지 못한 학생보다는 전체 점수가 낮다. 마지막 오디션 수업을 한 뒤에 토의자들은 전체 TII 점수와 오디션 전체 과

주	1주	2주	3주	4주	5주	6주	7주
신체 조절	++++	++		+++++	++	+++	++++
협응/민첩성	++	++	결	+++	++	+	++
공간 인식		+		++			+
기억과 회상	+	++		+++	+++	+	++++
리 듬	++	+	석	+	+	+++	++++
집중력	+++	++		+++	++	+++	+++++
인 내		+			++	+++	+++
표현력	++			+++	++	+++	+++
동작의 질	++	+++		+	+++	++++	++
즉흥성		+		++		+++	++++
선택(1/2/3)	2.2	2.6		1.8	1.4	1.8	1.2
전반적 기술	8	8		14	8	8	15
전반적 동기	3	3		4	8	6	8
전반적 창의성	4	4		6	5	10	9

이름 Khadijah   반 O'Brien   학교 Central

[그림 4-3] 학생의 무용 재능 프로파일의 예

정에서 얻은 전반적 인상을 기초로 해서 더 높은 수준의 훈련을 받을 학생을 최종적으로 선발하였다.

이 과정에서 또 하나의 중요한 점은 수업을 한 뒤에 이루어지는 심의다. 수업이 끝나면 10~15분 동안 채점자들이 토의를 하여 관찰한 것과 의견을 비교하고, 용어를 분명히 하며, TII를 통해 구체적으로 측정되지 않은 학생들의 행동을 협의하였다. 이러한 협의는 교사들의 도구 사용 훈련을 지속적으로 하려는 목적에도 부합하였다.

검사도구와 심리측정 평가

간단한 관찰 도구인 2개의 TII가 개발되어 있다. 하나는 8개 항목으로 된 음악 TII이고 나머지 하나는 10개 항목으로 된 무용 TII다([그림 4-1] 참조). TII는 ArtsConnection이 15,000명 이상의 학생들을 대상으로 사용해 온 과정에서 개발하였다. TII의 이론적 기초는 Renzulli(1978)의 재능의 세 고리 모델이다. 이 모델에서 재능은 세 가지 특성, 즉 평균 이상의 능력, 창의성, 과제집착력의 상호작용의 산물이며, 어떤 개인에게서, 어떤 환경 아래서, 어떤 시점에서 발생할 수 있다. 예술에서는 재능의 이 세 가지 측면이 특정 기술과 깊은 관련이 있고 직관적 개인의 특성과 결합되어 있다.

TII는 25명에서 35명의 학생으로 구성된 학급에서 사용하도록 되어 있기 때문에, 평이한 용어이면서 읽기 쉽고 사용하기 쉽도록 다시 만들 필요가 있었다. 예를 들면, '과제집착력'이라는 용어를 '동기'라는 용어로 바꾸었다. TII의 최종판에는 음악 8개 항목(기술 4개 항목, 동기 2개 항목, 창의성 2개 항목), 무용은 10개 항목(기술 5개 항목, 동기 2개 항목, 창의성 3개 항목)이 포함되어 있다.

TII의 신뢰도 증거라고 볼 수 있는 것으로는 채점자의 평정치, 1주일간의 안정성 추정치가 포함된다. 내용타당도와 구인타당도를 구하기 위하여 무용, 음악, 특수교육 전문가들이 문항을 검토하고, 요인분석; 수렴과 변별 증거, 즉 영재 집단과 비교집단을 비교하였다.

전문가가 채점한 것(예, TII 점수)과 교사가 채점한 것 간의 일치성을 확인하기 위하여, '교사용 재능 식별 탐색 목록(Teacher Searchlist for Spotting Talent; Searchlist)'(Baum, 인쇄 중)을 교사들에게 실시하였는데, 여기에서는 응답자가 '탐색 임무'를 수행하도록 요구하고 있다. 즉, 교사들에게 잠재적 재능이 있는 학생들이 가지고 있는 다음과 같은 행동을 찾아보라고 하고 있다. 학습을 쉽게 잘 하고, 호기심이 있으며, 창의적이고, 책을 많이 읽으며, 깊은 관심을 보이고, 공간 재능이 있으며, 지도자로서의 잠재력을 보이고,

음악을 좋아하거나 무용 기술을 보이는 행동이 그것이다. 만일 가르치는 학생들 중에 이런 학생들이 있다고 교사들이 생각하면, 그 학생의 이름을 탐색 목록에 적고 해당하는 재능을 표시한다. 한 학생이 최대한 8개까지 받을 수 있다. Baum(인쇄 중)은 이 도구의 심리측정 증거(신뢰도, 내용타당도 그리고 구인타당도)를 요약하였다.

번별타당도를 입증하기 위하여 우리는 다음과 같은 학생들의 검사점수를 수집하였다. 즉, Metropolitan Achievement Tests math NCE(정상분포 가정) 점수(MAT-Math)(Prescott, Balow, Hogan, & Farr; 1985/86), Degrees of Reading Power NCE 점수(DRP)(New York State Department of Education and Touchstone Applied Science Associates, 1981), Piers-Harris 자아개념 점수(Piers, 1984)를 수집하였다.

연구결과

내용타당도의 증거

검사도구의 내용타당도는 개발 단계에서 입증되었다. 원래 ArtsConnection 프로젝트 책임자들을 통해 설계된 무용 분야 18개, 음악 분야 16개의 관찰 항목을 Renzulli(1978)의 재능 개념에 기초해서 개발하였다. 그후 6명의 무용 전문가와 6명의 음악 전문가가 관찰 항목과 그 정의를 검토하고 수정하였다. 수정한 항목은 다시 영재교육자, 예술과 영재교육을 위한 교육구청의 담당자, 6명의 심리측정학 박사가 검토하였다. 최종적으로 TII는 무용에서 10개 항목, 음악에서 8개 항목을 선정하였다.

신뢰도 추정

3명의 예술 전문가들이 7주간에 걸쳐 채점한 점수의 신뢰도 평균 추정치는 음악에서 .65~.79이었고, 무용에서 .78~.82였다. 〈표 4-1〉은 채점자 간 상관을 요약하고 있다.

TII의 안정성 추정치는 2주간의 간격을 두고 두 번 계산하였다. 1주와 2주, 6주와 7주 각각에 3명의 전문가가 채점한 음악의 안정성 추정치는 .53~.71이었다. 무용의 안정성 추정치는 .49~.69였다. 주별 수업은 음악이나 무용 재능의 다른 측면들을 보여 줄 수 있도록 설계되었기 때문에, 우리는 안정성 추정치가 높을 것으로 기대하지 않았다. 이 자료는 일반 재능처럼 시간에 걸쳐 어떤 일관성을 보여 주지만, 각 수업에서 구체적으로 요구하는 것에 따라 약간의 변화도 보여 주고 있다.

준거 관련 타당도 증거

수렴과 변별 증거를 요약하기 위하여 준거 관련 타당도를 구하였다. 우리는 TII 점수가 정규학급에서 나타나는 재능에 대한 교사의 탐색 목록 점수와 상관이 있어야 한다고 생각하였다. 음악에 대한 TII 점수와 교사의 탐색목록 점수 상관의 평균은 .40(r^2 = .16, 변량의 겹치는 부분)이었고, 무용은 .49(r^2 = .24)였다. 이 값은 교차구인(cross-construct) 값(r^2 = .04와 .13)보다 다소 높았다. 음악과 무용 모두 리듬과 비언어적 표현 행동이기 때문에 낮은

표 4-1 오디션 점수의 채점자 간 상관

채점자	A	B	C
음악(n = 227)			
A	—		
B	.654	—	
C	.672	.788	—
무용(n = 192)			
A	—		
B	.782	—	
C	.813	.817	—

표 4-2 타당도 계수(2년 평균)

	무용 TII (n=227)		음악 TII (n=192)	
	r	r²	r	r²
MAT-Math-NCE	.25	.06	.08	.01
DRP-NCE	.11	.01	.08	.01
목록 탐색-음악	.19	.04	.40	.16
목록 탐색-무용	.49	.24	.36	.13

교차구인 관계는 예상하지 못한 결과였다. 변별 증거를 확보하기 위하여 TII 평정치는 학업성취도와 무관하여야 한다고 예상하였다. 〈표 4-2〉를 보면 상관계수가 .08~.25에 걸쳐 있다(r^2은 .01~.06). 이것은 이러한 구인 간에 상관이 거의 없다는 것을 보여 준다. 이 상관이 낮다는 것은 학업성취도와 예술 재능이 이론적으로는 배경이 다르다는 것을 지지해 준다.

구인타당도: 요인분석

TII의 차원을 조사하기 위하여 음악과 무용의 관찰 점수(7주간의 항목 점수들을 합한)에 대하여 탐색 주축요인분석법(exploratory principal factor analysis)을 사용하였다. 음악에서 항목의 91% 변량을 설명하는 요인이 나왔다. 최소 부하량은 .75였다. 따라서 이 요인을 음악 재능이라고 부를 수 있다. 마찬가지로 무용에서도 한 요인(무용 재능)의 최소 부하량은 .61이며 89%의 변량을 설명하였다. 〈표 4-3〉은 각 요인의 부하량을 보여 준다.

요인분석 결과, 관찰 점수들이 동질적 1차원의 성질이 있다는 것을 보여 준다. 모든 항목의 부하량이 크다는 것은 자료가 단순 구조를 이루고 있다는 것을 나타낸다. 마지막으로 각 분석에서 공변량이 크다는 것은 관찰 자료에 비체계적 변량이 거의 존재하지 않는다는 것을 의미한다.

표 4-3 무용과 음악 문항에 대한 요인 부하량

무 용 (n=215)		음 악 (n=183)	
문 항	부하량	문 항	부하량
2	.90	2	.91
4	.89	5	.90
1	.88	7	.89
9	.86	1	.88
6	.82	4	.82
8	.82	3	.82
5	.81	8	.79
3	.80	6	.75
10	.72		
7	.61		

구인타당도: 또 다른 변별 증거

변별타당도에 대하여 더 포괄적 관점을 제시하기 위하여 판별분석 (Discriminant function analyses: DFA)을 하였다. 최종적으로 학생을 선발할 때 오디션 점수의 검증력을 추정하기 위하여 음악과 무용에서 따로 DFA를 하여 학생 집단을 구분하였다. 즉, 선택 집단(무용 n = 51, 음악 n = 42), 대기 자 집단(n = 22, 16), 비선택 집단(n = 154, 128)으로 구분하였다. 학생 선발은 교실에서의 행동, 인종, 학업성적 같은 요소가 아니라 오디션 수업 중에 보 인 학생의 수행에 기초해야 한다고 가정하였다. 관련 없는 특성을 보이는 다양한 지표도 학생 프로파일에 수집 기록하였다. 전통 영재 프로그램에서 교실 행동과 학업성취는 종종 영재 판별에 사용되었다. 사실 재능 계발 프 로그램에 참여할 학생을 지명해 달라고 교사들에게 부탁하면 교사들은 이 러한 자료를 자주 사용한다. 그러나 Javits Act 프로그램에서는 장학생 선발 을 할 때 비전통적 영재 개념을 기준으로 하였다. 따라서 우리는 더 전통적 요인과 TII 오디션 점수의 예언 가치를 비교하는 데 관심이 있었다.

예언 변인으로는 TII 오디션 점수, 성별, 인종, Metropolitan Math-NCE,

DRP-읽기 NCE 점수, Piers-Harris 자아개념 하위 검사점수 등이 있다. DFA는 TII 점수만 집단 구분을 예언하는 의미가 있었으며($p < .001$), 음악에서는 61%, 무용에서는 65%가 집단 구분 예언 변산을 설명하였다. Cohen (1988)에 따르면, 이것은 효과크기가 매우 크다고 볼 수 있다.

구인타당도: 비교집단 증거

오디션 과정이 끝난 지 1년 후에 선택 집단과 비선택 집단 학생들을 대상으로 다시 TII 점수를 수집하여 추가로 구인타당도를 입증하였다. 선택 집단과 비선택 집단에서 무선 표집을 하여 2차년도 오디션 과정에 참여시켰다. 선택 집단과 비선택 집단에서 각각 30%씩 비비례(nonproportional) 표집(예, 동등한 표본 크기)을 하였다. 새 오디션은 TBW 프로그램에 익숙하지 않은 예술 전문가가 채점하였다. 무용 집단의 경우 리듬, 협응, 동작, 전반적 재능을 측정하였으며, 음악 집단의 경우 리듬, 협응, 집중력, 전반적 재능을 측정하였다. 무용 집단과 음악 집단 내에서 모든 TII 점수로써 선택 집단과 비선택 집단을 동시에 비교하기 위해 Hotelling T^2를 사용하였다. 무용 학생들은 선택 집단과 비선택 집단의 TII 점수 간에 큰 차이가 있었다($T^2 = 29.0$, $p < .0001$). t검정을 하여 T^2의 사후비교를 하였으며 그 결과는 〈표 4-4〉에 요약되어 있다. 알파 오류 증가를 막기 위하여 Bonferroni 검정 방법을 활용하였다. 즉, 알파값 .05를 8로 나누어(t검정) 새로운 알파값은 .006이 되었다. t검정(〈표 4-4〉) 결과는 선택 집단 학생들이 신뢰할 만한 높은 TII 점수를 받은 것을 보여 준다. 음악 학생들에게서도 전반적으로 큰 차이가 있었다($T^2 = 32.80$, $p < .0001$). 무용 학생들과 마찬가지로 t검정에서 각각 측정된 행동은 선택 집단 학생들이 우수함을 나타냈다.

구인타당도: 비형식적 추가 자료

어떤 평가의 접근이 성공적이라는 것을 가장 잘 나타낼 수 있는 자료 중

표 4-4 훈련 1년 후의 블라인드 평정

무용(선택 집단 *n*=15, 비선택 집단 *n*=16)				
	M	*SD*	*t*	*df*	*p*
리 듬					
선택 집단	14.7	1.4	4.89	29	.0001
비선택 집단	11.5	1.3			
협 응					
선택 집단	14.8	1.4	4.94	29	.0001
비선택 집단	11.2	1.5			
동 작					
선택 집단	15.1	1.5	4.89	29	.0001
비선택 집단	11.5	1.4			
전반적 재능					
선택 집단	44.6	3.8	5.40	29	.0001
비선택 집단	34.0	3.9			

음악(선택 집단 *n*=13, 비선택 집단 *n*=14)				
	M	*SD*	*t*	*df*	*p*
리 듬					
선택 집단	22.4	3.4	5.53	25	.0001
비선택 집단	14.5	4.4			
협 응					
선택 집단	21.9	3.6	4.05	25	.0004
비선택 집단	13.4	4.6			
집중력					
선택 집단	21.8	3.3	4.05	25	.0004
비선택 집단	17.1	2.6			
전반적 재능					
선택 집단	66.1	9.8	5.32	25	.0001
비선택 집단	44.6	11.8			

의 하나는 그것이 얼마나 정확하게 미래의 수행능력을 잘 예언하는가 하는 것이다. TBW 프로그램에서 선발된 학생들이 2차년도의 고급 훈련 과정에서 자신의 잠재력을 발달시키는 것을 지켜볼 수 있다. 예술 교육자들이 판별 준거를 사용한 연 2회의 평가결과를 보면, 80%의 학생들이 훌륭한 발전을 보였다. 훈련이 엄격하였는데도 불구하고 도중하차한 학생은 9%밖에 되지 않았다. 더 높은 수준의 훈련을 받을 준비가 된 것으로 확인된 학생들에 대한 추가 증거로는 수업의 높은 출석률, 집에서의 많은 연습량, 수업한 교사가 보고하는 학생들의 태도 등이 있다. 이들의 실제 성취결과는 이들이 여러 학교, 공동체, 지역 행사에 초대되어 공연을 한 것이며, 워싱턴 DC에서 열린 1993년 대통령 취임식 축하연에서도 공연을 하였다. 몇몇 학생은 젊은 음악 영재를 위해 매년 열리는 전국 프로그램인 월트 디즈니 음악 캠프 (Walt Disney Music Camp)에 참석자로 선발되었다. 또 어떤 학생은 Nippon Corporation이 후원하는 국제 대회에 참가하였다. 이러한 점과 그 밖의 성취 결과를 보면, 이들이 이전에 예술 훈련이나 공연 경험이 거의 없었다는 점을 비추어 볼 때 매우 놀라운 결과다.

논 의

본 연구에서 제시한 판별 과정에서 나온 예비 자료는 위기에 처한 학생 중에서 음악과 무용 영재를 판별하기 위한 타당한 심리측정 수단을 개발하는 것이 가능하다는 것을 보여 준다. 이것은 특히 최근 교육계에서 다중지능(Gardner, 1983)을 확인하고 육성하는 것을 강조한다는 점을 고려할 때 특히 시의 적절하다고 본다. 영재 선발은 교실 행동, 인종, 학업성적과 같은 요인이 아니라 오디션 공연을 기초로 하였다. 따라서 이 영재 판별 과정은 문화와 경제의 편향성에서 비교적 자유롭다고 할 수 있다.

도전적 예술 훈련 프로그램을 학생, 특히 학교생활에 어려움이 있는 어린 학생이 성공적으로 수행하면 이것은 학업 행동에도 일반화될 수 있다. 첫

예술·음악 영재학생

째, 우리는 예술에서의 성공 경험이 학생, 교사, 부모의 기대를 높일 수 있다고 생각한다. 집중력이나 과제집착력이 없는 학생들이 어려운 프로그램을 인내하고 성공할 수 있었다는 것은 많은 사람들에게 놀라운 일이었다. 아마도 학생들은 성공으로 의기양양해져서 새로운 영역에서도 자신들의 향상된 자기효능감을 입증하려고 할 것이다. 둘째, 새로운 환경에 전이되는 특별한 자기조절 행동이 있다. 예를 들면, 무용 공연을 주의 깊게 관찰하는 것은 학생이 칠판에 수학문제를 푸는 것을 지켜보는 것과 마찬가지다. 우리는 이 가설을 검증하기 위하여 지금 음악과 학업 행동에서의 학생들의 자기조절 자료를 수집하고 있다.

그 반대가 진실이라고 주장할 수도 있을 것이다. 즉, 학업 영역에서의 성공이 공연예술에 일반화될 수 있을지 모른다. 그러나 우리는 이 두 가지 영역은 상호 영향을 미치는 것이 아니라고 본다. 일반적으로 이 학생들은 학업적으로 성공한 경험이 거의 없다. 학교, 교사, 부모가 어떤 노력을 해도 자기효능감이나 자신감을 심어 주는 데 거의 영향을 주지 못하였다. 반대로 다른 종류의 기술을 나타내는 새로운 기회가 이 학생들, 적어도 선택된 학생들에게는 계속된 학업 환경에서의 실패를 전환시킬 수 있는 성공적인 경험과 기대를 주었다.

요약하면, 무용이나 음악 재능은 관련된 여러 하위 기술로 구성된다. 즉, 신체 능력, 협응과 민첩성, 동기, 표현력, 즉흥 기술 등으로 구성된다. 이 프로젝트를 위해 개발되고, 검증되고, 보고된 판별 과정은 이러한 행동이 공연예술 재능을 신뢰할 수 있게 사정해 준다는 것을 보여 준다. 다양한 모집단에서 재능을 확인하는 이 접근의 성공은, 교사의 관찰이나 표준화 검사결과로써는 간과되기 쉬운 학생들의 적성을 발견하기 위한 새로운 접근이라는 것을 제안한다. 본 연구에서 제시한 다양한 수업을 통한 다요인 접근은 예술 영역뿐만 아니라 학업에서도 숨겨진 잠재력을 발견하기 위한 가능성을 보여 준다는 것을 시사한다.

📝 참고문헌

Baum, S. M. (in press). Recognizing talent in young children. In S. M. Baum, S. M. Reis, & L. Maxfield (Eds.), *Developing talent in young children*. Mansfield Center; CT: Creative Learning Press.

Byrnes P., & Park, B. (1982). *Creative products scale: Detroit public schools*. Paper presented at the Annual International Convention of Council for Exceptional Children, Baltimire, MD.

Cohen, J. (1998). *Statistical power analysis for the behavioral sciences* (2nd ed.) Hillsdale, NJ: Lawrence Erlbaum.

Elam, A., & Doughty, R. (1988). *Guidelines for the identification of artistically gifted and talented students* (rev.). Columbia, SC: South Carolina State Department of Education.

Gardner, H. (1983). *Frames of mind*. New York: Basic Books.

Gordon, E. (1979). *Primary measures of music audiation and intermediate measures of music audiation*. Chicago: GIA.

New York State Department of Education and Touchstone Applied Science Associates. (1981). *Degrees of reading power*. New York: College Board.

Nunnally, J. C. (1978). *Psychometric theory* (2nd ed.). New York: McGraw-Hill.

Piers, E. V. (1984). *Piers-Harris children's self-concept scale, revised manual*. Los Angeles: Western Psychological Services.

Prescott, G. A., Balow, I. H., Hogan, T. P., & Farr, R. C. (1985/6). *Metropolitan achievement tests* (6th ed.). San Antonio, TX: Psychological Corporation.

Renzulli, J. (1978). What makes giftedness? Reexamining a definition. *Phi Delta Kappan, 60*, 180-184, 261.

Seashore, H. (1938). *Psychology of music*. New York: McGraw-Hill.

TBW 영재 프로그램:
아동의 공간적, 표현적,
신체운동적, 음악적 재능의 판별[1]

Sandra I. Kay(State University of New York at New Paltz)
Rena F. Subotnik(Hunter College-City University of New York)

'TBW(Talent Beyond Words)' 영재 프로그램은 공연예술, 특히 무용과 타악기(percussion) 음악에 잠재적 재능이 있는 아동을 판별하고 육성하기 위해 개발되었다. 프로그램에 참가한 어린이는 도심 학교에 다니는 초등학생들이었다. 영재를 판별하기 위하여 참가한 모든 학생들에게 몇 주간에 걸쳐 수업을 한 후에 그 지역의 예술 전문가, 예술 교육자, 해당 학교의 특별히 훈련받은 교사들이 공동으로 역동적인 평가를 하였다. 오디션을 통해 판별된 학생들은 3년간의 방과 후 교육과정에 참여하도록 하였다. 그 결과 학생들의 공연예술 수준은 인상적이었으며, 교사, 급우, 부모로부터 받은 존중감과 자신의 절제된 노력에서 얻은 자아존중감은 감동을 일으킬 만큼 향상되었다.

1) 편저자 주: Kay, S. I., Subotnik, R. F. (1994). Talent beyond words: Unveiling spatial, expressive, kinesthetic, and musical talent in young children. *Gifted Child Quarterly*, *38*(2), 70-74. ⓒ 1994 National Association for Gifted Children. 필자 승인 후 재인쇄.

서 론

PS 130의 4층은 무척 덥고, 밝은 햇살은 구식 강당의 창문으로 쏟아져 들어온다. TBW 영재 프로그램을 받은 14명으로 된 6학년 재즈 타악기 그룹은 1시간이 넘도록 연습하고 있다. 이들은 건성으로 하거나 지루해하는 기색이 전혀 없다. 완전히 집중하고 너무 즐거워하기 때문에 2시간이 넘는 고된 리허설 일정을 잘 소화해 낼 것이다.

이들 중에는 New School for Social Research에서 온 성인 공연자도 있다. 음악 전문가이면서 TBW 그룹의 지휘자인 데이비드 플레즌트(David Pleasant)는 다른 연주자의 리듬을 지원하고 즉석에서 개인 지도를 해 준다. 이렇게 연령이 다르고, 다루는 악기가 다르고, 재주가 다른 사람 중에서 지금까지 음악 신동이 몇 명 나왔다. 이에 못지않게 중요한 것은, 전교생으로 이루어진 합주 단원들이 지금까지 공부한 것을 실천해 보고 흔치 않게 값진 문화적인 활동을 해 볼 기회를 얻을 수 있었다는 것이다.

프로그램의 소개

프로젝트의 배경

TBW 프로젝트를 만들고 지원한 곳은 비영리 기구로서 지난 14년간 성인과 아동에게 예술 프로그램을 제공해 왔다. 이 기구는 영화 〈Fame〉으로 유명해진 공연예술 고등학교(High School of Performing Arts) 건물에 사무실과 스튜디오를 두고 개인, 회사, 학교를 대상으로 교육, 자문, 전문성 계발을 해 주고 있다. 이 프로그램의 스태프는 예술 행정가, 무용 전문가, 음악 전문가, 기타 공연예술가로 구성되어 있으며, 이들은 모두 자신의 재능을 다른

예술 · 음악 영재학생

사람들과 특히 공유하고 싶어 한다.

　　Steve Tennen과 Barry Oreck이 이끄는 ArtsConnection의 스태프와 경영진은 가장 도전적인 교육환경에서 예술 영재를 육성하기 위하여 영재 판별 과정을 개발하였다. 뉴욕 시 교육청 제15교육구 관할이면서 브루클린에 있는 PS 130과 PS 27, 교육 자문위원인 Susan Baum, Edith DeChiara, Jane Remer와 합동으로, Oreck이 미국 교육부 Javits 기금에서 지원하는 TBW를 개발하였다. 이 프로그램에서는 무용과 음악을 선정하였는데, 그 이유는 이 영역이 정규수업에서 교사가 가르쳐 줄 수 없는 전문적 기술을 ArtsConnection에서 제공해 줄 수 있었기 때문이다.

　　TBW 계획은 "전국 초·중등학교 학생 중에서 무용이나 음악에 잠재적 재능이 있는 학생을 판별하여 이들의 교육 욕구를 충족시킬 수 있도록 하기 위하여"(Oreck, 1993, p. 2) 설계되었다. 특히 소외된 계층의 사람들에게 관심이 있었다. 두 번째 목표는 3학년과 4학년 학생에게 음악 예술과 무용 예술을 제공하는 데 있었다. 3학년과 4학년을 선정한 이유는 다음과 같은 Javits 프로젝트의 중재 기능 때문이다. (a) 이들에게 이러한 경험을 제공하면 중등학교 특별 예술 프로그램에 선발될 수 있도록 준비시켜 줄 수 있다. (b) 본격적인 음악 훈련이나 무용 공연 훈련은 전통적으로 이 나이에 시작한다. (c) 남학생들이 무용을 하는 것을 창피하게 생각하지 않는 시기다. (d) 음악이나 무용 기술을 학습하면 아동기에서 청소년기로 이행할 때 안정과 균형을 찾는 데 도움이 된다. PS 130과 PS 27은 이중 언어를 사용하는 학생들과 소득 수준이 낮은 학생들을 포함하여 특별한 교육 요구가 있는 많은 학생에게 제공되었는데, 여기에서 TBW 판별 절차와 프로그램 설계를 시험하였다. TBW의 목적을 달성하기 위한 구체적 목표는 다음과 같다.

　　― 3~5학년의 모든 학생을 음악이나 무용 예술에 많이 노출시켜 영재 판별이나 오디션 과정에 참여할 수 있도록 한다.
　　― Gardner 모델, Renzulli 모델, ArtsConnection이 개발한 도구와 기법

등을 포괄적으로 사용하여 예술 영재의 판별과 교육에 대한 지식 축적의 경험적 증거를 수집하여 제공한다.

- 전문가뿐만 아니라 교육자에게도 유용한 음악과 무용의 재능에 대한 새롭고, 기능적이고, 조작적인 정의를 내려 본다.
- 예술 영재학생에게 전문가와 함께 활동할 수 있는 뜻 깊은 기회를 제공한다.

TBW 프로젝트는 무대에서 공연하는 어린이를 대상으로 학급 담임 교사, 예술 전문가, 예술 교육자로 구성된 심사위원단의 심사로 시작되는데(3년 전부터 미리), 이 어린이들은 영재 훈련을 받지 않은 학생이다. 작은 무대 위에서 이 어린이들이 내뿜는 창의적 힘과 열기는 강당 전체를 압도하였다. 본 연구에서 제시한 수집 자료는 우리의 감각을 매료시키고 그 마술을 설명하는 데 도움이 되었다.

실험학교의 위치

실험에 참여한 두 학교는 뉴욕의 브루클린에 있으며 서로 이웃하고 있다. PS 130은 이중 언어 서비스를 필요로 하는 학생들을 포함하여 다양한 사회경제적 배경을 가진 학생들로 구성되어 있다. 학생들은 주로 스페인어나 프랑스어를 사용하는 카리브 출신과 전 소비에트연방 출신이다. 프로젝트를 실시하는 첫해(1990)에 201명의 학생들이 음악 오디션을 받았다. 2개 학년에서 선발된 핵심 영재 집단은 45명이며 이 중에서 흑인이 18명, 라틴계가 16명, 백인이 11명이었다. 이 중에서 3명은 특수교육 학생이었다. 남학생이 여학생보다 조금 더 많았다.

PS 27은 PS 130보다 소득 수준이 훨씬 낮은 지역에 있는 학생을 대상으로 하고 있다. 학생들은 지역 공공주택 프로젝트 출신이 많고 사회경제적, 인종적으로 별로 다양하지는 않다. 1990년에 3학년과 4학년 학생 195명 중에서 무용 수업을 받을 핵심 집단 51명을 선발하였는데, 흑인이 29명, 라틴계가 21명, 백인이 1명이었다. 이 중에서 3명은 특수학급 출신이었다. 무용반에는 여학생이 남학생보다 더 많았다.

판별 모델

판별 모델은 Gardner, Renzulli와 TBW 팀이 지속적으로 연구한 결과에서 가져왔다. Gardner는 인간 지능 중에서 학교에서 육성할 가치가 있는 영역인 음악, 신체운동, 공간 추리를 재인식할 개념의 틀을 제공하였다. Gardner가 주장한 다중지능이론(1983)은 각 지능 영역에서 어린이 각자의 재능이 계발될 수 있다는 생각을 지지해 준다.

Renzulli 영재성의 세 고리 개념(1986)은 TBW 연구의 이론적 근거를 제공하였다. 다만, Renzulli 세 고리 개념에서 평균 이상의 지능을 음악과 무용의 '신체 기술과 인지 기술'을 나타내는 것으로 수정하였다. 동기는 첫 세 번 내지 네 번 이상의 오디션을 열심히 적극적으로 한 어린이라면 '끈기(persistence)'가 있는 것으로 조작적 정의를 하였는데, 이 시기가 되면 학교에서 늘 하던 활동에서 벗어나 신기한 느낌이 사라진다. '창의성'은 음악과 무용에서의 개인적 표현이나 협동적인 문제해결로 간주하였다. 세 고리 모델에 맞추어 채택한 구체적 준거는 아래에 요약되어 있다.

판별 과정

여름철 주말, 방과 후 점심시간에 실시한 워크숍을 통해서 교사들은 예술 전문가와 예술교육자에게 무용이나 음악 오디션의 심사위원이 되기 위해 필요한 훈련을 받았다. 두 학교의 3, 4학년 전 학생에게 인종과 예술 형식이 다양한 전문가들이 무용과 음악의 기본 기술을 7차례 지도하였다. 여러 차례 실시한 오디션 과정의 목표는 모든 학생들을 예술 형식의 기초 기술에 노출시키고 체계적인 연습 기회를 제공하는 데 있었다. 이러한 과정을 통해

무용	음악
기술	
신체 조절 협응력과 민첩성 시각적 인식 관찰과 기억 리듬	리듬 소리 지각 협응력
동기	
집중력 지구력	열의 집중력 지구력
창의성	
표현력 동작의 질 즉흥 표현력	표현력 작곡과 즉흥 연주력

[그림 5-1]　무용과 음악 영재의 판별 준거

발췌: Baum, Owen, & Oreck(1993). Adopted by permission.

학생들의 반응에 따라 [그림 5-1]에 제시된 준거의 숙달 정도에 따라 학생을 분류하였다. 매주 레슨을 실시한 후 지도에 대한 학생 개인별 반응을 평가한다. 각 학생은 자신의 잠재력을 보여 줄 수 있는 기회를 일곱 번의 상황에서 일곱 번 갖게 되는 셈이다. 학급교사와 각 학교의 책임을 맡고 있는 TBW 담당자가 7차례의 세션 모두를 심사하고, 또 전문가가 방문하여 조기에 실시하는 학생 오디션 때문에 생기는 편견이 작용하지 않도록 조치를 취하였다.

TBW를 기존 예술 영재 교육 패러다임에 어떻게 조화시킬 것인가?

예술 수업 프로그램에서 시종일관 문제로 언급된 것은 "모든 학생들에게 기본이 되는 일반 학습을 하게 하는 것과 학생이 선택한 특별 학습을 하게 하는 문제"(Reimer, 1992, p. 45)다.

예술가가 되지 않고는(혹은 예술가로 활동하지 않고는) 생각할 수도, 알 수도 없는 방법이 있다. 이 때문에 사람들은 오직 자신이 무엇을 알고 있는지를 알도록 하기 위하여 모든 학생들이 똑같이 이러한 생각을 하는 것이 필요하다. 또 한편으로는 예술 교육과정에서 일부 특별 학습은 본질적으로 선택적이고 집중적이라는 것이다(Reimer, 1992, pp. 46-47).

학교에는 두 가지 수준의 예술 프로그램이 필요하다. 하나는 모든 학생을 위한 것이고 나머지 하나는 예술 재능이 있는 학생을 위한 것이다(Wakefield, 1992). 하지만 아직 대부분의 초등학교에서는 전교생을 최소한의 예술 형식에 노출시킴으로써 이용 가능한 것이라면 제한된 자원이라도 채택하는 실정이다. 예술 재능이 있는 학생들의 재능을 계발하는 일은 중등학교에 맡겨 놓거나 외부 자원을 이용하는 가족에게 맡겨 놓고 있다. 어떤 분야(예, 무용이나 음악)의 전문성을 계발하기 위해서는 어린 시기에 시작해야 하지만 예술 재능이 있는 초등학교 수준의 정규 프로그램은 실제적으로 없고 공교육 분야에서 예술이나 미적 교육은 격차가 아주 심한 실정이다.

시간과 자원이 제한되어 있고 학교는 학생들에게 서유럽의 순수미술 과정만 제공해 주기 때문에 많은 지역 단체와 협력 관계를 맺어 '전통 예술(heritage arts)'이나 대중 예술을 학생들에게 경험시켜 주고 있다(Mitchell, Wolf, & Philip, 1993). 그러나 이러한 프로그램은 일반적으로 (a) 전교 학생에게 단 한 차례 정도 경험시켜 주는 것에 지나지 않고, (b) 주제 형식으로 정규수업에 통합하여 제공하고 있으며(Beckwith, Garfield, Halley, Jones, & Porter, 1992), (c) 중등학교에서는 예술가가 학교에 재직하면서(전통 예술가들 포함) 심화수업을 하고 있다(Mitchell et al., 1993). 많은 학교에는(특히 도시 학교들) 예술교육을 할 여지가 없고, 유일하게 초등학교에서 3가지 유형의 예술교육을 제공하는 TBW 같은 프로그램이 남아 있다. 다른 프로그램, 예컨대 링컨 센터와 그 자매 프로그램과 같은 모범적 예술교육 프로그램과는 조금은 다르지만, TBW 프로그램은 예술 영재 학생을 일단 판별하면 이들에게 장기간 교육하고 교육과정을 개정하여 깊이 있는 교육을 강조한다.

예술 재능이 있는 학생 판별은 역사적으로 문제가 있었다(Carroll, 1987;

Kay, 1982). 이미 개발된 기술을 보여 주는 산출물이나 수행을 기준으로 사정해 왔는데, 이것은 관심이 있고 훈련을 받은(혹은 적어도 연습을 한) 중등학교 학생들에게 적절한 방법이었다. 종전에는 계발되지 않은 잠재적 재능을 평가하기 위한 방법이 없었다. TBW의 판별 구조는 모든 학생들에게 어떤 예술 분야 기술의 기초선을 제시하는 새로운 접근방법이다. 이러한 기초선의 관점에서 여러 전문 심사위원이 마련한 판별 준거(개발된 기술에 두지 않는)에 따라 음악이나 무용 분야의 영재를 판별한다. 영재교육을 연구하는 사람들도 이러한 유형의 판별 절차를 제안해 왔다. 특히 예술 영재를 판별할 때 그러하였는데(Renzulli, 1986; Tannenbaum, 1983), 아직도 학교 현장에서는 학생의 산출물을 보고 그것이 영재의 경험을 명백하게 나타내면 대상자로 선발하는 방법을 고집하고 있다(Mitchell et al., 1993). TBW 프로젝트에서는 우리가 다시 검토하거나, 깊이 생각해 보거나, 비판적으로 분석해 보거나, 더 깊이 탐색해 볼 만한 가치가 있는 모델을 제시하였다. 특히 국가 수준의 예술교육 사정 표준에 관계하고 있는 사람들이라면 이것을 검토해 보거나 탐색할 만하다.

자료 수집 및 요약

본 연구의 기초가 되는 질적 자료로는 두 실험학교를 현장 방문하여 수집한 것, 프로그램 자료를 검토한 것, 기부 단체에서 온 평가자가 제출한 개략적 평가서 등이 포함되어 있다. 현장 방문 자료에는 관찰한 것을 비롯하여 교사나 진로 상담자, 부모나 행정가, PS 130과 PS 27 프로그램에 직접 참여한 학생, TBW 공동책임자인 Barry Oreck과 면담한 내용이 포함되어 있다.

면담할 때 사용한 질문지는 전반적 프로그램 요소를 알아보고 전체 상황을 파악할 수 있도록 구성하였다. 교사와 상담자는 예술 전문가와 예술 교육자에게 오디션하는 법과 새로운 평가기술을 매우 열심히 배웠다. 교사들

예술·음악 영재학생

은 모든 학생들에게 영재 판별에 참여할 기회를 주는 이 과정을 특히 좋게 생각하였다. TBW 판별 과정을 거친 학생의 부모들은 자신의 자녀가 안정 감과 자신감을 다시 갖게 되고 학교에 다니고 싶어 한다고 하였다. 교육 행 정가들은 학교 자체로 홍보가 잘 되고 재능이 있는 급우의 업적에 대하여 모 든 학생들이 자부심을 갖는 것에 매우 고무되었다. 학생들은 존경받는 성인 공연자들의 동료로서 함께 활동함으로써 얻는 숙달감에 즐거운 비명을 질 렀다. 마지막으로 이 프로그램의 책임자 역시 오랫동안 꿈꾸어 오던 교육 프로젝트를 계획하고 그 효과를 확인한 것에 만족감을 표하였다.

연구결과

프로그램의 네 가지 결과가 TBW 운영진을 통해 확인되었고, 연구기부 금 단체의 평가자들과 본 연구의 관찰자들 역시 타당하다고 인정하였다.

첫째, 무용과 음악에 잠재적 재능이 있는 학생을 판별하기 위한 과정의 모델을 수립하였다. 두 실험학교의 교직원은 TBW 프로젝트의 판별방법을 예술 전문가와 예술 교육자들과 협력하여 성공적으로 적용하였다. 두 실험학교 의 담당 운영진은 이 과정을 통해 선발된 학생들은 수업 출석률과 예술에 대 한 열의가 높으며 공연 요청을 많이 받는 것을 밑거름으로 프로그램의 요소 를 철저하게 훈련할 수 있는 이점이 있었다고 하였다. 이 프로그램은 각 학 교의 3학년과 4학년의 모든 학생에게 오디션을 보게 하고, 모든 학생들에게 자신의 음악 재능이나 무용 재능을 보여 줄 수 있는 기회를 부여하였다는 점 에서 포괄적 과정이라고 할 수 있다. 7주 동안 내내 학생 판별 과정이 진행 되었으며 여러 심사위원을 참여시켜 모든 학생에게 영재 판별 기회가 공평 하게 돌아가도록 하였다.

평가 중에서 종합 부분에서는 학급교사가 참여하였다. 학생들의 오디션 점수에 대한 전문 예술가 간의 채점자 간 신뢰도는 음악 .79, 무용 .81이었다. 6주간에 걸쳐서 관찰하고, 광범하게 토의하고, 음악 전문가와 무용 전문가들의 지도를 받아 학생들의 오디션을 보고 평가한 것에 대한 다양한 여러 평정자 간의 채점자 간 신뢰도는 음악 .63, 무용 .71이었다(Oreck, 1993).

둘째, 학급교사는 학생들의 다양한 재능을 볼 수 있는 능력이 향상되었고 예술을 초등학교 교육에 통합시키는 것이 중요하다는 것을 알게 되었다. 교사들은 전통적으로 학생들의 인지적 재능, 특히 읽기, 수학과 같은 기초 기술을 익히는 것에 초점을 둔다. 두 학교를 통틀어 영재로 판별된 학생 62%의 읽기 백분위 점수가 50 미만이었으며, 백분위 점수가 25 미만인 학생도 26%나 되었다. PS 27에서는 영재로 판별된 학생 82%의 백분위 점수는 50 미만이었고, 25점 미만인 학생이 38%나 되었다. 수학은 두 학교를 통틀어 영재로 판별된 학생 34%가 자신의 학년 점수에 미달이었으며, 6%의 학생은 학년 점수의 25%에도 이르지 못하였다.

교사들은 TBW 프로그램을 실시하기 전에는 이 학생들 대부분이 학습장애 경향이 있는 것으로 보았다. 그러나 이 학생들이 단 한번의 시범을 보고 복잡한 무용 동작을 따라 하는 것을 본 교사들은, 이 학생들에게서 그동안 숨겨져 있었던 기억력과 순서를 익히는 능력을 발견하였다. 이 학생들에 대해 자기조절을 잘하지 못하고 침착하지 못하다는 인상을 가졌는데 이제는 우아하고 균형이 잘 잡힌 학생으로 생각하게 되었다. 프로그램에 참여한 교사들에 따르면, 이 프로그램이 학생들의 학업성적에 직접적 영향은 주지 못하였지만, 교사와 또래들이 이 핵심 집단 학생들을 새롭게 존경하게 만듦으로써 교실 분위기가 바뀌었다고 입을 모으고 있다. 예를 들면, 어느 4학년 교사는 이 프로그램 때문에 학생들이 목적을 갖게 되었고, 희망을 갖기 시작하였으며, 이들이 자신에 대하여 좋은 감정만 가질 수 있다면 무엇이든 할 수 있다고 하였다. 프로그램 감독으로 PS 27에서 일한 한 교사는 학생들이 자아존중감이 낮고 버릇이 나쁜 싸움꾼에서 무용계의 숙녀와 신사로 바뀌는 것을 보고 매우 즐거웠다고 하였다.

교사들은 그동안 예술 수업 준비를 잘하지 못하였던 것을 회고하면서 TBW 프로그램을 하기 이전에는 가끔 적절하지 못한 수업 원리와 기술을 사용하였다고 털어놓았다. 예술 훈련뿐만 아니라 학생들이 성장한다는 믿음이 커졌기 때문에 학급교사들은 모든 학생의 수업활동에 어느 정도 예술 과목을 통합하는 것이 편안해졌다. 예를 들면, 한 특수교육 교사는 학생들이 복도를 질서 있게 통행하는 것에 학생들의 창의적 동작이 어떻게 도움이 되는지를 설명하였다.

셋째, 영재교육과 영재 판별 과정에 학부모를 동참시켰다. 학교 교직원이 보고하였듯이, TBW 프로젝트를 실시하기 전에 학부모들은 학교 활동에 거의 관심이 없었다. 프로그램을 시작한 지 3년이 다 되어 갈 무렵에는 학부모들을 학교에서 자주 볼 수 있었다. 학부모는 학생들이 예행연습을 할 때 도우미 역할을 하기도 하고, 공연을 관람하기도 하며, 학부모 워크숍에 참여하기도 하였다. 또한 학부모들은 서로를 지지하였다.

넷째, 가치 있는 문화 목표를 달성하기 위하여 엄격한 규율하에 혹독한 노력을 경험할 기회를 제공하였다. 대부분의 정규 초등학교 프로그램에서는 기초 기술에 에너지를 과도하게 집중한다. 전통적 영재교육 프로그램은 기초 학문 기술을 이미 익힌 학생을 대상으로 하는 경향이 있기 때문에, 종종 정규 교육과정에서 다루지 않는 주제에 학생을 노출시킨다. 한 과목을 여러 해 동안 집중적으로 훈련할 기회는 거의 없다(Subotnik, Kassan, Summers, & Wasser, 1993). 신체적 어려움을 극복하고 새로운 어휘를 획득하기 위해서는 장애를 넘어 숙달될 때까지 오랜 기간 동안 집중적으로 노력하는 것이 필요하다. 스포츠나 고전 음악에서 이러한 노력을 하는 아동은 소수에 불과하며 이것도 일반적으로 부모가 준비해 주어야 한다. TBW 프로젝트에서는 이러한 피나는 노력과, 음악과 무용 재능이 한데 어울려 결국 학생들은 교내외적으로 공연 활동에 참여해 보는 강력한 경험을 한 것이다.

향후 탐구할 영역

PS 27과 PS 130에서 부모, 학생, 학교 행정가, 자원 인사, 교사를 대상으로 하여 면접을 한 결과, 앞으로 영재교육 연구에서 기본적으로 더 연구해 볼 가치가 있는 과제가 두 가지 있는데 모두 일반적 태도에 관한 것이다. 첫 번째로 가장 중요한 것은, 좀 더 수준 높은 교육을 하기 위하여 매주 별도로 수업을 하는 TBW 프로그램이나 핵심 집단에 참여하는 학생들에게 엘리트 의식이 거의 없었다는 것이다. 이 모델에서는 모든 학생들에게 예술의 기초 기술에 노출시키고 이러한 경험을 한 학생 중에서 집중적으로 재능 계발을 할 학생을 선발하였다. 엘리트 의식이 줄어든 것은 이 프로그램이 학업보다는 예술에 중점을 두었기 때문이었을 것으로 본다. 더욱이 일반 사람들은 일반 지능 분야의 재능보다 특별 재능을 지원하는 것이 더 바람직하다고 생각하는 경향이 있다. 앞으로 해결해야 할 문제는 만일 수학, 과학, 인문학에서의 특별한 능력을 강조하면서 TBW 방법과 유사한 프로그램을 실시한다면 학업 영재교육에 대해서도 일반적으로 지지할 것인가 하는 것이다. 학업 프로그램을 폐지하는 국가적 분위기 속에서 이 문제를 탐색해 보는 일은 가치 있는 일이다.

면접을 통해서 많이 나타난 두 번째 지배적 인식은 학교 교육과정에서 예술이 기본적으로 중요하다는 것이었다. 집도 없는 어린이가 핵심 집단으로 선발되었다. 비록 그 여학생 부모의 일상은 기본 생업 문제를 해결하는 데에 집중되어 있었지만, 그 학생의 어머니는 딸이 장기간의 리허설과 공연에 참여할 수 있도록 해 주었다. 가족 모두는 이 학생의 공연을 보고 자랑스러워하였고, 이것이 그 학생으로 하여금 더욱 분발하도록 하는 자극제로 작용하였다.

흥미를 불러일으킬 만한 또 다른 발견은 Barry Oreck이 판별 과정에 대한 논의를 하던 중에 한 말이다. 그는 창의성 점수가 높아서 프로그램에 들

예술 · 음악 영재학생

어온 학생을 가르치면 프로그램에서 상정한 기술 표준을 쉽게 달성할 수 있지만, 기술 점수가 높아서 들어온 학생은 창의성을 계발시키는 데 훨씬 더 어려웠다고 하였다.

음악 전문가이자 TBW 프로젝트의 음악 교육자인 데이비드 플레즌트는 모든 학생들이 자신을 예술적으로 표현하도록 똑같이 도전을 받았지만, 자신의 전문성을 계발하는 과정에서 언제 얼마나 관심을 갖는지는 학생마다 달랐다고 하였다. Pleasant는 자신의 교수방법에 따라 더 어려운 과제를 학생의 동기에 따라 선택하도록 맡겨 두었다. 학생이 도전함에 따라 점점 더 어려운 과제를 부여하였다. 이러한 방법은 전문 예술가의 특성 연구(Kay, 인쇄 중) 결과를 봐도 그렇고, 능력이 뛰어난 학생에 대한 교수 조직은 학습환경 측면에서 볼 때 수준을 점진적으로 올리는 발견 지향적 구조여야 한다는 연구결과(Snow, 1993)에서도 지지되고 있다.

3시간에 걸친 예행연습이 끝난 오늘은 5월 13일이다. 한 학년, 특히 6학년 학생은 초등학교 학년이 끝났다. 14일에는 PS 130 타악기 재즈 합주단이 브라이언트 공원에서 훌륭한 공연을 할 것이다. 많은 직원들과 매니저들은 시끌벅적한 점심시간에 야외음악당에 모여 여러 연령으로 구성된 음악 그룹이 보여 주는 재능을 즐기고 감탄해 마지 않을 것이다. 이 어린 음악가들은 아직도 클린턴 대통령 취임식 축하연에서 받은 갈채를 생각하며 행복해하고 있다. 모든 합주단 단원들은 New School for Social Research로부터 다음 학기에 주말마다 전문 음악가들과 공부할 수 있도록 초대를 받아 놓은 상태다. 남학생 한 명은 이미 디즈니 월드 오케스트라에 합류하였고, 여학생 3명과 남학생 3명은 데이비드 플레즌트와 함께 그의 전문 그룹의 일원으로 순회공연을 할 것이다. 이들의 미래는 가능성으로 무르익어 가는 듯하다.

📚 참고문헌

Baum, S. M., Owen, S. V., & Oreck, B. (1993, April). *Talent and beyond words: Identification of potential talent in dance and music in elementary school.* Paper presented at the annual meeting of the American. Educational Research Association. Atlanta, GA.

Beckwith, B., Garfield, W. T., Holley, C. M., Jones, J. C., Porter, S. E. (1992). Tribal rhythms: A thematic approach to integrating the arts into the curriculum. In M. R. Goldberg & A. Phillips (Eds.). *Arts as education* (Reprint series # 24) (pp. 67-78). Cambridge, MA: Harvard Educational Review.

Carroll, K. L. (1987). *Towards a fuller conception of giftedness: The arts tn gifted education and the gifted in art education.* Unpublished doctoral dissertation. Teachers College. Columbia University, New York.

Gardner, H. (1983). *Frames of mind.* New York: Basic Books.

Kay, S. (1982, Fedruary). Gifted and the arts: A prismatic view. *School Arts,* pp. 16-18.

Kay, S. (in press). The nature of expertise. In R. Friedman & F. Horowitz (Eds.), *Proceedings of the 1992 Esther Katz Rosen Symposium.* Washington, DC: American Psychological Association.

Mitchell, R., Wolf, D. P., & Philip, E. (1993). *Issues concerning a national assessment of arts education.* Washington, DC: The Council of Chief State School Officers.

Oreck, B. (1993). [Program evaluation report]. Unpublished raw data.

Reimer, B. (1992). What Knowledge is of most worth in the arts? In B. Reimer & R. Smith (Eds.), *The arts, education, and aesthetic knowing: Part II, ninety-first yearbook of the National Society for the Study of Education* (pp. 30-50). Chicago, IL: University of Chicago Press.

Renzulli, J. (1986). The three-ring conception of giftedness: A developmental model for creative productivity. In R. J. Sternberg & J. E. Davidson

(Eds.), *Conceptions of giftedness* (pp. 53-92). New York: Cambridge University Press.

Snow, R. (1993, May). *Aptitude development and talent achievement.* Keynote presentation at the Henry B, and Jocelyn Wallace Research Symposium on Talent Development. Iowa City, IA.

Subotnik, R. F., Kassan, L. Summers, E., & Wasser, A. (1993). *Genius revisited: High IQ children grown up.* Norwood, NJ: Ablex.

Tannenbaum, A. J. (1983). *Gifted children.* New York: Macmillan.

Wakefield, J. F. (1992). *Creative thinking, problem-solving skills, and the arts orientation.* Norwood, NJ: Ablex.

06

미국 4개 시골 지역의
미술 영재 판별[1]

Gilbert A. Clark, Enid Zimmerman(Indiana University)

Project ARTS는 네 가지의 서로 다른 인종적 배경을 지닌 7개의 시골 학교에서 예술적 재능이 뛰어난 3학년 학생들을 판별하고 이들에게 차별화된 예술 프로그램을 적용하기 위한 연구개발 프로젝트로 설계되었다. 교사들과 이 프로젝트 운영진은 교사와 지역사회 인사들이 현지에서 자체 개발한 판별방법에 몇 가지 다른 측정치를 사용한다면 적절한 판별방법이 될 것이라고 평가하였다. Project ARTS의 영재 판별 연구에서는 Torrance 창의성 검사, Clark 그림능력검사(CDAT), 주 정부에서 실시하는 성취도검사 점수 간에 상관이 있는 것으로 판명되었다. 1개 지역을 제외하고 이들 검사에서 성별은 유의미한 변수가 아닌 것으로 밝혀졌다. Project ARTS 대상 지역 거주민과 유사한 환경을 가진 시골 지역에서의 미술 영재 판별을 위해 현지에서 자체 개발한 방법과 CDAT 및 성취도검사를 사용할 것을 권장한다.

최근 몇 년간은 도시 환경에 거주하는 학생들을 위한 특별 프로그램들에 초점이 맞추어져 왔다. 미국 전역의 시골 지역 학생들에게도 자신들의 특별한 요구를 충족시킬 수 있는 특별 프로그램이 필요하지만, 이러한 프로그램

1) 편저자 주: Clark, G., & Zimmerman, E. (2001). Identifyig artistically talented students in four rural communities in the United States. *Gifted Child Quarterly, 45*(2), 104-114. ⓒ 2001 National Association for Gifted Children. 필자 승인 후 재인쇄.

들은 별로 보이지 않고 잘 알려져 있지도 않다. 영재학생을 위한 교육 기회가 대부분 도시 지역이나 인근 지역에 거주하는 학생들에게 주어지다 보니 영재교육에 관한 서적이나 학술지에 나오는 참고 문헌 역시 이들 지역의 학생들을 위한 프로그램이나 이들에게 유리한 것으로 채워져 있다(예, Freeman, 1991; Swassing, 1985; VanTassel-Baska, 1988, 1998). 인종 배경이 다양한 오지 시골 지역의 정규 학교에 다니는 시각예술 능력이 탁월한 학생에게 1년 내내 제공되는 시각예술이나 공연예술 프로그램 또는 프로젝트는 거의 없다(Bachtel, 1988; Leonhard, 1991).

학업성취도가 높은 학생을 판별하는 것에 관한 보고 자료는 많이 있지만 예술 영재를 판별하거나 일반적인 예술적 영재성을 계발하는 연구, 특히 시골 지역의 예술적 영재 프로그램을 개발하는 연구는 극소수에 불과하다(Clark & Zimmerman, 1994). 시각예술이나 공연예술에 재능이 있는 학생들을 판별하기 위한 측정방법은 있지만, 소외된 소수 집단의 시각예술 영재를 판별하는 방법은 보다 많은 연구와 개발이 있은 후에야 이용 가능할 것이다. 이러한 프로그램들에서 사용한 정의들은 포괄적이고 개방적이다. 그것은 예술적 재능이 있는 학생들을 위한 프로그램을 실시한 적이 전혀 없는 시골 학교에서 수행 수준이 높은 학생을 조사하고 판별할 경우는 포괄적인 것이 중요하기 때문이다. 특정 창의성 검사나 성취도검사 점수와 같은 제한적 판별방법들은 도시나 도시 근교에 있는 학교에서 흔히 사용된다. 컷오프(cut-off) 방식의 점수들은 대다수의 시골 학교, 특히 경제적으로 불리하거나 인종 배경이 다양한 학생들에게 사용하면 적절하지 못할 것은 분명하다. 이러한 형태의 검사점수에 근거하여 판별하였을 때 예술적 재능 계발 프로그램에 참여할 수 있는 시골 지역 학생들은 거의 없을 것이다.

시골 지역 학생들은 주류 집단에서 멀리 이탈해 있기 때문에 흔히 대도시 지역에서 볼 수 있는 대규모의 미술관, 대형 박물관, 종합 도서관, 음악당이나 이와 유사한 시설에서 제공하는 전통적인 문화 자원에 접근하는 것이 쉽지 않다(Spicker, Southern, & Davis, 1987; Nachtigal, 1992). 그렇기 때문에 비록 풍부한 문화유산이나 지역사회의 강력한 지원 네트워크가 있더라도 시골 학교 학생들은 인구가 많은 도시나 도시 근교의 학생들만큼 예술 자원이나 경험에 노출되거나 이러한 것을 탐색해 볼 기회가 자주 없다. Torrance (1997)의 주장에 따르면, 대부분의 영재 판별방법들은 지배적이고 우세한 문화의 공통적인 경험에 해당하는 응답을 요구한다.

◤ 연구의 활용도

예술 영재 판별은 연구와 개발을 통하여 보다 많은 관심을 필요로 하는 영재 교육 분야다. 특히 미국의 판별 프로그램에서는 시골 지역 학생에게 적합한 판별방법을 간과하였다. 이 글에서는 시각예술에 잠재력이 있거나 능력이 탁월한 시골 지역 학생을 판별하기 위하여 지역 실정에 맞는 방법과 표준화된 방법을 많이 제시하였다. 시골 학교에 이 판별 프로그램을 적용하려는 사람들에게 흥미를 끄는 것은 Clark 그림능력검사와 주 정부에서 실시하는 성취도검사에서 보여 주었듯이 학업능력과 미술 재능 간에 상관이 있다는 것이 입증되었다는 점이다. 시골 학교의 미술 영재를 판별하려는 사람들에게 교사가 개발한 방법, 표준화 성취도검사, 표준화 미술검사와 같이 다양하고 지역 실정에 맞는 표준화된 방법을 사용할 것을 권장한다.

소규모 시골 지역의 학교에서는 전문 교사나 적절한 교육적 자원, 멘터들과 충분하게 접할 수 있는 시각예술에 탁월한 재능을 지닌 영재를 대체로 판별하지 못한다(Bolster, 1990). 이제는 시각예술이나 공연예술에서 능력이 탁월한 모든 학생에게 다양한 맥락에서 광범위한 재능 계발을 촉진시킬 수 있는 타당하고 신뢰할 수 있는 판별도구나 다른 측정방법을 개발할 필요가 있다. 이것은 미국 전역의 소규모 시골 지역에 거주하면서 미술 잠재력이 있거나 미술 능력이 우수한 학생에게는 특히 그러하다.

본 연구자들은 국립영재연구소(National Research Center on the Gifted and Talented)에서 발행한 한 전문 서적에, 시골 지역의 프로그램들에 직접 사용할 수 있는 예술 영재 학생 판별에 관한 향후 연구에 도움이 될 권장 사항들을 많이 제시하였다(Clark & Zimmerman, 1992). 여기에는 다음과 같은 것들이 포함되어 있다. 첫째, 시각예술 능력이 탁월한 학생을 판별할 때는 최종적으로 수행한 성과나 산출물뿐만 아니라 학생의 잠재력 또는 진행 중인 작품에 주목해야 한다. 둘째, 대부분의 표준화 검사는 시각예술 분야에서 능력이 뛰어난 학생을 판별하기에 적절하지 못하기 때문에, 과정에 초점을 둔 포트폴리오, 작품 표본, 전기적 인물 조사기록과 같은 표준화 검사에 대한 효과적 대안들을 개발해야 한다. 셋째, 미술 영재를 판별할 때 고려할 요인인 학생의 배경, 인성, 가치, 연령에 대하여 연구해야 한다. 넷째, 모든 영재 판별 프로그램에서는 학생의 배경, 행동, 기술, 능력, 성취, 인성, 가치 등의 다양한 측면을 측정하는 다양한 다중-준거 체제를 사용해야 한다.

Project ARTS

경제적으로 불리한 여건에 있으면서 인종 배경이 다양한 시골 지역에 살고 있는 예술 영재들의 많은 요구를 충족시켜 주기 위한 노력의 일환으로, 3년간의 연구 개발 사업인 Project ARTS를 만들었다. 여기에서는 지역에 있는 몇 개 학교를 선정하여 능력이 뛰어나지만 제대로 지도받지 못한 시각예술 또는 공연예술 능력이 우수한 3학년 학생들을 판별하고, 이들에게 차별화된 적절한 시각 및 공연예술 프로그램들을 2년 동안 연속으로 실시하고 평가하였다. Project ARTS는 1993~1996년에 Javits 영재교육 프로그램의 연구 지원금을 받았다. 프로젝트에 참여한 모든 학교 재학생의 55~99%에게 점심식사를 무료로 제공하고 보조금을 지급하였다. 이것은 연방 정부의 기준으로 볼 때 그 지역사회가 경제적으로 어렵다는 것을 의미한다.

Project ARTS의 주 목적은 첫째, 애팔래치아 지역의 미국인, 유럽계 · 라틴계 · 아프리카계 미국인, 아메리카 인디언 등의 시골 학생들에게 적합한 영재 판별도구와 절차를 설계하고 수정하여 그 타당성을 입증하는 데 있다.

예술 · 음악 영재학생

둘째, 이러한 출신 배경을 지닌 초등학교 영재학생들을 위해 차별화된 시각예술과 공연예술의 교육과정 모델과 교재들을 수정하여 입증하는 데 있다. 셋째, 판별된 학생들의 능력이 얼마나 향상되고 성취를 이루었는지를 평가하는 도구나 절차를 수정하고 그 타당성을 입증하는 데 있다.

이 실험에 참여하는 각 협력(참여) 학교가 갖춘 풍토나 조직, 판별 절차의 특성이나 어떤 예술교육을 학생에게 가르치는지에 관하여 직접적으로 개입하지 않는 정책을 고수하였다. Project ARTS에 참여한 모든 학교에 적용하는 일반 정책과 지침에 근거하여, 각 지역에 맞게 판별 프로그램과 교육과정을 현지에서 개발하였다. 그 지침은 다음과 같다. 첫째, 지역 문화와 현지 학생 집단의 학습 특성을 감안한다. 둘째, 현지에서 개발한 방법, 절차, 기준을 사용한다. 셋째, 시각예술과 공연예술의 많은 기술들을 포함시킨다. 넷째, 분명하게 서로 다른 유형의 방법과 절차에 따라 판별한다. 이에 덧붙여 현지에서 개발한 판별 프로그램은 지역사회 특정 학교 관계자들을 통해 설계되어야 한다. 지면의 제약 때문에, 여기서는 단지 Project ARTS의 시각예술 프로그램을 위해 개발한 판별 절차만을 논의할 것이다.

연구방법

Project ARTS 운영진은 교사, 학부모, 행정가, 미술가, 기타 관련 지역 인사로 구성된 자문단의 도움을 받아 7개의 특정 시골 학교에서 1,000명 이상의 3학년 학생들에게 검사를 실시하였다. 검사를 하기 전에 자문단을 구성하였으며 지역 주민에게 조언을 하고 각 지역의 학생들에게 적정한 기대 목표를 설정하도록 조언하였다. 모든 참여 학교의 3학년 학생들에게 지역에서 채택한 다양한 범주의 현지 측정방법을 사용하였다. 이 외에도 연구 2년차 말에 각 학교별로 평가위원들이 운영진, 교사, 학생, 학부모 및 지역 인사를 대상으로 현지에서 사용된 판별방법에 대한 소감을 인터뷰하였다.

또한 Project ARTS 운영진은 각 학교에 두 개의 표준화 검사, 즉 수정된 Torrance 창의성 검사와 Clark 그림능력검사를 실시하도록 하였다. 이 도구는 오직 연구 목적으로만 사용되었다. Project ARTS 초기에 참여하였던 학교는 이 연구에 참여하기 전부터 학업 영재학생들에 대한 또 다른 Javits 지원금과 관계가 있었기 때문에 실험학교로 선정되었다. 불행하게도 정치적 조건 또는 기타 다른 제약 조건 때문에 본래의 학업 영재 프로젝트에 참여하였던 모든 학교는 본 연구에 협조하지 못하였다. 다행스럽게도 실험 연구 참여가 취소된 지역은 같은 주의 다른 지역으로 대체되어 당초 Javits의 학업 영재 프로젝트에 관여하였던 일부 운영진이 다시 참여할 수 있었다 (Clark, 1993).

참여 지역

참여 학교는 인디애나 주의 서로 다른 지역에 있는 2개 학교였다. 두 학교는 모두 인디애나 주의 남부 농업 지역에 있으며 이 지역에는 스코틀랜드-아일랜드 출신의 주민, 독일계 주민, 아메리카 인디언들이 많이 거주하고 있다. 그러면서도 이 두 학교는 모두 남부 애팔래치아 사람과 직접 관계가 있다. 이 두 지역의 사람들은 산업화와 개발 바람이 불어오기 전까지는 비교적 수 세대에 걸쳐 고립 생활을 하였다. 두 학교 모두 새로운 개발을 유치할 만한 자원이 거의 없는 경제적으로 어렵고 성장이 저조한 지역에 있다.

문화적 배경이 서로 다른 학생들이 다니는 뉴멕시코 주에 있는 2개 학교 역시 Project ARTS에 참여하였다. 이 중에서 1개 학교의 경우 재학생 대다수가 스페인계이며 인근 아메리카 인디언과 혼인을 하고 교역하다 보니 가톨릭 전통을 가지고 있었다. 나머지 1개 학교는 전 주민이 모두 아메리카 인디언들인 부락에 있다. 이 마을은 수많은 풍습을 지킴으로써 자신들의 전통문화를 보호하고 보존하는 보수적 부락이다. 예를 들면, 이 부락을 방문한 모든 사람은 오후 5시 이전까지 부락을 나가야 하고, 공식적 의사소통은 대부분 현지 고유어인 케레스(Keres)로 한다.

나머지 세 학교는 인근 사우스캐롤라이나 주 남부의 해안 끝에 있는 섬에 있으며 주민은 걸러(Gullah) 혈통을 지니고 있다. 지역사회 주민이나 학생 대부분은 이러한 사람들이다. 이 해안에 있는 섬들은 초기에 아프리카 노예들이 사우스캐롤라이나로 이송된 이후 걸러 문화를 이룩해 온 아프리카계 미국인들의 고향으로 간주되고 있다.

지역 자체의 판별 절차

현재로서는 공개-지명, 구조화된 지명, 미술 수업 성적, 학점, 현지에서 설계한 과제, 포트폴리오 검토, 면접, 학급 내 관찰 등과 같은 현지 판별방법의 타당도나 상호 상관관계에 관한 연구결과에서 얻은 합의된 준거는 없다(Brooks, 1997). 그럼에도 불구하고 이러한 측정방법들은 학교의 영재 판별 프로그램에서 사용할 것을 자주 추천받는다. 많은 주에서는 미술 영재를 판별하기 위하여 특별한 지침을 마련하였고(Bachtel, 1988), 이들 중 인디애나 주와 사우스캐롤라이나 주를 포함한 여러 주에서 다양한 측정치를 바탕으로 한 다중-준거 체제를 사용해야 한다고 주장하고 있다(Elam, Goodwin, & Doughty, 1988; Keirouz, 1990).

시골 지역의 소외되고 다양한 인종 배경을 지닌 미술 영재를 어떻게 정확하게 판별할 것인지가 Project ARTS 운영진의 관심사였다. 시골 지역에 사는 다양한 인종적, 경제적, 사회적 집단에 속해 있는 영재를 판별하는 과정을 개발하거나 선정할 때는 반드시 고려해야 할 독특한 특성이 있다(Baldwin, 1984; Zimmerman, 1992, 1994). 모든 학생은 자신의 민족성, 성별, 경제적 · 사회적 배경뿐만 아니라 자신의 흥미, 학습방식, 학습 속도, 가치, 동기, 습관, 성격 등이 서로 다르다. 일반적으로 이러한 모든 특성은 미술 관련 표준화 검사나 표준화 학력검사 점수로 된 공식적 보고서에서는 무시되고 있다.

Project ARTS에 참여하는 집단에서, 시골 지역 학생들의 능력이 탁월하다는 것을 단지 우수한 시각 작품을 만들거나 뛰어난 수행을 보이는 것으로만 규정해야 하는가에 대한 의문이 생겼다. 이 학생들은 도시나 도시 근교의 학교에서 제공하는 것과 비슷한 자원이나 경험이 부족하고 일반적으로 표준화 검사에서 점수를 잘 받지 못하기 때문에, 나중에 우수한 산출물을 낼 수 있는 잠재적 재능을 계발하는 데 관심을 가져야 한다는 결정이 내려졌다.

Project ARTS를 실시하는 초기에 3개 주의 운영진 대표 모두가 영재 판별 워크숍에 참석하였다. 워크숍의 목적은 각 지역별로 Project ARTS 프로그램에 참여시킬 능력이 뛰어난 시골 지역 학생을 판별하기 위하여 각 학교에게 적합한 영재 판별방법을 지역별로 개발하도록 독려하는 데 있었다. 각 지역과 참여 학교에 특별히 해당 지역 학생에게 필요하다고 생각되는 판별 과제나 방법이 있으면 요구하도록 하였다. 각 학교별로 판별방법을 공식적으로 확정할 때는 각 지역사회에서 미술 재능을 무엇으로 볼 것인지에 대하여 지역 위원회 위원들의 조언을 들었다.

현지에서 설계한 측정방법

비록 각 지역별로 판별도구를 개발하였지만 사용된 측정방법들은 학교나 주별로 별반 다르지 않은 것이 많았고, 영재 관련 문헌에서 일반적으로 흔히 권장할 것으로 예상되는 범주에 속하는 것이었다. 그러나 각 지역별로 몇 과제는 특정 지역 주민에게만 해당하는 현지 판별방법으로 특별히 설계되었다(〈표 6-1〉 참조).

인디애나 주의 판별 절차　인디애나 주에 있는 학교에서 사용한 판별방법에는 학생, 학부모, 교사 및 동료의 지명, 학생 포트폴리오, 과외 프로젝트, 이전의 미술 과목 점수, 학생을 관찰한 것, 성취도검사 점수, 문서화된 연구계획서를 비롯하여 자체적으로 마련한 10가지 측정방법들이 있다. 이러한 방법들은 가능한 한 포괄적이 되도록 설계하였고, 측정 결과는 개별 학생의 프로파일을 만들 수 있도록 한 학교에서 도표화하였다. 점수를 매기는 준거

표 6-1 인디애나 주(IN), 뉴멕시코 주(NM), 사우스캐롤라이나 주(SC)에서
사용된 현지 판별 절차*

	IN	NM	SC
자기 지명 방식	•	•	•
학부모 지명 방식	•	•	•
교사 지명 방식	•	•	•
동료 지명 방식	•	•	•
콜라주/디자인 작품 표본 과제			•
교사의 이야기를 듣고 그린 그림			•
찰흙으로 3차원 동물 만들기			•
학생용 태도 질문지			•
스케치북(하계용)		•	
기타 표준화된 학습과제	•		
지역 미술 전시회		•	
학생 포트폴리오	•	•	
과외 프로젝트	•		
학생 관찰(교실 및 현장 활동)	•		
이전의 미술 점수	•		
성취도검사 점수	•		•

주: *이 절차에는 Torrance 창의성 검사나 Clark 그림능력검사가 포함되지 않았다.

는 각 학교별로 마련하였고, 학생들의 점수는 각 척도별로 점수화하였다.

인디애나 주에 있는 어떤 학교는 독특하게도 박물관 현장 학습을 판별 절차로 사용하였다. 자원 봉사자, 학부모, 교사들은 박물관에서 학생들이 보인 행동과 반응을 미술 교사가 마련한 양식에 기록하였다. 이 학교에서는 동료 지명 양식에 따라 미술 재능을 나타내는 여러 진술문을 보고 각각에 해당하는 남녀 학생 이름을 모두 기록하도록 하였다. 이 시골 지역에서는 일찍부터 정해진 역할이 무엇인지 학습한다는 느낌을 주었다. 따라서 동료가 선택한 것 중에서 많은 것은 어쩌면 어느 한 성별의 학생들이 선택한 것일지도 모른다.

뉴멕시코 주의 판별 절차　뉴멕시코 주에 있는 학교에서는 현지에서 7가지 측정방법을 마련하였는데, 학생, 학부모, 교사, 동료의 지명, 하계용 스케

치북, 지역 미술 전시회, 학생 포트폴리오가 그것이다. 뉴멕시코 주에서 특별히 흥미로운 절차는 하계용 스케치북, 지역 미술 전시회, 지역 미술 교사의 지명을 이용한 것이다. 학년 말에 2개 학교의 3학년 학생 모두에게 하계용 스케치북을 나누어 주고, 거기에 그림과 그 밖의 내용을 그리게 한 후 다음 학년 초에 제출하도록 하였다. 스케치북을 제출한 인원의 비율은 낮았지만, 스케치북을 완성한 학생들은 관심과 열의가 높다는 것을 알 수 있었다.

뉴멕시코 주의 어떤 학교에서는 전 학생을 초대하여 지역 전시회에 미술 작품을 출품하도록 하였다. 이 전시회는 현지의 한 화랑에서 열렸고 현지의 성인 미술가가 독창성, 기교, 구성 등을 포함하여 일련의 보편적으로 인정되는 기준에 따라 작품을 심사하였다. 그 부락 학교에는 지역사회의 공무원이면서 Project ARTS의 미술 교사로 고용된 한 현지 미술가가 여러 해 동안 대부분의 학생들과 작품 활동을 같이 해 왔기 때문에 학생의 작품을 잘 알고 있었다. 이 교사가 참여할 학생을 많이 지명하였다.

사우스캐롤라이나 주의 판별 절차 사우스캐롤라이나 주에 있는 학교에서 사용한 방법은 학생, 학부모, 교사, 동료의 지명, 콜라주/디자인 작품 표본과제, 교사의 이야기를 듣고 그린 그림, 찰흙으로 만든 3차원 동물 작품 표본, 학생 태도 설문지, 성취도검사 점수였다. 결국 세 가지의 작품 표본과 준거가 독특한 현지 측정방법인데, 이것이 걸러(Gullah) 출신 학생들의 문화적 영향에 맞게 개발된 것이다. 이 지역의 미술가에게는 모양과 디자인이 중요한데, 그중 하나는 찢어진 종이 콜라주 디자인이다. 이야기하기는 걸러 문화에 뿌리 깊이 정착된 또 하나의 미술 형태다. 그래서 두 번째 절차는 모든 학생들에게 어떤 이야기를 미리 준비한 일련의 4개의 화판에다 그림을 그려서 묘사하게 하였다. 이것 역시 현지에서 개발한 기준에 따라 프로젝트 참여 학교의 미술 교사들이 심사하였다. 세 번째 절차는 모든 학생들에게 찰흙으로 동물 모양을 만들게 하는 것이었는데, 이 과제는 아이디어를 시험하고 3차원의 물체를 만들기 위해 종종 주조물을 이용하는 이 지역 학생들

예술·음악 영재학생

의 기술에 적합할 수 있기 때문이었다.

연구에 사용된 판별도구와 절차

그림 능력을 측정하는 데 사용할 수 있는 전국적으로 표준화된 검사가 거의 없고, 있다고 해도 오래되었으며, 표본이 부적절하고, 타당성이 낮으며, 점수 체계에 일관성이 없고, 완전하지 못하기 때문에 그 효용성이 의문스러웠다(Buros, 1972; Eisner, 1972). 대부분의 주에서 실시하는 미술 성취도검사들은 학생들에게 미술 작품을 만들거나 미술에 대한 질문에 답변하도록 요구하는 것으로 되어 있지 않다. 인쇄비와 채점 비용 때문에 검사는 그림이 없이 언어로만 된 선다형 문항으로 되어 있다(Hamblen, 1988; Sabol, 1994). 이러한 상황이기 때문에 표준어에 덜 익숙하고 미술 기법의 개발이나 표준화 검사 경험이 부족하다고 볼 수 있는 시골 지역에서 미술 영재를 판별하는 일에는 많은 문제가 따르지 않을 수 없다.

표준화 검사

Project ARTS에서는 Torrance 창의성 검사(TTC), Clark 그림능력검사(CDAT) 및 주 정부의 성취도검사를 비롯하여 많은 표준화된 판별방법들을 고려하였다. 이번 프로젝트에서는 이 세 가지 측정방법을 통해 얻은 점수를 비밀 유지에 대한 참여 학군들의 규정에 따라 단지 연구목적으로만 사용하였다. TTC, CDAT, 주 정부의 성취도검사에서 얻은 점수는 현지 판별방법에서 얻은 점수와 비교될 수 없기 때문에 암호로 처리하였다.

Torrance 창의성 검사 다양한 문화를 가진 거주민이 살고 있는 시골 지역 학교에서 능력이 우수한 학생을 판별하려는 이번 검사의 효용성을 명확히 평가하기 위하여 간편형 Torrance 창의성 검사를 실시하였다. TTC점

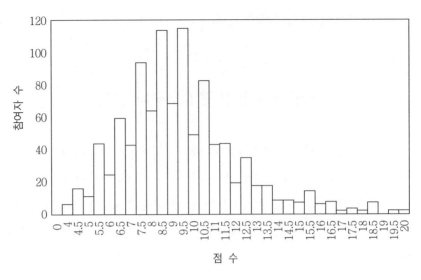

주: *SD* = 2.67, *M* = 9.32, *N* = 1,021

[그림 6-1] Torrance 창의성 검사점수의 분포도

수는 미국의 도시나 도시 근교 지역의 시각예술 프로그램에서 종종 사용되는 판별방법이다(Bachtel, 1988; Torrance, 1997). 조지아 대학의 Torrance 검사 제작진은 Project ARTS에서 사용한 이 간편형 TTC가 신뢰할 수 있는 창의성 지표라고 인정해 주었다. 이 간편형 검사는 세 가지 과제로 구성되어 있다. 첫째, 폐차시킨 자동차의 이례적 용도에 대하여 가능한 한 많이 기록하기, 둘째, (주어진 4개의 직사각형에) 그림을 그리고 각각의 그림에 제목 붙이기, 셋째, 한 페이지에 그려진 12개의 삼각형으로 얼마나 많은 사물을 만들 수 있는지 알아보기다. 이 TTC 결과는 유창성, 융통성, 정교성의 증거로 사용되었다. 피검자에게는 과제의 완성도에 따라 정량적 수치의 TTC 점수를 부여하였다. 모든 Torrance 검사는 인디애나 대학에서 훈련받은 Project ARTS 운영진이 등급을 매겼으며 그 결과는 [그림 6-1]에 요약되어 있다.

Clark 그림능력검사　많은 연구자들은 미술 재능이 비교적 안정적이고 정규 분포를 이루며, 개인이 계발할 수 있는 재능의 정도는 효과적으로 조절이 가능하지만 그것은 시각예술에만 국한된다고 믿고 있다. 즉, 학생은 누구나 재능이 있지만 일부 학생들은 재능을 조금만 계발시키고, 대부분의 학생은 보통 정도로 계발시키며, 나머지 일부 학생만 상당히 높은 수준까지 계발시킨다는 것이다(Clark, 1989). 이것을 알아보기 위해서는 작품 표본 기법을 사용하여 학생 간의 미술 능력에 공통적인 차이가 있다는 것을 증명해 줄 수 있는 어떤 도구가 필요하였다. 학생들의 실력을 비교하기 위해서는 모든 학생이 동일한 시간에, 동일한 재료와 지시에 따라 동일한 과제를 완성하도록 해야 한다. 동일 과제를 완성하게 하는 것은 미술 능력 발달을 분석하고 비교할 때 다양한 매체를 사용한 서로 다른 작품들을 조사하는 것보다 더 타당성 있는 근거를 제공한다.

어린이의 다양한 수준의 그림능력을 측정하는 CDAT의 개발은 전부터 미술 영재의 능력과 발달을 조사하고 알아보려 하였기 때문에 이루어진 것이다. 어린이의 그림능력과 디자인을 평가하는 과거의 연구나 검사 문항을 확인하는 것은, 검사도구로 학생의 작품을 분류하여 그림능력을 변별할 수 있고 미술 재능은 정규 분포를 이룬다는 가정을 확인할 수 있는 도구를 개발하려는 쪽으로 수년간 이루어졌다. 결국 CDAT는 신뢰할 만하고 타당한 것으로 판명되었으며 지금까지 미국과 다른 여러 국가의 학교에서 널리 사용되고 있다(Clark, 1992).

CDAT는 네 문항으로 구성되어 있는데 각 항목에 대하여 피검자는 다음과 같은 과제를 수행해야 한다. 첫째, 길 건너편에서 바라본다고 생각하고 흥미로운 집 그림을 그려 보기, 둘째, 매우 빠르게 달려가는 사람을 그려 보기, 셋째, 운동장에서 함께 놀고 있는 아이들을 그려 보기, 넷째, 상상력을 동원하여 환상적인 그림을 그려 보기다. 각 문항당 제한시간은 15분이었다. 이 문항이 나오기 전의 일부 문항이 어린이의 그림능력에 대한 초기 연구에 이용되었는데 각 문항에서 요구하고 있는 능력과 기술은 그 수준이 다르다(Clark, 1992). 첫째, 둘째, 셋째 문항은 사물을 구체적으로 그리게 하고, 넷째 문항은 정답이 없이 자유롭게 표현하게 한다.

CDAT를 사용한 과거 사례들이 피검자들의 나이, 성별, 학년, SES 인구통계 자료 및 성취도 점수와 관련하여 분석, 보고되었다(Clark & Wilson, 1991). 이 검사결과로 일반학교 집단에서는 능력이 우수한 학생을 포함하여 분명하게 학생의 능력 수준이 구분된다. 피검자를 많이 검사할수록 시각예술 재능의 한 척도인 그림능력이 학교 집단에서 정규 분포를 이룬다는 증거가 축적되어 왔다. Project ARTS에 참여한 모든 학교의 3학년 학생들에게 CDAT를 실시하였다. 그것은 이전에도 CDAT가 초등학교 학생들의 그림에 대한 차별적 능력 수준을 확인하는 데 성공적으로 사용되었기 때문이다.

주 정부의 표준화 성취도검사   Project ARTS에 참여한 학생들에게 TTC와 CDAT 이외에 각 지역의 검사 프로그램의 일환으로 표준화 성취도검사를 실시하였다. 이 검사는 각 주에만 있는 고유한 것이기 때문에 각 지역 간의 점수는 비교할 수 없다. 그러나 주 지역 내에 소재하는 학교끼리는 이 검사점수를 TTC와 CDAT 점수와 비교할 수 있다. 성취도검사로는 첫째, 인디애나 주에서는 인디애나 주 교육향상검사(ISTEP), 둘째, 뉴멕시코 주에서는 아이오와 기초기능검사(ITBS), 셋째, 사우스캐롤라이나 주에서는 스탠퍼드 성취도검사(SAT-8)를 각각 사용하였다. 이러한 검사는 각 학교의 모든 학생에게 실시하였으며 결과는 부호화하여 학교 기록 보관소에 보관해서 열람할 수 있도록 하였다.

결과 및 논의

1993~1994년 동안, 현지의 자체 측정방법을 이용하여 실험에 참여한 모든 학교는 Project ARTS에 참여할 시각예술과 공연예술에서 잠재력이 높은 학생 집단을 판별하였다. 중간 크기 집단으로 따져서 학교별 인원은 대략 30명이었다. 각 학교나 지역에서 측정한 실제 자료는 입수할 수 없었지만,

측정 결과는 Project ARTS 운영진들이 논의하였다. 미술 프로젝트에서 판별되고 현지 측정에서 좋은 성과를 나타낸 학생들에 대해서는 연속 2년 동안 Project ARTS 운영진들이 여러 차례 방문하여 관찰을 실시하였다. 프로젝트가 끝난 후 이 프로젝트에 참여한 학생이 얼마나 발전하고 성취가 좋아졌는지를 평가한 결과, 프로그램에 선발된 대부분의 학생들은 미술에 대한 기술과 이해가 향상되었고, 지역사회 미술에 대한 인식과 평가가 나아졌다는 증거가 확인되었다.

현지에서 개발한 판별방법

일반적으로 현지에서 개발한 판별 프로그램들은 성공할 것으로 기대되었는데, 그 이유는 이 방법이 지역 문화와 지역 학생의 특성에 부합하며, 지역 자체에서 개발한 절차와 준거를 사용하고, 적합한 시각예술 기술을 포함하고 있으며, 다양한 정보와 측정치를 사용하였기 때문이다. 여기에다 현지에서 개발한 판별방법은 지역사회의 장점과 필요한 점에 대하여 학부모, 지역 인사, 미술가, 행정가, 자문가의 의견을 반영하여 시골 학교 자체의 교사들이 설계하였다. 이번 연구에서 얻은 다양한 배경을 지닌 시골 지역의 시각예술 영재학생 판별에 대한 일반성은 다른 지역사회에서 시각예술에 유사한 흥미가 있거나, 잠재능력이 있거나, 능력이 우수한 다양한 학생들을 위한 프로그램을 개발할 수 있는 연구의 기반을 구축하는 데 도움이 될 것으로 예상되었다.

Project ARTS에 참여한 학교는 시골 지역의 미술 영재를 판별할 때 권장사항을 반영한 수많은 현지 판별 프로그램을 개발하였다. Project ARTS 운영진이 실시한 면접에서 일부 교사들은 일부 과제(비록 이 과제들이 현지에서 설계되고 시행되었지만)를 사용하는 것에 우려를 표명하였고, 학생이 과거에 수행한 것을 보면 학생들의 능력을 알 수 있다는 것을 믿는다고 하였다. 달리 말하면 비록 교사들이 현지에 맞는 독특한 측정방법을 개발하려고 시도

하고 결국 완성하였지만, 일부 교사들은 어떻게 평가하여야 하는지 확신하지 못하였고, 자신들의 평가 능력이 타당한지에 대해서도 믿음이 부족하였으며, 때로는 선발 장치로서 이 결과들을 사용하는 것을 거부하기도 하였다. 그러나 대다수 교사들은 현지 측정방법이 시골 학교의 미술 영재를 판별하는 데 적합하다고 생각하였다. 운영진들의 관찰과 교사들의 추천에 따르면, 가장 성공적인 판별방법은 작품 표본, 지역 전시회, 교사의 관찰, 자기지명 방법이었다. 현재 Project ARTS에 참여하였던 많은 학교들은 시각예술 능력이 높은 학생들을 판별하기 위하여 현지에서 개발된 도구와 경험의 일부를 계속해서 사용하고 있다.

표준화 검사의 연구결과

성취도검사 점수의 결과를 평가하기 위해 분산분석(ANOVA)을 하였지만, 그 결과는 주마다 서로 다른 검사를 사용하였기 때문에 해당 주에만 특별히 보고하였다. TTC와 CDAT 점수를 피검자들의 성별로 비교하였고, 그 결과를 주 정부에 보고하였다. 평가자 간 상관계수, 표준편차, 점수 범위의 수용수준은 Anastasi(1998), Linn과 Gronlund(1995)를 참조해 결정하였다.

TTC와 CDAT 점수   Project ARTS에 참여한 7개 학교 1,021명의 3학년 전체 학생에게 간편형 Torrance 창의성 검사(TTC)를 실시하였다. 인디애나 대학에서 온 세 명의 훈련받은 평가자들이 채점하였고, 평가자 간 피어슨 적률 상관계수는 .86이었다. TTC 평균점수는 9.32, 표준편차는 2.67, 범위는 0~20점이었다. TTC 점수는 이번 측정방법이 정의한 다양한 범주의 창의적 행동들을 나타냈다. 비록 왼쪽으로 다소 편향된 분포를 나타냈지만(경제적으로 어려운 가정의 아이들이 다니고 미술 자원을 접하기 어려운 환경의 학교일 때 예상되듯이) 비교적 정규 분포를 이뤘다. [그림 6-1]에서 보듯이 일부 학생의 점수는 범위의 아래 점수에 속하였지만 대부분은 중간 정도였으며 범위를 넘는 학생도 있었다.

예술·음악 영재학생

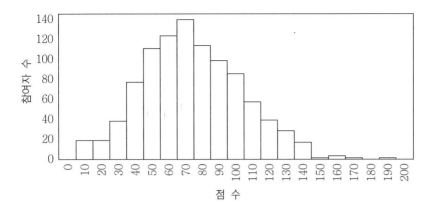

[그림 6-2] Clark 그림능력검사 점수의 분포도

주: *SD* = 29.96, *M* = 73.2, *N* = 946

Project ARTS에 참여한 7개 학교 946명의 3학년 학생에게 Clark 그림능력검사(CDAT)를 실시하였다. CDAT는 인디애나 대학에서 온 세 명의 훈련 받은 평가자들이 채점하였고 평가자 간 피어슨 적률 상관계수는 .85였다. CDAT의 평균점수는 73.2이고, 표준편차는 29.96이었다. 각 문항의 점수 범위는 0~200이었다. CDAT의 점수 분포에서 일부 학생은 능력 수준이 낮고, 대다수의 학생은 능력 수준이 중간 정도이고, 일부 학생은 능력 수준이 아주 높은 것으로 나타나 미술 능력의 다양한 차이를 드러냈다(그림 6-2] 참조).

TTC와 CDAT 과제들은 기대하는 것, 검사 방법, 결과, 완성물 및 채점 기준이 서로 다르다. 그럼에도 불구하고 두 검사 간의 상관은 매우 유의미한 것으로 나타났다. 일반화 가능도 계수는 .221이었다(*p* = .0001). 이러한 결과는 두 검사를 수행하는 데 지능이나 문제해결 기술 또는 다른 능력과 같은 요인 중에서 하나 혹은 그 이상의 영향을 비슷하게 받는다는 것을 의미한다.

TTC와 CDAT의 점수는 소외된 시골 지역 학교의 전체 학생을 평가할 때 예상할 수 있듯이 모두 왼쪽으로 편향된 분포를 나타낸다. 어떤 과제와 관련된 개념이나 활동, 경험이 부족한 학생들은 표준 이하의 수행 수준을 나타낼 것이라고 예상해야만 하는데, 이 표준들은 자신들의 학교나 지역사회에서 다양한 미술 자원을 접할 경험이 있는 도시나 도시 근교 지역 주민들에서만 종종 형성되는 것이기 때문이다.

TTC와 CDAT에서는 각각 종류가 다른 능력을 측정한다. TTC는 창의성 개념과 공통적으로 관련된 유창성, 융통성, 정교성을 측정하고, 언어적 반응과 시각적 반응 모두를 근거로 평가한다. TTC는 과거의 경험과 기술의 영향을 비교적 받지 않는 선천적으로 타고난 능력을 측정한다. CDAT는 그림 과제에 그리기 반응을 하도록 한 것에서 알 수 있듯이, 문제해결 기술과 서로 다른 그림능력을 측정하지만 과거의 경험이나 이전에 학습한 기술 및 기법이 점수에 민감하게 반영된다. 따라서 CDAT 점수는 연령과 교육을 받은 정도에 따라 일반적으로 상승하지만, TTC 점수는 시간에 관계없이 비교적 안정적으로 유지된다.

TTC, CDAT, 성취도검사 점수   이번 연구에서 얻은 중요한 사실 하나는 각 학교 3학년 학생들의 TTC, CDAT, 성취도검사 점수 간에 정적 상관이 있다는 것을 확인하였다는 점이다. 비록 이 상관관계가 잘 사는 도시 인근 지역만큼 높지 않을 수도 있지만, Clark와 Zimmerman(1998), 그리고 과거(예, Hollingworth, 1926) 또는 좀 더 최근(예, Pegnato & Birch, 1959; Yochim, 1967)의 다른 연구자들은 종종 시각예술 및 공연예술 능력과 지능 간에 정적 상관이 있을 것이라고 줄곧 생각해 왔다. 이번 연구를 통해 다시 이러한 흥미로운 생각을 확인하게 되었다. Project ARTS에 참여한 3개 주의 학교는 학생 성취도를 측정할 때 서로 다른 표준화 검사를 사용하였다. CDAT와 TTC에서 점수가 높은 3학년 학생들은 현지 표준화 성취도검사에서도 각각 높은 점수를 받았다. 달리 표현하면 창의성과 그림능력에서 높은 점수를 받은 학생들은 3개 주에 있는 학교 학생 모두 언어, 수학, 독해 검사에서도 높은 점수를 받았다. 3개 주 모두에서 이와 같이 일관된 결과를 얻은 것은 시각예술에서 높은 수행을 보이는 학생이 일반 분야에서도 높은 수행을 보인다는 것을 확신시켜 주었다(〈표 6-2〉 참조).

예술 · 음악 영재학생

표 6-2 미술, 창의성, 지역 성취도검사 점수 간의 상관관계

	TTC	언어	수학	독해
인디애나 주				
CDAT	.3559* (105) $p=.000$	.2325* (104) $p=.018$	.2602* (104) $p=.008$	.3202* (104) $p=.001$
TTC		.2917* (99) $p=.003$	.4165* (99) $p=.000$	.3083* (99) $p=.002$
언어			.7142* (105) $p=.000$	.7026* (105) $p=.000$
수학				.5928* (105) $p=.000$
뉴멕시코 주				
CDAT	.1238* (308) $p=.030$	.2971* (295) $p=*.000$	.2327* (303) $p=.000$	.2295* (304) $p=.000$
TTC		.1963* (293) $p=.001$	.1181* (303) $p=.040$	.1413* (303) $p=.014$
언어			.7369* (319) $p=.000$	.7462* (319) $p=.000$
수학				.7016* (328) $p=.000$
사우스캐롤라이나 주				
CDAT	.3259* (366) $p=.000$	.3244* (464) $p=.000$	.3239* (464) $p=.000$	.3198* (464) $p=.000$
TTC		.2642* (403) $p=.000$	.1677* (403) $p=.001$	.2539* (403) $p=.000$
언어			.6771* (523) $p=.000$	.7524* (523) $p=.000$
수학				.6638* (523) $p=.000$

주: * = 〈 .05 유의미한 수준

TTC, CDAT, 성취도검사의 성별 차이   이번 연구를 통해 확인한 또 다른 중요 사실은 시골 학교 학생들을 대상으로 TTC, CDAT, 성취도검사의 하위검사를 실시한 결과, 언어, 수학, 독해에 대한 남녀 간의 점수가 비교적 동등하다는 점이다(〈표 6-3〉, 〈표 6-4〉 참조). 일반적으로 초등학교에서는 여학생이 남학생보다 성취도 점수나 일반적 학교 성적이 더 우수하리라고 예상한다. 그러나 아직 이러한 것을 확인할 증거는 밝혀지지 않고 있다. 여학생이 남학생보다 우수할 것이라는 예상이 도시나 도시 근교 학교의 학생을 대상으로 측정한 결과에 근거한 것인지는 의문스럽지만, 남녀 학생에게 학문에 대한 기대와 의무가 비교적 동등한 시골 학교에서는 이러한 차이가 입증되지는 않았다. Project ARTS에 참여한 학교의 남녀 학생 간에는 TTC, CDAT, 성취도검사 점수에 차이가 있다는 것이 입증되지 않았다. 위에서 언급한 검사나 과제에서 남녀 학생 간에 실질적으로 차이가 없을 가능성이 있

표 6-3 성별 성취도 평균점수의 분산분석

성별 언어 평균점수의 분산분석

검사 종류	F	df	확 률
ISTEP(IN)	.9787	1.73	.5229
ITBS(CNM)	.0090	1.328	.9244
SAT-8(SC)	2.3532	1.513	.1256

성별 수학 평균점수의 분산분석

검사 종류	F	df	확 률
ISTEP(IN)	.6137	1.513	.4338
ITBS(NM)	1.6773	1.327	.1962
SAT-8(SC)	1.4874	1.104	.2254

성별 독해 평균점수의 분산분석

검사 종류	F	df	확 률
ISTEP(IN)	.5229	1.73	.5229
ITBS(NM)	.0090	1.328	.9244
SAT-8(SC)	.1256	1.513	.1256

예술 · 음악 영재학생

표 6-4 성별 TTC 및 CDAT 평균점수의 분산분석

성별 TTC 평균점수의 분산분석

검사 종류	F	df	확률
TTC(IN)	.2845	1.187	.5944
TTC(NM)	2.6185	1.342	.1065
TTC(SC)	.8813	1.476	.3483

성별 CDAT 평균점수의 분산분석

검사 종류	F	df	확률
CDAT(IN)	1.8666	1.198	.1734
CDAT(NM)	2.2477	1.336	.1348
CDAT(SC)	13.4672	1.407	.0003

다는 것은 Project ARTS에 참여한 일부 시골 지역의 가치와는 배치된다. 인디애나 주의 한 여교사가 당초에 사용하기로 한 동료 지명 양식을 사용하지 않고 자신의 학교에서 남녀별로 따로 만든 양식에 남녀 이름을 각각 쓰도록 한 것이 그 예다. 이 여교사는 성 역할이 지역사회에서 조기에 형성되고 이것이 교실에 분명하게 반영된다는 것을 염려하였다. 이 여교사가 자신이 맡고 있는 모든 학생에게 똑같은 성과를 기대하였다 할지라도 이전에 이루어진 집단 선정이나 지명 절차에서는 거의 언제나 같은 성으로만 집단이 구성되었다고 하였다.

마찬가지로, Torrance 창의성 검사와 Clark 그림능력검사 점수도 남녀 학생 간에 유의미한 차이가 없었다. 이러한 조사결과는 대부분의 표준화된 검사에서 여학생이 남학생보다 점수가 높았던 사우스캐롤라이나 주의 1개 학교를 제외하고는 모든 학교가 같았다. 하위 집단의 인원수가 비교적 적었다는 점을 고려할 때 이 유일한 예외는 표집오차 때문일지도 모른다. 다른 한편으로, 이 결과는 가족이나 다른 사회 조직에서 여자가 주도적 역할을 하는 걸러(Gullah) 문화의 모계 특성과 일치한다.

TTC, CDAT, 성취도검사의 연령차 흥미롭게도 3학년 학생의 CDAT와

표 6-5	나이(생월)에 따른 TTC 및 CDAT 점수의 회귀분석			
구 분	df	자승화 평균	자승화	F
TC				
회귀	1	406.7822	406.7822	.45116
오차	901	812368.9309	901.6303	
CDAT				
회귀	1	79.0270	79.0270	.3346
오차	1016	7171.98767	7.0590	

TTC 점수는 연령에 따라 차이가 별로 나지 않았다. Torrance 창의성 검사와 Clark 그림능력검사 역시 피검자의 연령과 유의미한 상관이 없었다(〈표 6-5〉 참조). 이러한 결과로 미루어 볼 때 이 검사는 연령 차이에 민감하지 않다는 것을 의미한다. 그러나 TTC와 CDAT 점수는 연령을 1년 단위로 구분하여 전 학년 간을 비교하면 차이가 난다.

결론 및 제언

Project ARTS에서 개발 중인 영재 판별 절차를 도입한다는 것은 미술 영재를 전국의 거의 모든 학교에서 발견할 수 있다는 것을 의미한다. 시골 지역의 미술 영재를 판별할 때는 일반적 상황에 적용하는 규칙을 유연하게 바꾸어 현지 교사와 공동으로 판별하여야 하고, 지역사회 인사들의 참여가 있어야 하며, 능력이 뛰어난 학생을 판별할 측정도구가 필요할지도 모른다(Fredette, 1993; Smutny, 1997). Project ARTS에서는 이러한 측정이 종종 전통적 도구나 절차가 아닌 것으로 이루어졌다. 다행히 본 연구에서는 인디애나 주, 뉴멕시코 주, 사우스캐롤라이나 주의 교사를 지원할 수 있는 영재 판별 문제에 정통한 운영진이 충분히 있었다. 판별되지 않아야 할 학생도 일부 이 프로그램들에 참여하였을지 모르지만, 영재 판별 절차를 공개하였기 때문에 잠재력이 높거나 능력이 뛰어난 많은 학생들이 그간 결코 경험하지 못할 수도 있는 기회를 부여받은 것이다. 비정형적 측정방법을 사용함으로써 표준화가 부족하였는데, 그것은 현지에서 설계되고 현지 거주민 이외는 검사 대상으로 하지 않았기 때문이다. 이렇게 현지에서 개발한 절차 가운데에는 다른 지역에서 개발한 것과 함께 사용하면 적합한 것이 많다는 것이 입증되었다. 가장 어려웠던 단계는 교사들이 학생들의 잠재 가능성이나 능력을 존중하고 영재학생을 인식할 수 있는 능력을 갖추고 있다는 것을 믿도록 하는 것이었다.

TTC, CDAT, 성취도검사 점수로 보고된 자료는 인종이 다양하고, 소외되고, 경제적으로 낙후된 시골 지역의 미술 영재학생을 판별할 수 있다는 것을 시사해 준다. 비록 본 연구에서 사용한 TTC가 수정된 도구이고 학교용 검사로는 적합하지 않은 판별절차일 수도 있지만, CDAT는 이번 연구에서 사용된 TTC와 높은 상관관계를 나타냈다. 따라서 본 연구에서는 시각예술에 잠재력이 높거나 능력이 뛰어난 학생을 판별하는 도구로서 CDAT를 사용해 볼 것을 권장한다. CDAT를 판별도구로 사용한다면 같은 학년이지만 나이가 다른 남녀 학생을 성별이나 나이에 관계없이 CDAT 점수에 따라 심화 프로그램에 참여할 학생을 선발할 수 있다. 예술 과목은 일반 학과목 공부에서는 성취할 기회가 없는 학생에게 성취 기회를 제공해 줄 수 있다고 주장하는 초등학교 교사들이 많다는 사실에 주목해야 한다. 다른 한편으로, 이 연구 자료에서는 진정으로 시각예술에서 성취도가 높은 학생이 일반적으로 다른 학과목에서도 성취도가 높다는 사실을 보여 주고 있다.

본 연구에서는 또한 Project ARTS를 실시한 대상과 유사한 집단을 대상으로 한 프로그램들에서 다양한 종류의 많은 측정방법들(여러 가지 현지 측정법, CDAT 및 성취도검사 점수)을 사용해 볼 것을 권장한다. 앞으로 영재 판별절차에 대하여 Project ARTS에서 권장한 사항들이 연구대상이 다른 상황에서도 적용 가능한지의 여부를 알아보기 위해 더 많은 연구가 이루어져야 할 것이다. 이번 프로젝트에서 사용한 판별 절차의 결과를 볼 때, 배경이 다양한 시각예술 영재학생의 판별 절차에 대한 일반성이 다른 지역사회에서 시각예술에 흥미가 있거나, 잠재 가능성이 있거나, 능력이 우수한 다양한 영재학생을 위한 프로그램을 개발할 수 있는 연구 기반을 형성하길 희망한다.

참고문헌

Anastasi, A. (1988). *Psychological testing* (6th ed.). New York: Macmillan.

Bachtel, A. E. (1988). *A study of current selection and identification processes and schooling for K-12 artistcally gifted and talented students* (Doctoral Dissertation, University of Southern California). Dissertation Abstracts International, 49, 12A-3597.

Baldwin, A. (1984). *The Baldwin Identification Matrix 2 for Identification of Gifted and Talented.* New York: Trillium Press.

Bolster, S. J. (1990, March). *Collaboration on curriculum.* Paper presented at the Rural Education Symposium of the American Council on Rural Special Education and the National Rural and Small Schools Consortium, Tucson, AZ.

Brooks, P. R. (1997). Targeting potentially talented and gifted minority students for academic advancement. In J. F. Smutny (Ed.), *The young gifted child* (pp. 133-146). Cresskill, NJ: Hamptom.

Buros, O. (Ed.). (1972). *The seventh mental measurements yearbook.* Highland Park, NJ: The Gryphon Press.

Clark, G. (1989). Screening and identifying students talented in the visual arts: Clark's Drawing Abilities Test. *Gifted Child Quarterly, 33*(3), 98-105.

Clark, G. (1992). Using history to design current research: The background of Clark's Drawing Abilities Test. In P. Amburgy, D. Soucy, M. Stankiewicz, B. Wilson, & M. Wilson (Eds.), *The history of art education: Proceedings from the second Penn State conference*, 1989 (pp. 191-199). Reston, VA: National Art Education Association (NAEA).

Clark, G. (1993). Judging children's drawings as measures of art abilities.

Studies in Art Education, 34, 72-81.

Clark, G., & Wilson, T. (1991). Screening and identifying gifted/talented students in the visual arts with Clark's Drawing Abilities Test. *Roeper Review, 13,* 92-97.

Clark, G., & Zimmerman, E. (1992). *Issues and practices related to identification of gifted and talented students in the visual arts.* (Research Monograph No. 9202). Storrs, CT: The National Research Center on the Gifted and Talented.

Clark, G., & Zimmerman, E. (1994). *Programming opportunities for students talented in the visual arts.* (Research Monograph No. RBDM 9402). Storrs, CT: The National Research Center on the Gifted and Talented.

Clark, G., & Zimmerman, E. (1998). Nurturing the arts in programs for gifted and talented students. *Phi Delta Kappan, 79,* 747-756.

Eisner, E. W. (1972). *Educating artistic vision.* New York: Macmillan.

Elam, A. H., Goodwin, N., & Doughty, R. (1988). *Guidelines for the identification of artistically gifted and talented students* (Revised). Columbia, SC: South Carolina State Department of Education. (ERIC Document Reproduction Service No. ED 306761).

Fredette, B. (1993). *Issues in identifying visually gifted young children.* (ERIC Document Reproduction Service, No. ED370568).

Freeman, J. (1991). *Gifted children growing up.* London: Cassell.

Hamblen, K. (1988). If it will be tested, it will be taught. A rationale worthy of examination. *Art Education, 41*(5), 59-62.

Hollingworth, L. S. (1926). *Gifted children: Their nature and nurture.* New York: Macmillan.

Keirouz, K. S. (1990). *The Indiana guide on identification of gifted/talented students.* Indianapolis, IN: Indiana Department of Education.

Leonhard, C. (1991). *The status of arts education in American public schools: Report on a survey conducted by the National Arts Education Research Center at the University of Illinois.* Urbana-Champaign, IL: Council for Research in Music Education, University of Illinois.

Linn, L. L., & Gronlund, N. E. (1995). *Measurement and assessment in teaching* (7th ed.). Englewood Cliffs, NJ: Merrill.

Nachtigal, P. N. (1992). Rural schools: Obsolete ··· or harbinger of the future? *Educational Horizons, 70*, 66-70.

Pegnato, C. W., & Birch, J. (1959). Locating gifted children in junior high schools: A comparison of methods. *Exceptional Children, 25*, 300-304.

Sabol, F. R. (1994). *A critical examination of visual arts achievement tests from state departments of education in the United States.* Unpublished doctoral dissertation, Indiana University, Bloomington, IN.

Smutny, J. F. (1997). Special opportunities: Challenges and opportunities. In J. F. Smutny (Ed.), *The young gifted child* (pp. 91-94). Cresskill, NJ: Hampton.

Spicker, H. H., Southern, W. T., & Davis, B. I. (1987). The rural gifted child. *Gifted Child Quarterly, 31*, 155-157.

Swassing, R. H. (1985). *Teaching gifted children and adolescents.* Columbus, OH: Merrill.

Torrance, E. P. (1997). Talent among children who are economically disadvantaged or culturally different. In J. F. Smutny (Ed.), *The gifted young child* (pp. 95-118). Cresskill, NJ: Hampton.

VanTassel-Baska, J. (1988). *Comprehensive currriculum for gifted learners.* Denver, CO: Love.

VanTassel-Baska, J. (Ed.). (1988). *Excellence in educating gifted and talented learners* (3rd ed.). Denver, CO: Love.

Yochim, L. D. (1967). *Perceptual growth in creativity.* Scranton, PA: International Textbook.

Zimmerman, E. (1992). Assessing students' progress and achievements in art. *Art Education, 45*(6), 34-38.

Zimmerman, E. (1994). How should students' progress and achievements be assessed? A case for assessment that is responsive to diverse students' needs. *Visual Arts Research, 20*(1), 29-35.

07

자신, 가정환경, 학교에 대한 견해: 미술 영재와의 면접[1)]

Gilbert A. Clark, Enid Zimmerman(Indiana University)

이 연구에서는 인디애나 대학교 하계 미술 연구소(IU Summer Arts Institute)에 다니는 학생 중 13~17세에 속하는 20명을 대상으로 초기 미술적 재능, 성인과 동료의 격려, 가족 내에서의 위치, 장래 희망, 그림에 대한 흥미, 생활환경, 미술가에 대한 친숙도, 학교 공부 및 미술능력에 대한 그들 자신의 인식을 보다 깊이 알기 위하여 면접을 실시하였다. 이 면접 결과를 Getzels와 Csikszentmihalyi의 연구, Bloom의 연구, Chetelat의 연구, Taylor의 연구, Guskin, Zimmerman, Okolo 및 Peng의 연구결과와 비교해 보았다. 이러한 선행 연구결과와 비교해 본 결과, 유사점과 차이점이 있었다.

시각예술에 재능이 있는 학생들의 특성에 대한 정보를 구할 수는 있지만, 이러한 연구결과들은 자료를 수집한 시기, 연구방법, 연구문제의 초점이 달라서 혼란스럽다. 연구자들은 미술 영재학생에 대하여 과거에 이루어진 연구 간에 불일치하거나 모순이 있는 문제를 해결하기 위해 학업 영재학생을 연구대상으로 하는 단체에 필적할 만한 연구 단체를 구성할 필요가 있다

[1) 편저자 주: Clark, G. A., & Zimmerman, E. (1998). Views of self, family background, and school: Interviews with artistically talented students. *Gifted Child Quarterly, 32*(4), 340-346. © 1988 National Association for Gifted Children. 필자 승인 후 재인쇄.]

(Clark & Zimmerman, 1984).

심리학 및 미술 교육 분야의 연구자들이 학생 미술가나 경력이 짧은 미술가를 대상으로 이들의 회고담을 듣기 위하여 면접을 해 왔다. Getzels와 Csikszentmihalyi(1976)는 청년 미술가들이 미술 대학 학생이었을 때와 졸업한 후에 각각 면접을 실시하였다. 이 연구에서 보고된 과거의 일에 대한 회고적 설명은 시간적으로 실제 사건들과 더 가까웠기 때문에, 대부분의 전기에서 설명하는 것보다는 왜곡이 덜할 것이라고 연구자들은 주장하였다. 이 면접에서 Getzels와 Csikszentmihalyi는 사회화 양태가 예술로 구축되기를 희망하였고, 개인이 어떻게 하여 미술가가 되고 창의적 문제발견자가 되는지에 대한 의문을 해결하고자 희망하였다. Bloom(1985)과 동료들은 당사자, 형제자매, 부모들과의 면접을 통하여 이들이 35세 이전에 자신의 분야에서 높은 수준의 성취를 이룬 과정을 조사하였다. 면접대상자로는 과학, 수학, 스포츠에서 두각을 나타낸 사람들뿐만 아니라 두 종류의 예술가, 즉 피아니스트와 조각가도 포함시켰다. 이 연구자들은 젊은이의 재능 발달에 대하여 필요한 정보를 이미 특정 분야에서 높은 경지에 이른 사람들의 회고를 통해서 확보할 수 있다는 느낌을 받았다.

어떤 연구자들은 어린이 미술 영재학생을 대상으로 면접을 하여 이들의 생각과 생활 상황에 대한 정보를 구하였다. Chetelat(1982)는 11~14세의 미술 영재들 6명을 면접하여 그들의 특성이나 생활 환경, 학습 환경이 자서전에 나오는 6명의 유명한 예술가의 유년기 경험과 어떻게 다르고 유사한지를 알아보려고 하였다. Guskin, Zimmerman, Okolo 및 Peng(1986)은 면접과 자유 응답식 설문을 이용하여 영재가 자신의 재능을 어떻게 보고 자신의 재능을 어떻게 해석하는지를 알아보기 위하여 9~15세의 미술 영재와 학업 영재학생을 연구하였다. Taylor(1986)는 성인을 대상으로 한 Hargreaves(1982)의 연구를 좀 더 확대해서 14~18세의 영국의 예술 영재학생을 면접하여 어떻게 그들이 하나 이상의 예술 형태에 전념하게 되었는지, 어떻게 예술 대상을 찾고 공감하게 되었는지를 알아보았다.

예술·음악 영재학생

연구문제

최근 심리학이나 미술 교육 분야의 연구자들이 영재학생들의 인식과 생활 상황을 연구하기 위하여 면접법을 사용함에 따라 다양한 상황에 있는 미술 영재들에게 적용할 수 있는 여러 연구문제들이 제시되었다. 면접에서 사용한 질문은 초기 영재성, 성인과 동료의 격려, 가족 내에서 차지하는 위치, 장래 희망, 독서와 책에 대한 초기 흥미, 그림에 대한 초기 흥미, 생활 환경, 미술가와의 접촉, 학교공부, 미술 능력에 대한 생각 등과 관련된 주제로 분류할 수 있다. 본 연구에서 이렇게 분류한 것은 앞에서 인용한 문헌에 등장하는 미술 영재의 특성에 대하여 보다 많은 정보를 얻기 위한 노력의 일환이다. 비록 Bloom(1985)의 연구에 훌륭한 전문가들이 참여하였고 Getzels와 Csikszentmihalyi의 연구에서는 대학생을 대상으로 연구하였지만, 이러한 조사대상의 회상은 본 연구의 대상자와 비교해 볼 때 아마도 기억의 종류는 다르지 않더라도 기억의 강도와 정도는 다를 것이라고 본다. 이러한 생각에 대해서는 후속 연구들에서 더 탐색될 것이다.

이번 예비 조사의 결과는 이용 가능한 지식을 확대하고 궁극적으로 미술

연구의 활용도

미술 영재학생들의 특성과 능력에 대하여 알려진 것 중에는 잘못된 것이 많다. 이러한 것 중에는 미술 영재를 판별하고, 교육하고, 서비스를 제공하는 것과 관련된 문제가 깔려 있다. 특히 흥미를 끄는 것은 이번 연구에서 면접대상자들이 자신, 가족 배경, 교육에 대하여 갖는 견해다. 보고된 형태의 연구에 따르면, 미술 영재를 학교 내의 특정 집단으로 이해하는 구조 생성이 가능하다. 미술 영재와 함께 일하는 교사, 상담자, 그 밖의 사람들은 영재 집단의 교육적, 정서적, 사회적 요구를 가장 잘 충족시켜 줄 수 있는 프로그램을 창안하기 위하여 이 영재 집단이 다른 사람들과 어떻게 다른지를 인식하고 이해할 필요가 있다.

영재를 특정 모집단으로 이해하려는 구조를 생성시킬 수도 있는 장래 연구의 기반을 구축하기 위하여 본 연구에서 인용한 모든 연구자들이 발견한 것과 비교해 볼 것이다. 미술 영재학생과 함께 일하는 교사와 관계자들은 이들을 판별하고, 서비스를 제공하며, 이들의 교육적 요구를 가장 잘 충족시키기 위하여 이 집단이 다른 학생들과 어떻게 다른지를 이해하여야 한다.

연구방법

연구대상자

본 연구는 시각예술에 재능이 있는 학생들을 위한 2주간의 합숙 프로그램을 실시하고 있는 인디애나 대학교 하계 미술 연구소에서 이루어졌다. 연구대상자는 1986년과 1987년에 각각 연구소 프로그램에 등록한 20명의 학생이다. 이 학생들은 이 연구소 운영진이 개발한 기준에 따라 학교 미술교사나 다른 교직원들로부터 미술 재능이 있다고 추천받은 학생들이다. 이 학생들은 다음 가을 학기가 되면 7~11학년이 되며 평균 학년은 9.9학년이었다. 나이 분포는 13~17세이고 평균 나이는 14년 9개월이다. 1986년에는 62명의 학생 가운데 11명(18%), 1987년에는 50명의 학생 가운데 9명(18%)을 면접하였다. 면접한 20명 중에서 여학생은 12명(60%)이고, 남학생은 8명(40%)이다. 1986년과 1987년에 전체 참가자의 남녀 비율은 각각 약 50%였다.

두 해에 걸쳐 이 프로그램에 참가하였던 학생들은 인디애나 주 출신이 가장 많았고, 5명은 다른 주, 3명은 외국, 7명은 외국 출생이지만 미국에 거주한 지 3년이 채 안 된 학생이었다. 면접한 학생 가운데 8명은 외국 출신이거나 외국에서 출생하여 미국에 산 지가 3년이 안 되는 학생이었다. 이러한 학생들이 전체 모집단 112명 중에서 9%를 차지하였다. 이 학생들의 출생 국가는 브라질, 한국, 말레이시아, 뉴질랜드, 싱가포르, 스페인, 타이완, 베트남이었다. 1986년과 1987년에 이 프로그램에 각각 참여하였던 학생 가운데약 1/3은 어떤 형태로든 재정 지원을 받았다. 면접을 한 학생들 역시 약 1/3은 재정 지원을 받았다.

거주지

면접을 한 12명의 미국 출신 학생 가운데 8명은 인구가 5만 명 미만의 도시 출신이었고, 2명은 5만 명 이상 10만 명 미만의 도시 출신이었으며, 2명은 10만 명 이상의 대도시 출신이었다. 외국 출신의 학생들은 그들 국가의수도나 다른 대도시 출신이었다.

대상자 부모의 직업

면접한 20명의 학생은 35명의 부모에 대하여 보고하였다. 신청서에 나타나 있듯이 대상자의 부모들은 다음의 미국 인구센서스(1987)에 나오는 직업범주에 속하는 직업을 가지고 있었다(범주별 부모의 인원이 괄호 안에 표시되어 있다.).경영, 행정, 관리(3), 전문직(7), 판매(5), 행정 지원 업무(4), 정밀 제품, 특수 기술, 수리(2), 기능, 제조, 노동(2), 서비스(2)다. 10명의 부모들이보고한 직업은 미국 인구센서스에 나오는 직업 범주에 없었는데 주부(7), 학생(2), 퇴직자(1)였다.

부모의 직업은 1987년 미국 인구센서스에 보고된 전 직업 범주에 걸쳐광범위하게 분포되어 있다. 어머니의 직업도 종류가 많아 아버지의 직업 분포처럼 전 직업 범주에 걸쳐 있었다. 인구센서스 직업 목록에 없는 직업을가진 10명 중 7명(20%)은 주부였다. 그러나 어머니 가운데 7명(20%)은 경영, 전문직 및 판매직에 종사하고 있었다.

형제 관계

면접한 학생의 형제자매의 인원은 1~14명으로 분포되어 있으며 평균 인원은 6.92명이었다. 3명만이 형제수가 각각 7명, 11명 혹은 14명이기 때문에 이 수치는 다소 편향된 것이라고 볼 수 있다. 대부분의 학생(14명)은 1~3명의 형제자매가 있는 가정 출신이었다. 한 명만 외동이었고 주로 맏이거나 막내였다(80%).

자료 수집

Brenner, Brown 및 Canter(1985)에 따르면, 면접법의 장점은 면접을 하는 사람과 받는 사람 모두 질문의 의미를 탐색해 볼 수 있고 즉석에서 대답할 수 있다는 것에 있다. 비록 자료 분석은 물론 수집한 자료의 신뢰도와 타당도에 의문이 가지만, Brenner(1985)의 주장에 따르면 면접법에서는 자료 수집이나 분석을 할 때 왜곡할 필요가 없고 면접받는 사람이 적절하고 정직하게 응답을 할 수 있도록 두 사람 간의 상호작용을 지원할 수 있다는 것이다. Brenner가 제시하였듯이 이번 연구에서 문제점 하나를 확인하였는데, 이 문제와 관련이 있는 다른 저서를 참고하여 최종적으로 면접 지침을 마련하였다.

면접은 본 연구소의 두 공동 책임자들이 학생들의 수업이 없는 첫 주 동안 실시하였다. 면접자는 각각 5명씩의 남녀 학생을 면접하였다. 면접은 1시간 30분에서 2시간 정도에 걸쳐 진행되었고 면접 내용은 녹음하였으며 녹음한 것은 훈련받은 직원이 글로 다시 옮겼다. 면접자들은 외국 출신의 미술 영재와 미국 출신의 국내 미술 영재 간의 유사점과 차이점을 알아보려는 데에 관심이 있었기 때문에 면접대상자 중 1/3은 외국에서 출생한 학생을 포함하였다(비록 그들이 전체 모집단의 단지 9%에 불과하였지만). 면접대상의 미국 출신 학생들은 무작위로 선정되었다. 선발된 모든 학생들에게 자발적으로 면접에 응해 주기를 요청하였는데 몇 명은 이에 응하지 않았다.

예술 · 음악 영재학생

면접 원부(protocol)에는 9개의 주요 면접 범주와 각 범주별로 3~6개의 질문이 들어 있다. 9개 범주와 각 질문은 Getzels와 Csikszentmihalyi(1976), Chetelat(1982), Bloom(1985), Guskin과 동료들(1986)이 사용한 것에서 고른 것이다. 면접은 면접 원부에 따라 진행하였으며 학생의 응답에 따라 면접할 때 대화 코스가 정해졌다. 모든 학생에게 모든 범주에 대하여 질문하지만 모두 동일한 순서로 질문한 것은 아니었다. 또한 모든 학생이 모든 질문에 응답한 것도 아니었다.

자료 분석

Mostyn(1985)이 설명하였듯이 내용 분석법은 '비구조화된 자유 응답식 연구 자료'를 분석하는 데 광범하게 사용된다. 그것은 '특성상 응답자에게 가능한 응답에 제약이 거의 없는 비지시적 질문을 사용하기 때문이다'(p. 115). 질적 연구에서 Mostyn은 표본이 작고 면접은 대개 1시간 이상 이루어지며, 응답자들은 포괄적 틀 안에서 구조화된 질문에 응답하고, 면접의 목적은 기존 자료에서 얻은 지식의 기반을 넓히는 데 있으며, 결과는 내용 분석법을 통하여 얻고 최종 보고서는 응답자의 태도와 행동을 이해한 것을 바탕으로 하여 작성된다고 주장하였다.

Holsti(1969)에 따르면, 자료 분석 수단으로서의 내용 분석법은 약정된 규칙에 따라 각 단계를 수행한다는 측면에서 '객관성'의 조건을 충족시키고, 체계적으로 적용하는 규칙에 따라 범주를 '배제'시키기도 하고 '포함'시키기도 하며, 일부 이론적으로 타당한 조사결과를 '일반화'시킬 수 있는 조건을 충족시켜 준다. Gordon(1978)은 내용 분석 과정이란 연구자들이 수집한 자료를 비판적으로 듣고, 읽고, 자료에 담긴 의미를 찾으려 하며, 관계의 의미를 찾고 종합하여 그 자료에 근거한 결론에 이르는 일련의 단계라고 기술하였다.

이 연구에서는 Holsti(1969), Gordon(1978), Mostyn(1985)의 조언에 따

라 조사자 가운데 한 명이 모든 면접 기록을 부호화하였다. 피면접자의 응답에서 발견한 모든 아이디어는 3″×5″ 크기의 색인 카드에 기록하였고 적합한 부호를 매겼다. 그런 다음 모든 카드는 두 조사자가 주제에 따라 유사한 것끼리 분류하였다. 하나의 주제에 카드가 5~6장 모이면 카드를 배정하는 조건을 서술하는 규칙을 하나 만들어서 규칙을 카드 한 장에 적었다. 카드가 한 그룹에 너무 많이 모이면 규칙을 다시 정하고 카드는 그 규칙에 맞는 그룹으로 옮겼다. 서로 관련이 있는 규칙은 모아서 더 큰 범주를 만들었다. 이렇게 새롭게 만든 범주는 자료에서 얻은 것이기는 하지만, 당초의 면접 원부에 있는 질문 범주나 문항과 반드시 일치하는 것은 아니다.

연구결과

면접 자료 분석을 통하여 얻은 큰 범주로는 (1) 자신에 대한 견해, (2) 가족과 가정환경에 대한 견해, (3) 학교와 미술 공부에 대한 견해, (4) 인디애나 주의 하계 미술 프로그램의 교사, 학생, 교육과정 및 환경으로 분류하였다. 이 범주는 하위 범주가 있으며 학생들이 말한 것을 직접 인용한 대표적 예를 다음과 같이 제시하였다.

자신에 대한 견해

과거 회상

- 대다수의 학생들은 취학 전이나 초등학교 단계에서 미술에 흥미를 갖게 되었다고 기억하였다.
- 일부 학생들은 자신들이 어렸을 때 공상적인 그림을 그렸고, 일부는 사실적인 그림을 그렸다고 기억하였다.
- 다른 아이들보다 미술이 뛰어났었다고 생각하는 학생이 많았다.

"지금보다 어렸을 때, 스케치하기를 좋아하였어요. …그 이후로 줄곧 그림을 그렸지만, 처음 그림을 그린 건 4살 때였던 것으로 기억해요. …세 부분인가 네 부분으로 이루어진 그림을 그렸는데 집, 지옥, 천국이었던 것 같아요."

– 대다수 학생들은 처음으로 미술에 관심을 갖도록 한 특정 인물이나 사건들을 기억하였다.

"아버지 친구가 있었는데 화가이셨어요. 내 생일쯤인가… 그분이 나를 위해 책을 만들어 주셨어요. 나는 친구들과 함께 그 책의 등장 인물 중의 한 명이었어요. 정말 좋았어요. 나는 그 책을 오랫동안 보곤 하였는데 정말 좋았어요. 나는 그 책에 있는 것을 많이 그렸어요."

현재의 관심

– 여학생들은 남학생들보다 더 정서적 필요에 의해 미술을 시작하며 그 다음 스스로를 표현하는 데 도움이 되는 미술 기술들을 배운다고 하였다. 남학생은 여학생보다 전문적 기술들을 개발하는 것에 관심이 더 많다고 하였고 자기 표현상의 이유로 미술을 창조한다고 하지는 않았다.

"나는 그림을 그릴 때 사물을 응시하고, 거기에 집중한 다음, 사물의 독특한 윤곽이나 모양을 봅니다. 그리고 그것이 무엇인지, 다른 위치에서는 어떻게 하면 좋아 보이는지를 생각한 다음 그리기 시작해요."
"당신이 행복하거나 혼란스러울 때, 나는 항상 대체적으로 검게 그려요. 이 색깔은 보통 어둡고 음울하며 이 세상의 모든 것이라는 것을 의미합니다. 피카소가 동물을 그렸던 방법과 같은 표현이라는 것을 알 수 있을 겁니다. … 약간은 무시무시하지요."

– 남학생과 여학생 모두 가장 좋아하는 주제는 관찰된 사물, 살았던 장소, 풍경, 인물, 공상물이라고 하였다.
– 가장 공통적으로 사용한 미술 표현 수단은 연필이었는데, 이것은 대부분

학생이 연필을 가지고 미술 경험을 하였고 값이 싸기 때문이다.

— 5명의 학생은 사실적 그림 그리기를 좋아한다고 응답하였다. 이들은 있는 그대로 베끼지는 않지만, 영감의 원천을 얻기 위해 삽화를 이용한다. 5명의 다른 아이들은 어렸을 때 만화를 보고 모방하였지만 지금은 삽화에서 아이디어를 찾는다고 하였다.

> "나는 내 자신의 인물과 작품을 그릴 때 벽장으로 갑니다. 그것은 벽장에 책이 많이 있기 때문인데, 한두 권만 가지고 거기서 나오는 모든 인물에서 이것저것 조금씩 따와서 내 자신의 인물을 만듭니다."

— 대다수 학생들은 자신과 자신의 능력을 좋게 보며, 좋은 작품을 만들기 위하여 타인이 비평하는 것을 받아들인다.

> "비평받는 것에 개의치 않아요. 당신도 비평을 받아들여야 해요. 당신이 모든 일을 올바르게 하고 있다고 생각해서는 살아갈 수가 없는 것과 마찬가지죠. 모든 사람은 분명히 실수를 많이 합니다. 나는 이제 15살이고 아직 배워야 할 것이 많아요."

— 혼자서 작업하고 싶어 하는 학생이 있는가 하면, 어떤 학생은 최선의 효과를 나타내기 위하여 다른 학생과 함께 작업할 필요가 있다고 하였다.

— 5명의 학생은 미술가들이 사물을 다르게 본다고 느꼈다. 미술가들은 다른 사람들보다 더 많은 것을 보고 그림에 대한 기술, 상상력 및 재능이 더 필요하다고 하였다.

> "미술가들은 다른 사람들에 비해 사물을 더 잘 보고 관찰할 수 있다고 생각해요. 그들은 사물을 지나쳐 보지 않고 정말로 관찰을 잘하지요. 내 말은 다른 사람들이 보지 못하는 것을 미술가는 볼 수 있다는 말입니다."

— 대다수 학생들은 유명한 미술가의 이름을 알고 있었다. 거론된 미술가는

마티스, 피카소, 다빈치, 달리와 같이 잘 알려진 사람들이었다. 대부분의 학생들은 학교에서 미술가들에 대해서는 배우지 않았다고 하였다.

장래 희망

— 절반가량의 학생들은 만화가, 화가, 교사, 실내 인테리어와 같은 미술 분야나 광고 분야의 직업에 관심이 있다고 하였다. 비록 3명의 여학생은 결혼해서 가정을 꾸리고 미술은 단지 취미로만 하라는 가족들의 압력을 받는다고 언급하기는 하였지만, 남학생보다는 여학생이 더 미술가가 되기를 원하였다.

> "어릴 때부터 나는 줄곧 무엇이 되려고 하였는지를 아는데, 언제나 미술가였어요. …다른 아이들이 우주비행사가 되고 싶다고 하였을 때도 나는 늘 미술가가 되고 싶었어요. 부모님은 내가 너무 많은 영화를 본 것처럼 나를 바라보곤 하였어요."

가족 및 가정환경에 대한 견해

가족과 친구

— 대다수의 학생들(70%)은 자신의 작품에 대하여 어머니나 아버지 모두에게서 격려를 받았다고 하였다. 15%의 학생들은 부모가 아닌 다른 가족들이 격려해 주었다고 하였는데, 부모에 대해서는 말하지 않았다. 3명의 학생(15%)은 가족 중 어느 누구도 자신이 미술에 관심을 갖는 것에 대하여 격려하거나 지원하지 않았다고 하였다. 이러한 조사결과는 남학생과 여학생 간에 차이가 없었다.
— 3명의 부모와 1명의 형제만이 취미로 미술을 공부하였거나 활동 중이라고 하였다. 이들 중에서 2명의 부모가 한 가족이었다.
— 10명의 학생(50%)은 친구 중에 미술에 관심 있는 사람이 한 명도 없다고 하였다. 5명(25%)은 미술에 관심 있는 친구가 1명 이상 있다고 하였다.

가정환경

- 13명의 학생(65%)은 집에 미술 작업을 할 만한 공간이 있다고 하였다. 나머지 7명(35%)은 그렇지 못하다고 하였다. 집에서 작업을 한다고 보고한 학생들도 작업실 같은 특별한 시설은 없었다.

  "집에서 작업할 때는 침실에서 해요. 혼자서만 해요. 나는 조용한 것이 좋고 혼자 있기를 좋아해요. 마루든 침대든 그리기에 적합하면 어떤 곳에서라도 엎드려서 그림을 그려요."

- 응답자 18명 가운데 12명(60%)이 자신의 집에 그림책(만화나 야생동물 책)이 있었다고 하였다. 단 2명(10%)만 집에 미술책이 있었다고 하였다.

  "식료품점에 갈 때마다 어머니께서 나에게 작은 책을 사 주셨고 같이 읽었어요. 그 책에는 페이지마다 그림이 있었어요."

- 미국 출신의 학생들은 한 지역에 머무르며 자신이 태어난 주 밖으로는 여행하지 않으려는 경향이 있었다. 대부분의 외국 학생들은 여러 차례 이사를 하였고 1개국 이상 여행하였다고 말하였다.

  "나는 여행을 해 봤지만 노스캐롤라이나의 사촌을 만나러 가는 정도였어요. 그렇지만 정말로 가 보고 싶은 곳은 시카고, 뉴욕, 맨해튼입니다."

학교와 미술 공부에 대한 견해

학 교

- 시골 지역 출신은 학교가 자신들에게 사회공동체에 접할 수 있는 유일한 통로였다고 하는 학생이 많았다.

  "첫 학기가 정말로 좋았어요. 친구를 만나는 것을 즐겼어요. 지금은 시골을

떠나 살고 있어요. …여기서는 버스로 통학하고, 여름에는 정말로 친구를 보지 못해요."

— 그러나 대부분의 학생은 학교에서 미술에 공통적인 관심을 공유한 친구를 찾기가 어려웠다고 하였다.

"학교에서는 내가 이야기할 수 있는 집단이 정말로 없었어요. …고등학교를 다니기 전에는 정말로 작은 학교에 다녔기 때문에 어울릴 수 있는 아이들이 없었어요."

— 75%(15명)의 학생들이 정규 학교에서 미술 수업을 받았다. 25%(5명)는 학업 과목을 이수해야 하는 압박 때문에 학교나 학교 밖에서 미술 수업을 받을 시간이 없었다고 하였다.

"전에는 미술을 선택했었는데, 지금 고등학교에서는 하지 않았어요. … 미술은 선택 과목인데 나는 외국어를 선택해야만 했어요. 그것이 바로 내가 미술을 선택하지 않은 이유예요."

— 12명의 학생들은 학교 밖에서 미술 관련 공부를 하고 있다고 하였다. 이 중에서 8명은 시각 미술 수업을 받았고 4명은 공연 예술 수업에 등록하였다. 남녀 학생의 인원은 같았다.
— 외부에서의 미술 수업에 등록한 외국 학생들은 기술과 전문적 기법 개발에 중점을 둔 과외 교사에게 개인 교습을 받는 경향이 있었다. 외부 미술 수업에 등록한 미국 학생들은 창의적 자기표현에 중점을 두는 대학이나 박물관의 단체 교습에 참여하는 경향이 있었다. 미국 학생들은 또한 다양하고도 많은 종류의 미술 수업에 참여하고 있었다.
— 거의 절반의 학생들이 미술에 대한 그들의 관심을 유지하도록 도와주고 가족들로 하여금 지원해 주도록 하는 요소로 상을 받는 것이 중요하다고 하였다.

"내 작품이 전람회에서 상을 받기 시작한 후부터 어머니는 내가 그림을 그리고 싶어 하니까 나를 가르쳐 줄 선생님을 찾기 시작하셨어요."

– 또한 상을 받는 것에 대한 부정적 측면도 언급되었는데, (1) 상을 받은 스타일만 지속적으로 고집한다든지, (2) 상을 받은 사람과 받지 못한 사람 간에 갈등이 생긴다든지, (3) 경쟁 작품이 어떻게 심사되고 수상자가 어떻게 선정되는지에 대한 이해와 인식이 부족한 것 등이 있다.

"나는 입상 리본을 받았어요. 그래서 내 과거의 작품을 생각해 봤는데, 그것은 내가 평소에 그렸던 방식이었어요."

– 모든 학생들이 좋은 점수를 받았다고 하였다. 그들이 가장 좋아한 과목은 과학, 영어, 역사, 수학이었다. 일부 외국 학생들은 영어 공부를 싫어하였다고 언급하였다. 일반적으로 평점은 높았는데, 대체적으로 A와 B였다. 성적과 좋아하는 과목은 남녀 학생 간에 차이가 없었다.

"나는 미술과 생물학에 관심이 있어요. 이 둘을 합치면 멋질 것이라고 생각하였어요. 동물의 세포 같은 것을 좋아하는데 그것은 정말로 흥미로워요."
"나는 평균평점이 4.0이에요. 역사를 가장 좋아하고 숫자 등의 놀이를 좋아하기 때문에 대수학도 좋아해요. 역사와 수학 둘 다 좋아해요."

미술 공부

– 정규 미술 과목 교사의 세 가지 이미지가 드러났는데, 첫 번째는 학생을 지원하지만 더 높은 수준의 성취에 도전하라고 요구하지 않는 교사이고, 두 번째는 도전해 보라고 하지만 성취하라고 지원하거나 강화하지는 않는 교사이며, 세 번째는 도전해 보라고는 하지만 성공하려면 어떻게 해야 하는지에 대하여 가르쳐 주지 않는 교사다.
"나는 내가 뭐든지 잘한다는 말에 진저리가 나요. 내가 완벽하지 않다는 것을 아는데 선생님은 '훌륭해!'라고 말해요. 나는 '정말로요?'라고 묻지요. …그러나 그 말은 '훌륭하니 더 이상 아무것도 하지 마라.'라고 하는 것 같았고, 나는 결코 내 작품에 만족하지 않았어요."

"나는 열심히 하였고 최선을 다하고 있다고 생각하였어요. 선생님은 언제나 내가 더 잘할 수 있다고 말하였지만 방법에 대해서는 말해 주시지 않았어요."

— 외국에서 살았던 학생은 미국에 살았던 학생과 비교하여 미술 시간에 보다 많은 인원이 함께 수업받는 경향이 있고, 기법을 강조하면서 보다 공식적으로 수업이 이루어지며 교재의 특정 과제에 근거를 두고 보다 엄격하고 철저한 교육을 받았다고 하였다. 또한 이들은 미술과 미술사 시험을 모두 통과해야만 하였다고 보고하였다.

본 프로그램의 교사, 학생, 교육과정 및 반 편성에 대한 견해

교 사

— 대다수 학생들은 이번 프로그램에 참여한 교사들이 (1) 정규 학교 교사보다 더 그들에게 도전해 보라고 요구하고, (2) 새로운 표현 수단을 사용해 보도록 가르치고, (3) 학생들에게 그들이 하고 있는 것에 대해 생각해 보게 하고 새로운 방법으로 사물을 바라보게 하며, (4) 학생들에게 좀 더 신중하고 정확하게 보게 하며, (5) 기법을 주의 깊게 사용하여 스스로를 어떻게 표현할 것인지를 고려해 보도록 가르친다는 것을 알았다.

"나는 그릴 수가 없었어요—두 번째로 선생님이 내게 설명해 주셨을 때 나는 내가 무엇을 잘못하고 있었는지 알았어요. 선생님은 내가 있는 그대로 보고, 나의 뇌는 나의 뇌가 알고 있는 대로 그린다고 말씀하셨어요. 일단 내가 그것을 하나의 형상으로 보기 시작하자 나의 그림은 100% 더 좋아졌어요. 비교할 수가 없죠."

학 생

― 대다수 학생들은 관심과 능력이 비슷한 학생들과 한 집단이 되는 것이 즐거웠다고 표현하였다.

> "여기에 있는 것이 즐거워요. 우리처럼 생각하는 사람들이 많기 때문이죠. 학교에서는 학생들이 인생에서 이러한 점에 관심이 없기 때문에, 미술에 관심이 없는 사람이 많아요."

― 대다수 학생들은 난이도가 높은 과제를 하는 것이 즐거웠고, 그들이 정규 학급에서보다 성과가 더 좋았다고 느꼈으며, 짧은 기간 동안 많은 것을 배웠다는 것을 깨달았다.

― 많은 학생들은 수업 밖에서 공개적인 대화 분위기를 좋아하였다. 여기에서는 서로의 아이디어를 공유하고 상대방의 미술 작품을 비평하였다.

> "한 가지, 교실에서 우리는 즐거웠어요. 너무 즐거웠기 때문에 공부를 하고 싶었어요.… 우리가 즐거워하고, 이야기를 나누고, 농담을 하였던 것처럼 나는 신나고 즐거울 때 공부도 더 잘할 수 있고 내 작품도 점점 더 좋아질 거라고 느껴요."

― 많은 학생들이 사교적으로뿐만 아니라 새로운 기법과 표현 수단을 알게 됨으로써 자신들에 대해 더 많은 것을 깨닫게 되었다고 하였다.

> "때때로 우리가 연속해서 두 시간 동안 서서 그림을 그릴 때에는 다소 피곤하고 모두들 힘들어합니다. …나중에 당신이 잠자리에 들기 전에 가만히 앉아서 생각해 보세요. 그러면 모든 것이 분명해져요."

― 대다수 학생들은 자신과 능력이 비슷하거나 더 뛰어난 학생들에게 둘러싸였고, 교사들이 자신들에게 기대하는 것이 있기 때문에 잘하기 위해 열심히 노력해야 했다고 말하였다.

예술 · 음악 영재학생

– 일부 학생들은 자신의 스타일을 버리거나 미술 창작을 위한 자신의 접근 방법을 바꾸기 싫다고 하였는데, 그 이유는 자신들이 과거에 이러한 것으로 상을 받았기 때문이라고 하였다.

> "연구소가 기대하였던 것만큼 좋지는 않아요. …평소 그리던 방식으로 그린 그림은 아니었어요. …그러나 나는 새로운 것을 배우기 위해 여기에 왔기 때문에 새로운 것을 배웠어요. …나는 내 자신의 스타일을 좋아하고 내게 다른 방식을 강요하는 것은 원치 않아요."

교과목 및 반 편성

– 대다수 학생들은 학급 인원이 적으니까 의사 소통과 수업이 더 잘 되었다고 표현하였다.

> "저의 학급은 13명뿐입니다. …우리는 사실 옮겨 다닐 수도 있고 얘기도 많이 할 수 있었어요. …우리는 실제로 오히려 하나의 집단이 될 수 있었어요. …만약 학급 규모가 더 크다면 선생님도 우리 이름을 다 모르실 거예요."

– 대다수의 학생들이 미술박물관을 찾아가고, 미술사학자로부터 강의를 듣거나 미술품 상점을 방문하는 것과 같은 새로운 경험들이 이번 프로그램에서 기억할 만한 일이라고 하였다.

> "나는 정말로 모든 것이 즐거웠어요. 미술품 상점에 간 것—그것은 제가 처음으로 진짜 미술품 상점에 간 거였어요. 그리고 미술가의 작업실에 간 것…. 정말로 흥미 있는 경험이었어요."

논의 및 결론

자신에 대한 견해

이번 연구에서 대다수 학생들은 자신의 미술 재능을 인식하고, 능력을 향상시키는 데 관심이 있으며, 그들의 생활에서 미술의 역할에 대해 깊이 생각하고 있다는 사실이 밝혀졌다. 미술에 특별히 관심이 있고 특별한 능력이 있다는 것을 인식하는 학생이 많았는데, 이러한 결과는 Chetelat(1982)과 Bloom(1985)이 보고한 것과 유사하다. Guskin과 동료들(1986)의 연구대상자들이 그랬던 것처럼 연구소의 프로그램에 참여한 학생들은 일반적으로 자신과 영재들에게 호의적인 시각을 가지고 있었다. Chetelat(1982)과 Bloom(1985)도 이 연구에서처럼 미술 영재학생은 미술 창작 경험 그 자체로 보상받는다는 것을 알았다. Getzels와 Csikszentmihalyi(1976)는 정서적 위기가 미술 창작의 자극제가 되었다고 하였지만, 이번 연구에서 대다수 학생들은 정서적 위기가 미술 창작 활동의 기반이라는 말은 하지 않았다. 오히려 이들은 유쾌한 경험에 자극받아 미술 창작을 하였다고 말하였다. 이번 연구의 학생들은 정서적 해방감을 위하여 미술을 이용한다고 언급하지 않았다. 그러나 남학생보다 여학생들이 더 미술 창작은 미술 기법이나 기술을 쌓는 것보다는 자기를 표현하는 하나의 수단이라고 설명하였다.

Getzels와 Csikszentmihalyi(1976)가 밝힌 네 가지의 다른 결과도 이번 연구결과와 유사하였다. (1) 미술에 재능 있는 젊은이들은 다른 동년배의 학생들처럼 만화 영화나 만화책의 주인공 같은 이미지를 많이 그린다. (2) 이들이 그린 그림은 학급의 다른 동료가 그린 것보다는 더 많이 칭찬받는다. (3) 많은 시간과 에너지를 그림 그리기에 쏟는다. (4) 6~8세 때부터 그림을 그린 것으로 기억한다. 이번 연구결과들은 자신의 연구대상자들에서 나타난 높은 수준의 혼자만의 창작 특성을 밝혀낸 Chetelat(1982)의 연구와는 일치하지 않는다. 연구소 프로그램에 참여한 학생들은 혼자서 작업하기를 좋아하는 부류와 집단으로 작업하기를 좋아하는 부류가 거의 반반으로 동등하게 나누어졌다.

가족과 가정환경에 대한 견해

이번 연구에서 대다수 학생의 가족들은 미술적 배경이 있거나 광범위하게 여행을 하지는 않았지만, 학생들이 미술에 지속적 관심을 갖도록 격려해 주었다. 학생들에게는 미술에 관심 있는 친구가 거의 없었지만 이들은 꾸준히 미술 활동에 참여하였다. Chetelat(1982)과 Bloom(1985)도 미술 영재는 양부모의 강력한 지원과 격려를 일반적으로 많이 받았다고 보고하였는데, 이번 연구대상자들도 대부분 이와 비슷한 지원을 받았다고 하였다. 이러한 결과는 미술 영재학생들이 자신의 어머니에게서만 지원을 받고 아버지는 엄격하였던 기억만이 있다는 Getzels와 Csikszentmihalyi(1976)의 결과와 상충된다.

Bloom(1985)은 영재의 부모가 최종 교육 수준, 종사하는 직업 유형, 경제적 수준, 취미 활동 등에서 천차만별이라고 보고하였다. 이번 연구에서도 학생들의 응답과 신청서 자료를 보면 이들 부모의 직업에 대한 결과는 이와 비슷한 것으로 입증되었다. 그러나 이번 연구에서 영재는 부모를 모델링한다는 Bloom의 설명과는 일치하지 않는다. Bloom은 음악과 미술을 강조하는 가정을 언급하고 있는데, 이번 연구에서 가정이나 사회 생활의 어떤 측면에서 이런 기회를 제공받은 학생은 거의 없었다.

Chetelat(1982)은 자신의 연구대상자 전부가 "어린 시절부터 책 읽기에 큰 관심"(p. 95)을 보였고 책에 있는 삽화에 자극을 받았다고 하였다. 이번 연구대상자들 역시 삽화가 그려진 책을 읽었다고 회상하였지만, 만화책을 제외하고는 책에 있는 그림을 본 기억과 자신의 그림 간의 관련성에 대해서는 거의 보고하지 않았다.

학교와 미술 공부에 대한 견해

이번 연구에서 대다수 학생들은 학교가 사회적 공동체를 제공해 주었지만 관심이 비슷한 친구를 많이 만나지 못하였다고 보고하였다. 학교 밖에서 미술 지도를 받은 학생이 많았고, 미술 대회에서 수상을 하기도 하였지만 그것에 긍정적 측면과 부정적 측면이 모두 있다고 생각하였다. 대부분 학생들은 학교 성적도 좋고 학교생활을 즐거워하는 모범 학생이었다. 미술 교사에 대해서는 자신들을 격려하고 자극을 주는 사람으로 기억하였지만 더 철저하고 지원적인 수업이 필요하다고 자주 표현하였다.

대부분 자신에게 상을 주고 격려해 준 특정 미술 교사를 많이 기억하는데, 이번 연구에서는 이와 크게 달랐다. Chetelat(1982)의 연구대상자들과는 달리, 이들은 자신의 미술 교사를 모두 긍정적으로만 기억하지는 않았다. Chetelat(1982)과 Bloom(1985)의 연구에서처럼 학생을 선발하여 그 작품을 전시하거나 미술 클럽에 참여시키거나, 어떤 성취를 하면 칭찬해 주는 것이 학생들로 하여금 계속해서 창작 활동을 하도록 동기를 부여하고 격려하는 데 기여한다는 것이 사실로 밝혀졌다.

Getzels과 Csikszentmihalyi(1976)의 연구대상자와 달리, 이번 연구대상자들은 모두 학교수업을 긍정적으로 평가하였고 대체적으로 대부분의 교과목이 우수하였다. 이 학생들이 가지는 미술 교사에 대한 기억은, 승인과 칭찬을 사용하여 초기 학습을 즐겁고 보람 있는 것으로 만드는 초등학교 교사들을 아동 중심적이라고 기술한 Bloom(1985)의 초기 설명과 일치한다. 이 프로그램에 참가한 학생들은 자신의 미술작품을 향상시키기 위하여 보다 높은 수준의 능력에 도전하고 그것을 배울 필요가 있다고 생각하였다. 이 학생들은 전문성과 실력이 있고, 재능이 뛰어난 학생을 가르친 적이 있으며, 미술 영역에서 높은 성취와 헌신을 요구하는 전문교사의 필요성을 느끼고 그렇게 되기를 기대하고 있다. 이것이 바로 Bloom이 말한 미술 분야의 재능 계발에서 중요한 역할을 하는 중간 수준의 교사인 것이다.

교사, 학생, 교육과정 환경에 대한 견해

학생들은 이번 프로그램에서 받은 수업과 자신들의 정규 학교수업 간에 중요한 차이가 있다고 인식하였다. 이들은 자신과 유사한 사람끼리 한 집단을 이룬 것에 만족하였다. 이들은 자신의 능력에 대해 보다 의식적이고 비판적이 되었고 가능한 많은 대학 시설을 이용하였다.

Taylor(1986)는 미술 재능이 있는 학생에 대해 원작 예술품과 만나면 생활을 변화시키는 '빛나는 경험'을 하는 사람이라고 묘사하였다. 이번 연구에서는 이전에 미술박물관을 방문하거나, 음악회에 참석하거나, 미술가의 작업실을 방문한 경험이 전혀 없었던 학생들이 강도는 약하지만 이와 비슷한 경험을 연구소에서 하였다고 말하였다.

이번 연구결과의 분석을 통해 미술 재능이 있는 학생에 대한 이전의 연구결과들을 검증하고 이에 대한 문제를 제기하였다. 미술 재능이 있는 학생들의 인식과 이들의 생활 상황에 대하여 우리가 알고 있는 것을 더욱 명료하게 밝히기 위해서는 다양한 환경에 있는 보다 많은 대상자들에게 면접법을 사용한 많은 연구가 수행될 필요가 있다.

참고문헌

Bloom, B. S. (Ed.) (1985). *Developing talent in young people*. New York: Ballantine.

Brenner, M. (1985). Intensive interviewing. In M. Brenner, J. Browen, & D. Canter (Eds.), *The research interview: Uses and approaches* (pp. 147-162). London: Acadmic Press.

Brenner, M., Brown, J., & Canter, D. (1985). Introduction. In M. Brenner, J. Brown, & D. Canter (Eds.), *The research interview: Uses and approaches* (pp. 1-8). London: Academic Press.

Chetelat, F. J. (1982). A preliminary investigation into the life situations and environments which nurture the aritstically gifted and talented child. *Dissertation Abstracts International, 43*(10), 3190 A. (University Microfilms No. DA 830 5624).

Clark, G., & Zimmerman, E. (1984). *Educating artistically talented students.* Syracuse, NY: Syracuse University Press.

Getzels, J., & Csikszentmihalyi, M. (1976). *The creative vision: A longitudinal study of problem finding in art.* New York: John Wiley and Sons.

Gordon, W. I. (1978). *Communication: Personal and public.* New York: Alfred.

Guskin, S. L., Zimmerman, E., Okolo, C., & Peng, C.-Y. J. (1986). Being labeled gifted or talented: Meanings and effects perceived by students in special programs. *Gifted Child Quarterly, 30*(2), 61-65.

Hargreaves, D. (1982). *The challenge for the comprehensive school.* London: Routledge and Kegan Paul.

Holsti, O. R. (1969). *Content analysis for the social sciences and humanities.* Reading, MA: Addison.

Mostyn, B. (1985). The content analysis of qualitative research data: A dynamic approach. In M. Brenner, J. Brown, & D. Canter (Eds.), *The research interview: Uses and approaches* (pp. 115-145). London: Academic Press.

Taylor, R. (1986). *Educating for art.* London: Longman.

US Department of Commerce Bureau of Census. (1987). *Statistical abstract of the United States* (Publication No. 107 Ed). Washington, DC: US Bureau of Census.

예술·음악 영재학생

08

구석에 앉아 밸런타인 카드를 만들고 싶지는 않다: 미술 영재 담당 교사들의 지도력[1]

Enid Zimmerman(Indiana University)

시각예술 능력이 뛰어난 학생들을 담당한 교사들이 학교와 지역사회 등에서 리더십을 발휘하도록 교육하는 과정과 결과에 초점을 둔 두 개의 조사 연구를 소개한다. 한 가지는 1994년 인디애나 대학교의 미술 영재 프로그램(ATP)에 참여한 집단을 연구한 것이고, 나머지 하나는 1991~1995년 ATP에 참여하였던 전체 교사들을 대상으로 설문조사한 것이다. 이 두 연구의 자료 내용 분석에 사용한 틀은 다른 미술 영재학생 담당 교사연수 프로그램에도 적용할 수 있다. 교과목에 대한 지식, 교수법, 자아존중감의 증진, 선택 허용을 통해 잠재적 리더십을 가진 미술 영재교사들이 다른 교사들과 협력할 수 있게 된다. 교사들은 개인 생활과 직업 생활을 변화시킬 역량을 갖춤으로써 결과적으로 지도자 역할을 할 수 있는 배려하는 전문가 공동체를 출범시킬 수 있다.

---

1) 편저자 주: Zimmerman, E. (1997). I don't want to sit in the corner cutting out valentines: Leadership roles for teachers of talented art students. *Gifted Child Quarterly, 41*(1), 33-41. ⓒ 1997 National Association for Gifted Children. 필자 승인 후 재인쇄.

교사들이 역량을 갖추고 다양한 교육 단체에서 지도자 역할을 수행하는 교사교육 문제가 오늘날 실제 교육 현장에서 대두되고 있다. 미국에서는 고등교육을 제외하고 교사가 대부분 여성이기 때문에 교육에 관심이 있고 잠재력을 지닌 여성들을 격려하고 교육하여 교사 또는 지도자로 양성할 필요가 있다(Thurber & Zimmerman, 1996; Zimmerman, 인쇄 중). 공동체 관계가 존중되는 여건을 조성하는 것은 물론 자신의 학급에서 교육적 리더십을 발휘하게 될 교사 단체를 구성하는 것은 중요하다(Lieberman & McLaughlin, 1992). 공동 노력에 참여할 기회가 있는 교사 단체를 구성하고, 전문적 업무 수행에 대한 연구를 이끌어 갈 네트워크를 구축하는 것 역시 중요하다(Darling-Hammond, 1993). 현직 교사교육 담당자들은 학급교사들이 자신의 의견을 개진하고, 주체성을 함양하고, 도전적이고 주도적이며, 자신의 학급에서 무엇을 어떻게 가르칠 것인지 자신감을 가지고 결정할 수 있도록 해 주어야 한다(Sprague, 1992). Sprague에 따르면, 협력과 리더십 공유를 통해서 교사들은 사회적, 정치적 행동을 할 수 있는 힘을 갖게 되고, 그럼으로써 사회에서 영향력 있고 존경받는 전문가가 될 수 있다.

Maeroff(1988)는 수학, 과학, 인문 과목에 대한 전국 현직 교사교육 프로그램에 대하여 연구를 하고 나서 다음과 같이 결론을 내렸다. 현직 교사교육 프로그램들은 교사들의 자신감을 높이며, 자신이 맡고 있는 교과와 교수법에 대한 지식을 넓힐 수 있고, 의사결정에 이용할 수 있도록 이것들을 프로젝트에 포함시킴으로써 고립을 타파하고 교사들 간의 네트워크를 구축하여 교사들의 리더십을 증진시킬 가능성이 있다. Maeroff(1988)가 가장 성공적인 프로그램이라고 한 연구에서 교사들은 하계에 집중적으로 연수를 받았고 학습한 것은 학기 내내 강화를 받았다. 즉, 이 프로그램에 참가한 교사들은 공식 연수가 끝난 뒤에도 서로 유대 관계를 맺고 연수에 참여한 다른 교사와 지속적으로 관계를 유지하였다.

최근에 현직 미술 담당 교사에 대한 연구가 증가하기는 하였지만(Galbraith, 1995; Zimmerman, 1994), 여전히 이에 대한 연구는 거의 없는 편이다.

특히 미술교육에서 지도자의 역할 개발을 목표로 하는 인력 개발에 대한 조사연구는 거의 없는 편이다. 다음에 소개하는 두 편의 연구는 인디애나 대학교의 하계 프로그램에서 연구대상인 현직 교사가 네트워크를 통하여 공동체 관계를 구축하고, 학급 운영을 변화시키는 데 주도적이며, 자신이 맡고 있는 학문 내용에 적극적으로 관여하는지, 그리고 이렇게 하여 결국 학교나 공동체 등에서 지도자가 되는지의 여부를 알아보고 싶은 마음에서 시작하였다.

연구의 활용도

현직 교사교육 담당자들은 미술 영재를 가르치는 미술 교사가 자신이 속한 공동체나 더 큰 규모의 교육환경에서 변화를 도모할 역량이 있는 지도자가 되도록 해 주는 것이 중요하다. 교사들은 자신의 의견을 개진하고 주체성을 함양하고, 주도적으로 도전하며, 자신이 맡고 있는 교실에서 무엇을 어떻게 가르쳐야 할지를 결정해야 한다. 이번 연구에서는 인디애나 대학교의 미술 영재 프로그램에서 이루어진 많은 전략을 제시하고 있는데, 이 전략은 시각 예술 능력이 우수한 학생을 맡은 교사의 리더십 기술 개발에 성공적이라는 것이 입증되었다. 일단의 교사들이 협력하고 네트워크를 구축하여 자신이 근무하는 학교의 지도자가 된다면 다른 교사의 스승이 될 수 있다. 이것은 결국 모든 수준의 미술 영재학생 프로그램의 변화에 영향력을 행사할 수 있는 교사 공동체를 구축하는 데 도움이 된다.

미술 영재 프로그램(ATP)

1990년부터 1994년까지 Gilbert Clark와 본 연구자는 인디애나 교육국의 영재 프로그램과의 계약을 통해 지원된 인디애나 대학교(IU)의 미술 영재 프로그램(ATP)의 조정역을 맡게 되었다. ATP에 참여한 교사는 모두 일정 자격을 갖춘 미술 교사이며, 이들은 경쟁을 통하여 이 프로그램에 들어왔고, 자신이 근무하는 학교의 시각예술 영재 프로그램에서 수업을 요청받았거나 앞으로 수업을 할 사람이다. 이 교사들은 장학금 명목으로 미술자료 구입비는 물론 숙식비, 교육비, 용품비, 교재비 등의 지원을 받았다. ATP 교사들은 매년 여름에 2주 반 동안 오전과 오후에 수업을 하였다. 참여 교사 중 절반은 작년에 참여하였던 사람이었고 나머지 절반은 새로 참여한 사람이었다. 참여 교사는 인디애나 대학교의 ATP 과정에도 참여하지만 다음 학기에는 이 프로그램을 운영할 책임도 있었다. 이들은 자신이 근무하는 학교의 실정에 맞게 설계한 차별화된 교육과정을 만들어 실행하며, 가르치고 난 뒤 자신의 경험에 대하여 일지를 쓰고, 주 전역에 보급되는 전문 연구서에 자신이 만든 교육과정을 발표해야 했다. 또 미술교육이나 영재 잡지, 자신이 가르친 교육과정과 관련이 있는 학술지에 짧은 글을 기고하여야 하며, 시각예술에 초점을 둔 주 차원의 영재 회의에서 자신의 업적을 발표해야 했다. 교사 자신이 구성한 교육과정에 대하여 주제를 정하여 개발한 다음, 다른 3~4명의 APT 교사와 협력 팀을 구성하여 공동 관심사를 바탕으로 아이디어를 내고 발표하는 것을 중요시하였다(Thurber & Zimmerman, 1996). 매년, 지난해 졸업생들이 자발적으로 만나 아이디어를 공유하고 이전처럼 네트워크 구축과 공동 노력을 계속하였다.

연구방법

교사를 대상으로 리더십 역량을 강화하고 지도자의 역할을 발휘하도록 교육시키는 과정과 결과에 강조점을 둔 연구가 두 가지 이루어졌다. 하나는 1994년에 ATP에 참여한 핵심 집단에 대한 연구였고, 다른 하나는 1991년부터 1995년까지 ATP에 참여한 모든 교사들을 대상으로 실시한 설문조사였다.

예술 · 음악 영재학생

연구대상

1994년 ATP에 참여한 18명의 미술 교사 전원은 여름 학기에 3개의 핵심 집단에서 만나 프로그램과 관련된 문제에 대하여 토의하였다. 교사들이 제출한 지원서에 기재된 정보에 따르면, 8명의 교사는 ATP에 참여하기 이전에 미술 영재학생에 대한 연수 과정에 등록하였거나 이수한 사람들이다. 그리고 5명은 지역이나 주 수준에서 지도자의 위치에 있었다. 3명은 지원금, 또는 장학금, 다른 외부 자금을 받았다. 1명은 미술교육 관련 잡지에 글을 게재하였다. 2명은 자신이 근무하는 학교에서 각각 올해의 교사로 선정되었다. 이 시각예술 교사들은 경쟁을 통해 선발되었기 때문에, 미술 재능이 있는 학생을 가르치는 것과 관련된 프로그램에서 지도자 역할을 수행하는 것에 관심이 있는 것은 분명하였다.

11명은 초등학교, 2명은 중학교, 5명은 고등학교 교사였다. 7명은 도시 지역(인구 50만 명 이상), 3명은 교외 지역(인구 5만~50만 명), 8명은 소도시(인구 5만 명 미만)에 있는 학교에서 각각 교사 생활을 하였다. 이들의 평균 교직 경력은 12년이었는데, 각각 2~23년 사이에 분포하였다. 이번 프로그램에는 여교사가 17명, 남교사가 1명 참가하였다. 이 중에서 16명은 백인, 2명은 아프리카계 미국인이었다.

7명은 이전에 하계 프로그램에 참여하였던 사람이었다. 1994년의 ATP에 참가한 교사들은 이전에 참여하였던 교사들처럼 나이, 경험, 가르치는 환경, 학년 수준, 문화적, 인종적, 민족적 배경 등이 다양하였다. 이들의 공통점은 (1명의 남자를 제외하고) 모두가 여교사라는 점인데, 이들은 1994년 가을 학기에 최소한 하나의 미술 영재학급에서 가르치기로 되어 있었다. 2주 반 동안 교사들은 캠퍼스에 있는 기숙사의 같은 층에서 지냈으며 수업은 오전과 오후에 이루어졌다. 이들은 모두 저녁이나 주말 집단 활동에 참여하였으며 기숙사에서 하루 세 끼 식사를 함께 하였다. 이번 프로그램의 책임자로서 Gilbert Clark와 본 연구자는 두 ATP 학급을 가르쳤다. 우리는 하루 두 끼 식사를 교사들과 함께하였고 그들의 거의 모든 과외 활동에 참여하였다.

1995년에 본 연구자들은 과거에 ATP에 참여한 54명의 전체 교사를 대상으로 설문조사를 하였다. 여기에는 1994년의 핵심 집단에 참여한 18명도 포함되었다. 이 연구에서 이들 과거 ATP 참여 교사들이 5년이라는 기간 동안 자신이 다니는 학교나 공동체에서 지도자의 역량을 강화하고 지도자의 지위를 유지할 수 있는지 없는지를 결정하고자 하였다. 54명 가운데 46명(90%)이 응답하였다. 3명의 설문지는 현주소가 없어서 반송되었다. 설문지를 회신한 46명의 교사 가운데 43명은 여교사, 3명은 남교사였다. 41명은 백인, 2명은 아프리카계 미국인이었다. 22명은 초등학교 미술 교사, 18명은 중등학교 미술 교사, 3명은 다소 복합적인 유치원부터 12학년(K-12)까지의 학교 미술 교사였고, 1명은 대학에서 강의하는 사람이었다. 4명은 현직 미술교사가 아니었지만 다른 지위로 가르치는 일을 하였다. 7명은 도시에 있는 학교에서, 13명은 도시 인근 학교에서, 26명은 작은 시골 학교에서 교사를 하였다.

자료 수집

1994년 프로그램에서는 18명의 교사 전원이 세 개의 핵심 집단에 참여하였다. 이 중에서 두 집단은 새로 온 교사였고, 나머지 한 집단은 이미 참여한 적이 있는 교사였다. 이 세 집단의 구성원들에게 두 명의 책임자가 면접을 하였다. 면접에서는 프로그램에 대한 기대, 프로그램에 참여한 다른 교사들과의 상호작용, ATP에 참가하고 나서 자신의 교수법에 변화가 생겼는지의 여부, 생겼다면 어떤 변화인지, 소속 학교로 돌아간 뒤의 계획 등에 대하여 질문을 하였다. 각 핵심 집단에 대한 면접은 캠퍼스 라운지에서 약 2시간 동안 진행되었고 면담 내용은 녹음하여 글로 옮겨졌다. 모든 ATP 교사에게 발송한 설문지는 지도자의 역할, 신청하였거나 지원받은 지원금, 소속 학교에서의 역할 변화, 자신들이 가르쳤던 미술 영재에게 주어진 기회, 발간한 저서,

능력이 우수한 학생을 대상으로 미술반을 조직할 때 얼마나 주도적이었는지의 여부, 현재의 직책, ATP에 참여한 효과 등 11개 문항으로 구성되었다.

내용 분석법을 이용하여 1994년의 핵심 집단에서 토의한 내용을 기록한 것과 1995년에 조사한 결과를 분류하고 분석하였다. 핵심 집단에게 실시한 질문은 자유 응답식이었고 전원이 응답한 것이 아니었기 때문에, 보고된 수치가 모든 참여자들의 견해를 반영한 것이라고는 볼 수 없다.

ATP의 목표

ATP는 미술 재능이 있는 학생을 가르치는 현직 교사들을 교육하기 위해 특별히 설계한 것이다. 중요시하는 내용을 보면 문제의 이해, 현안 문제, 판별과 관련된 연구, 교수방법과 전략, 프로그램 정책, 프로그램 평가, 시각예술 분야에 재능 있는 학생들을 위해 설계된 교육 자원 등을 개발하는 것이었다. 참여자들에게 미술 영재교육과 관련한 자신들의 태도와 가치를 반영하여 미술 영재학생의 프로그램에 대하여 개인적 입장을 밝히도록 권장하였다. 또한 수업은 참여자들이 미술 영재를 교육하는 것과 관련된 교육과정의 자원과 교재를 숙지하고 비판적으로 평가하도록 하는 데 초점을 두었다. 이외에 ATP 참여자들이 소속 학교로 돌아가서 미술 영재를 관찰하고, 이들과 상호작용하며, 이들에게 도전적인 주제와 문제를 제시해 주고, 이들을 평가하여 영재학생의 모든 잠재력을 개발할 수 있도록 도와주라고 격려하였다.

프로그램의 또 다른 목적은 교사들이 다음과 같이 되도록 돕는 데 있었다. (1) 도전적으로 넓게 생각하고 자신이 세운 가정에 의문을 제기하며 자신들의 수업전략과 학생들과의 상호작용을 검토한다. (2) 학생들에게 지적으로 도전할 만하고 논란의 여지가 있는 내용을 일부러 소개한다. (3) 자신이 근무하는 지역의 학교 환경에서 무엇을 가르쳐야 하는지를 결정할 수 있도록 자신만의 행동 지침을 마련한다. (4) 교사 공동체에 참여하여 서로에게 영감을 제공하고 미술 영재교육을 위한 아이디어와 실천 방안 제시에 지도자 역할을 한다. (5) 자신의 관심과 배경에 따라 주제 단원을 조사할 협력 팀을 구성한다. (6) 융통성 있고 폭넓은 아이디어로 학생을 가르치지만 이와 동시에 학생들의 요구에 따라 주제와 속도를 조절하거나 변경한다. (7) 지도자 역할을 수행하고, 연구지원금을 신청하고, 학생 작품을 전시하고, 전문가 회의에서 자신의 프로젝트를 공개 발표하며, 프로젝트에 대한 경험을 주 전역에 배포되는 교육 잡지와 전문 연구서에 게재한다.

ATP 교사교육 전략

ATP 수업은 영재학생들에게 영향을 줄 뿐만 아니라 주 차원에서, 일부는 국가 차원에서 다른 교사나 학생들과 공유하게 될 교육과정과 평가방법을 개발하려는 인디애나 주의 교사 네트워크를 구축하는 데 초점을 두었다 (Thurber & Zimmerman, 1996). 현재의 과정 내용과 이것을 이해하는 것에 관한 독서물이나 자료에 최우선을 두었다. 흥미 있는 주제를 조사하고 자료를 입수할 새로운 기법뿐만 아니라 전통적 방법도 사용할 것을 강조하였다.

이번 프로그램 지도자는 가족 같은 분위기를 의도적으로 만들기 위하여 기숙사에서 교사들과 하루 두 끼 식사를 함께 하고, 수업에서 이루어진 토의 주제와 문제에서 교사 개인의 관심과 성취에 이르기까지 다양한 내용의 대화를 하였다. 저녁과 주말에도 많은 시간을 할애하여 사교 모임이나 전문 활동에 참여하였다.

교사들은 미술 영재 교육과정을 창안할 때 자신만의 주제와 접근방법을 선택하고 개발한 다음, 교사들의 아이디어의 유사성에 따라 3~4명의 교사로 이루어진 협력 팀을 구성하였다. 이번 프로그램을 통해 개발한 주제 단원의 제목에는 다음과 같은 것들이 포함되었다. 상자들—사적 공간과 공적 공간, 사막에 있는 상징물, 표정이 있는 상징적 인물상, 지구의 예술적 형태,

전례—선사시대부터 현재, 예술가의 힘, 공공 예술에 대한 의문점, 비상하는 새, 초상화의 변형, 듣고 보는 민간 전설이 그것이다.

이 팀들은 다음 학기에도 지속적으로 모임을 가졌고 일부 팀은 공식적 ATP 참여가 종료된 이후에도 3~4년 동안 모임을 계속하였다. 주제별 교육 과정을 기획하는 단계에서 교사들은 종합 미술교육 도서관을 이용할 수 있었고, 장학금을 받아서 필요한 자료를 구입할 수 있었다. 교사들은 또한 이러한 교육과정을 가르친 결과를 지역, 주, 전국의 청중들에게 발표하였다. 한 ATP 참여자는 과정이 끝난 후 다음과 같이 글을 남겼다. "우리는 ATP 집단에서 자신감을 얻었기 때문에 밖으로 나가 우리의 아이디어를 발표하고 인디애나 주의 다른 교사 공동체나 교사들과 우리의 아이디어를 공유할 수 있었습니다." 프로그램 관리 책임자와 이전에 ATP에 참여한 교사의 주선으로 매년 ATP 출신자들이 모임을 가졌는데, 거기에서 새로운 아이디어를 공유하고 찬사받은 성공담을 함께 나누었다.

핵심 집단

핵심 집단 교사들에게 던진 질문은 다음과 같다. (1) 올 여름 ATP에 참여하기 전에 이 프로그램에 대해 어떤 기대를 하였는가? (2) 과정 내용, 교수 전략, 자료, 현장 학습에서 이득이 있었다면 그것은 무엇인가? (3) 숙식 등의 생활환경, 집단 활동 및 다른 교사들과의 학습이 당신의 ATP 참여에 어떤 영향을 주었는가? (4) ATP 참여가 영재학생들에 대한 당신의 미술 교육 방식에 어떤 변화를 주었는가? (5) 당신의 미술 영재학생들을 위한 프로그램 활동과 관련하여 향후 계획은 무엇인가? (6) 다가오는 학기에 해야겠다고 생각하는 영재학생 교육 분야에서의 지도자의 역할은 무엇인가? 다음은 핵심 집단 면접에 대한 내용 분석을 통해 얻은 주제들이다. 18명의 ATP 교사로부터 얻은 인용 사례는 자료에서 얻은 개념들을 설명해 준다.

과목과 교수법에 대한 지식

교사 가운데 10명은 알려지지 않은 상당히 많은 정보를 말해 주었는데, 최신의 것이고, 시의 적절하며, 실용적이고 실질적인 미술 수업 상황과 직접 관련이 있는 방법에 초점을 둔 것이었다. 이들이 ATP에서 배운 것은 교사 자신의 경험이나 이들이 '실제 상황'이라고 명명하였던 것과 직접적으로 관련이 있었다. 한 교사는 다음과 같이 진술하였다. "ATP에서 우리는 단지 이론을 개발한 것이 아니라, 그 이론에 의미를 부여하는 직접적인 경험을 하였다." 또 다른 교사는 다음과 같이 이야기하였다. "사람들은 당신에게 당신이 원하는 만큼의 이론을 제공할 수 있지만, 당신이 그 이론의 이면에 무엇이 있는지를 모른다면, 당신은 무슨 일이 일어나고 있는지 모를 것이다."

모든 교사들은 자신들에게 공급된 광범위한 자원 덕택에 자신이 맡고 있는 교과목의 주제와 관련이 있는 자료들을 알게 되었다고 하였다. 전산 데이터베이스 이용 방법을 배운 것은 많은 교사들에겐 새로운 기술이었고, 이러한 지식이 향후에 분명히 도움이 될 것이라고 느꼈다. 교사들은 자신의 선택에 따라 제공받은 수업 원천인 '특별 선물 보따리(goodies)'에 감사의 뜻을 나타냈다. 한 교사는 다른 교사들이 이 자원을 언급한 것에 대하여 관찰한 내용을 다음과 같이 요약하였다. "이 자원은 매우 가치 있다. …우리 스스로는 결코 검토하거나 살펴보거나 구입할 시간이 없었던 자원들을 배울 수 있게 해 주었다."

ATP 교사들은 모두 교직을 수행할 때 이 추세를 지속하기로 약속하였다. 18명의 교사 중에서 12명은 자신의 주제에 대해 깊이 있는 정보를 얻었다고 하였고, 수업시간에 받은 읽기와 토의 자료가 고마웠다고 하였으며, 자신들의 학습방식과 관련하여 끊임없이 변화하는 수업 환경을 환영하였고, 수업 내용이 '사고를 자극하고 도전적'이라는 것을 알았다고 하였다. 한 교사는 다음과 같이 말하였다. "이것은 철저한 연구 과정이다. …연구를 하고 갈등을 일으키는 생각은 나에게 발전의 시발점이 되는 지식 기반이 되었다."

5명의 교사들은 문제해결, 계열적 사고, 미술 주제 단원의 개발은 자신의 전문성 개발에 가치 있게 기여하였다고 언급하였다. 한 참여자는 다음과 같이 언급하였다. "나는 큰 아이디어를 작게 쪼개고, 평가하고 재구성하며, 그 중의 일부는 제거하여 더 좋은 것을 만드는 방법을 배웠다. …이제 나는 교육과정의 균형에 대하여 알게 되었다. …주제를 찾아 계열화하고 의미를 부여하고 일련의 관련 사건들을 포함시킨다." 12명의 교사들은 연구에 기반을 두고 미술을 다른 교과와 효과적으로 통합하는 것에 초점을 두는 학제 간 접근법 개발이 ATP의 긍정적 측면이라고 평가하였다.

이 프로그램에 다시 참여한 7명의 교사 모두 다른 교사들과 학교의 관리자들이 자신들이 새롭게 설계한 프로그램을 지원해 주었다고 하였다. 특히 교장 선생님들이 이 교사들의 교육과정 계획과 전 학년의 회의석상에서 발표하였던 교사들의 준비 자료에 깊은 인상을 받았다고 하였다. 그중 한 교사는 다음과 같이 말하였다. "발표할 수 있어서 너무 좋았습니다. …여느 때와는 달리 누군가가 나에게 관심을 보이고 있었습니다. 나를 단지 구석에서 밸런타인 카드를 만드는 사람으로만 보지는 않을 것입니다."

대다수 교사들(16명)이 시각예술에 높은 능력과 관심을 가진 학생들에 대한 지식을 얻고 이들을 이해하게 되었다고 하였다. 그들은 '재능을 지켜보는' 방법과 미술 재능이 있는 학생들에게 '차별화된 교육과정을 통해 그들의 교육 수준을 한층 더 높일 수 있게 하는' 방법을 알게 되었다.

자아존중감

참여자들은 많은 기대를 하였고 프로그램 참여에 대한 선입견을 가지고 있었다. 참여자의 절반은 이미 운영진으로 이전의 과정에 참여한 경험이 있었다. 이들은 강의를 받고 기숙사 방으로 돌아가 공부를 하도록 되어 있다. 이번 과정은 대학 학부 경험에 따라 소속 학교로 돌아가 대학원 수준의 과정을 수강하려고 예약한 교사 중에서 1/4에 해당하는 교사에게 실시하는 첫 번째 대학원 과정이었다. 13명은 "기대했던 것 그 이상으로 충족되었다."라고 하였다. 이들은 미술 재능이 있는 학생들을 판별하고 영재 학급에 필요한 것을 어떻게 공급할 것인지에 대하여 많은 것을 배웠다고 하였다. 또한 자기 자신과 프로그램에 참가한 다른 교사들에 대해서도 많은 것을 배웠다고 하였다.

절반의 교사들은 '엄청난 에너지의 분출' '학교로 돌아가 변화를 실행하는 것에 대한 흥분'을 경험한 것 같다고 하였다. 두 번째 참여한 교사 가운데 10명은 이번 프로그램에서 경험하였던 흥분과 에너지가 학년 내내 지속되었다고 보고하였다. 한 여교사는 자신이 맡고 있는 학생들이 방과 후에도 남아서 미술 프로젝트에 참여하게 해 달라고 요청하였다고 설명하였다. "심지어 학생들이 평소 집에 가기에 바쁜 금요일 방과 후에도 이러한 요청을 계속하였어요. …학교 전체가 나의 프로그램에 관련되어 있었어요."

새로 참여한 11명의 ATP 교사 가운데 4명은 다른 동료들만큼 성취하지 못하였고 동료들의 표현대로 자신감과 자부심이 부족하였다고 느꼈다. 도심의 학교에서 온 한 교사는 다음과 같이 고백하였다. "당신이 도심에 있는 학교에서 가르친다면, 당신의 어휘가 흐트러져 단음절화되기 시작하고, 당신은 마치 아주 평범하고 [ATP] 프로그램에 참여한 다른 교사와 보조를 맞추기 위하여 정말 열심히 노력해야만 하는 것처럼 느끼게 된다." ATP에 두 번째 참여한 교사들이 전년도에 가르쳤던 교육과정을 발표하였을 때, 새로 참여한 교사들 가운데 4명은 발표 자료와 정보에 겁날 정도로 압도되었다. 어느 한순간 그들은 할 수 있다는 자신감과 변화시키고 싶은 열망을 느꼈지만 곧 좌절감을 느끼고 자신감을 잃어버렸다. 어떤 사람은 다음과 같이 고백하였다. "내가 아주 보잘것없는 사람처럼 느껴졌습니다. …일부 ATP는 너무나 압도적이었습니다. …당신도 그냥 일어나서 나가고 싶었을 것입니다." ATP가 끝날 무렵 이 4명의 교사 가운데 3명은 좀 더 편안한 마음을 갖게 되었다. "내 자신과 내가 가르치는 것에 대해 깊이 이해하게 되었다."라고 보고하였다. 한 명의 여교사는 여전히 그녀에게 기대되는 모든 것을 할

예술·음악 영재학생

수 있을 것인지에 대해 불안해하였다.

협 력

'인간관계' 라는 요소가 이 프로그램의 성공에 중요한 요소로 작용한 것으로 드러났다. 모든 교사들이 ATP의 가장 가치 있고 보람 있는 측면은 가족 같은 환경, 서로 보살피고 네트워크 형성을 강조한 점, 그리고 참여자 간의 정보 공유였다고 언급하였다. 7명의 시골 학교 출신 교사 가운데 6명은 일반적으로 고립감을 느꼈고, 교사 공동체와 협력하는 것이 자신이 근무하는 학교 지역에 결여된 지원 네트워크를 제공해 준다는 것을 알게 되었다고 하였다. 자신의 학교에서 유일한 미술 교사인 초등학교 미술 전문 교사들 대부분은 관심과 능력이 비슷한 다른 교사들과 함께하는 것이 좋았다고 하였다. 한 참여자는 ATP에서 자신이 받은 서비스를 훌륭한 가정교육에 비유하였다. "이것은 가정의 저녁 식탁에서 대화를 하면서 얻은 배움과 같은 것입니다. 그곳은 당신의 가치를 얻고 직관적으로 배우는 곳입니다. …이것은 이상적인 학습 상황입니다." 또 다른 참여자는 교육적 시도에서 배려라는 생각이 항상 분명하게 나타나지는 않는다고 걱정하였다. "배려는 이미 사회에서 없어졌기 때문에 우리가 여기에서 그것을 새로 만들고 있습니다. 그러고 나서 그것을 우리의 교실로 되가져갈 수 있습니다. 학생들은 이것을 필요로 하고 갈망합니다."

기숙사에서 공동생활을 함으로써 정서적, 지적 측면에서 미술 교사가 된다는 것을 좋아하고, 동료 의식을 갖고 상호작용을 할 수 있게 된 것이다. 한 참여자는 다음과 같이 설명하였다. "가장 좋은 것은 다른 사람들과 이야기하고 함께 생활할 수 있었다는 것입니다. …머리카락이 흐트러지고 입에서 치약이 흘러나오는 상태로 서로를 바라보고 …당신은 좀 더 친해져야만 합니다." 또 다른 교사는 다음과 같이 덧붙였다. "우리의 대화는 아침에 일어나자마자 시작되어 아침 식사 내내, 그리고 밤에 잠자리에 들 때까지 계속되었다." 네트워크 형성과 아이디어 공유는 이전에 이런 종류의 집중적 상호작용 활동에 참여한 적이 없었던 11명의 교사들에게는 새롭고도 활력을 주는 경험이었다. 한 참여자는 다음과 같이 숙고하였다. "사업하는 사람들은 직업적으로 네트워크를 구축한다. …교사들이라고 왜 그렇게 못하겠는가? …우리 모두는 우리 자신과 학생, 우리 학교 체제를 개선하고 싶어 한다."

역량 강화와 리더십

두 번째 참여한 교사는 모두 자신들이 지난해에 가르쳤을 때, 동료 교사, 행정가, 지역 공동체와 자신들이 각각의 경험을 어떻게 공유하였는지를 설명하였다. 7명은 시골 학교 교사로서는 자신의 주 혹은 전국 회의에서 최초로 발표한 교사였는데, 이들이 발표한 미술 프로그램이 받은 갈채와 가능성은 매우 가치 있는 것이었다. 이들 대부분은 자신이 가르친 학생들의 미술 작품을 지역사회 이외의 지역에 전시하였다고 하였다. 두 번째 참여한 교사들 모두 자신이 근무하는 지역과 주 차원에서 수행한 지도자의 역할을 설명하였다. 교사들이 새로운 지도자 역할을 하게 된 전형적 사례는 다음과 같다. "미술 지원금을 담당하는 주 정부 교육위원회에서 근무해 달라는 요청을 받았습니다. 만일 내가 ATP에 참여하지 않았고, 내가 생각한 것이 중요하다고 말할 자신감이 없었다면 이에 동의하지 않았을 것입니다."

학교 미술 프로그램과 지역사회 간에 다리를 놓는 일은 핵심 집단이 응답한 것에서 나온 또 다른 주제였다. 8명의 교사들에게는 학생, 부모, 행정가에게 미술 교육을 시키는 것이 새로운 관심사였다. 한 참여자는 다음과 같이 말하였다. "일단 부모들과 행정가를 미술 수업에 참여시키고 거기에서 발생하는 일들을 알려 주어 그들이 미술 프로그램의 일부가 되면, 놀라운 일이 벌어집니다."

자기반성, 역량 강화, 개인의 성장 및 새로운 지도자 역할 등은 교사들이 반복적으로 고심한 주제들이다. 문제해결, 새로운 교육과정 구성 방식, 과

예술·음악 영재학생

거 수업 관행, 그리고 학생들에게 자료들을 전달하는 혁신적인 방식에 대하여 다시 생각하자고 하였다. 14명의 교사들은 자신들 생각에 미술 재능이 있는 학생들을 위한 프로그램을 변화시킬 수 있을 것 같은 힘과 자신감을 느꼈다고 하였다. 한 여교사는 자신의 강화된 역량을 다음과 같이 표현하였다. "이제 나는 밖으로 나가서 나와 학생들의 요구에 초점을 맞춘 연간 주제를 제시하고, 그것을 우리 공동체와 다른 주의 교사들과 공유할 수 있을 것이라고 생각한다." 두 번째 참여한 한 여교사는 역량 강화에 대한 느낌이 학교로 되돌아왔을 때 자신의 수업에 어떻게 영향을 주었는지를 다음과 같이 설명하였다. "나는 강화된 역량을 느끼며 씩씩하게 내가 맡은 미술 영재학급으로 들어갔습니다. …실행할 나의 계획이 있었습니다. …교장 선생님께서 협조해 주셨고 다른 교사들이 이것을 눈치 채기 시작하였습니다. 아이들이 반응하기 시작하였습니다. 미술은 더 이상 뒷전이 아니었습니다. 그런 분위기가 감지되었어요."

두 번째 참여한 한 교사는 지난해 여름 ATP에 참여한 것을 전투에 비유하여 긍정적으로 응답하였다. "당신이 가르칠 때는 당신이 입은 갑옷은 우그러지고 당신은 수세에 몰립니다. …당신은 당신 분야의 다른 사람들과 함께 여기에 옵니다. 당신은 되돌아가 학생을 가르치기 위하여 당신의 우그러진 갑옷을 망치로 두드려 펴고 광을 냅니다." 두 번째 참여한 7명의 교사 중에 4명은 참여한 첫해에 전년도 참여자의 지도를 받았다. 이번에는 자신들이 자료 제공자 역할을 하면서 1994년에 새로 참여한 교사들이 그 프로그램에 익숙해지도록 도움을 주었고, 자신들이 작년 여름에 경험한 것을 바탕으로 해서 이들의 질문에 답하였다. 두 번째 참여한 한 교사는 다음과 같이 말하였다. "나는 올해 다양한 집단과 그들의 다채로운 배경에 주목하였고, 차이는 있지만 모든 사람들이 초보 단계에서 어느 정도 세련된 상태로 발전하는 것을 지켜보았습니다."

변화해야 하는 것

ATP의 모든 측면이 긍정적인 것만은 아니었다. 교사, 특히 미술 교사들은 가만히 앉아 주제에 대해 말로만 설명을 듣거나 교수법에 대한 토론 수업 참여에 익숙하지 않다. 그들과 학생과의 관계는 주로 돌아다니며 미술 작품들을 비평해 주는 작업실 환경에서 이루어진다. 그들이 시간을 내어 예시를 하는 경우는 드물고, 미술 수업에 대해 이야기하는 경우는 더더욱 드물다. 참여자 가운데 1/4 정도는 오전에 3시간, 오후에 또 3시간씩 교실에 앉아 있는 것이 어렵다는 것을 알게 되었다. 많은 교사들이 자료 이용에 더 많은 시간을 할애해 주기를 바랐다. 가장 중요한 것은 자신들이 배운 것을 되짚어 보는 데 더 많은 시간을 할애해 주기를 원하였다는 점이다. 대학에서 가르치는 수준의 교육자들은 학급의 교사가 고등교육기관에서 많이 볼 수 있는 환경에 익숙하지 않다는 점을 자주 잊어버린다. 성인 학생에게는 자료를 이용하고 배운 것을 다시 생각해 볼 시간을 충분히 주어야만 한다. 한 참여자는 자신의 요구 사항을 다음과 같이 표현하였다. "이 모든 것이 우리의 머릿속에 맴돌고 있습니다. 이번에 집중적으로 경험하고 난 후 귀가하여 정상적 생활로 돌아가는 것이 어렵기 때문에 우리가 배운 모든 것을 생각할 수 있도록 더 많은 시간을 갖고 싶었습니다."

연구결과

설문지의 11개 문항 중 첫 번째 문항인 'ATP에 참여한 이후 어떤 지도자의 지위를 제공받았거나 지니게 되었는가?'에 대한 질문에 응답한 46명의 수료자 가운데 36명은 학교, 지역공동체, 고등교육, 주 및 국가 차원의 수많은 지위를 획득하였다고 하였다. 학교 차원에서는 16명이 학교 뮤지컬, 야외 환경 연구소, 교육과정위원회, 영재위원회, 평가위원회, 비즈니스위원회, 교사연

락위원회, 컴퓨터위원회 등 다양한 시각예술 활동에서 책임자, 지도자, 조정자 역할을 하였다. 지역공동체 차원에서는 4명이 공동체미술협의회, 지역 미술 영재 판별 및 교육과정위원회의 위원이었고, 8명은 광역적 기획위원회에 소속되었다. 3명은 학교 법인 박물관 자문위원회를 이끌었고, 2명은 지역 미술연합위원회에 근무하였으며, 1명은 교과서심의위원회 위원이 되었다. 1명은 학생 화랑을, 또 다른 1명은 학교 법인 미술 전시회를 지도하였다.

고등교육 차원에서는 1명이 연방교부금 평가원으로 근무하였고, 또 다른 사람은 하계 미술 프로그램을 지도하였으며, 2명은 대학에서 초등 미술 방법론을 가르쳤으며, 2명은 대학 강사로 초빙되었다. 주와 국가 차원에서는 인디애나 주의 예술교육협회(AEAI) 이사회에 소속되어 3명의 회의 조정역에서 3명의 의장에 이르기까지 13개의 서로 다른 지도자 직책을 맡았다. 그리고 4명은 인디애나 주 예술표준위원회 위원으로 근무하였고, 4명은 주의 영재 간부 위원이었다. 1명은 주의 예술단체 이사, 2명은 국가 예술대회 이사가 되었다.

설문지의 문항 2에서 37명의 교사들이 'ATP 참여 후에 신청하였거나 받았던 장학금, 특별연구 장학금, 교부금 또는 기타 지원금'에 대해 응답하였다. 3명은 신청하였으나 지원금은 받지 못하였다고 하였다. 학교 차원에서는 6명이 학교 내부 수당을 받았고, 2명은 미술 교과목 개정을 위한 지원금을, 3명은 미술 수업 하계 지원금을, 1명은 스쿨 2000(School 2000) 지원금을, 3명은 PTO 소액 지원금을 받았다. 11명이 신청해서 9명이 자신이 속한 학교 법인으로부터 소액 지원금을 받았고, 3명은 지역공동체로부터 지원금을 받아 벽화를 만들었으며, 어떤 사람은 학생들이 지역에서 조각을 공부하거나 대규모 상설 조각 지원금을 받았다. 주 차원에서는 ATP 참여자들이 30개의 영재 소액 지원금, 2개의 기술 지원금, 3개의 특별 미술 지원금, 4개의 예술 또는 교사 재단 지원금을 받았고, 3명은 국제 교환 프로그램에 참여하였다. 국가 차원에서는 ATP 교사들이 4개의 연구 장학금(기초 교육위원회, 시카고 예술협회, Frank Lloyd Wright 재단 및 월마트)과 Getty 미술교육센터의 박사 과정 특별연구 장학금을 받았다.

32명의 교사들이 'ATP참여 이후 자신의 학교나 지역에서 경험하였던 역할 변화'를 묻는 문항 3에 응답하였다. 이들은 워크숍 진행을 위한 자료 제공자로 인정받았고, 개인적 자문역, 학과장, 지역 교육위원회 의장, 학교 지원금 조정 역을 맡았으며, 자신이 근무하는 학교와 그 지역에서 자신의 지위를 변화시키거나 대학 교수가 되기도 하였고, 자신이 근무하는 학교에서 미술 영재 프로그램을 편성하는 일을 한다고 기술하였다. 4명은 자신이 만든 미술 프로그램에 대하여 새로운 차원의 행정 지원을 받았다고 하였는데, 그중의 한 사람은 다음과 같이 썼다. "나는 더 이상 제도권에 묶여 일하는 사람이 아니다."

35명이 'ATP 참여 이후 자신들이 창안하였거나, 가르쳤거나, 지도하였거나, 조정하였던 미술 재능이 있는 학생들을 위한 수업, 프로그램 또는 그 밖의 기회'에 대하여 묻는 문항 4에 응답하였다. 30명은 미술 재능 학급을 만들었다고 하였고, 2명은 지역 미술가가 학급에서 수업을 한다고 하였으며, 2명은 독자적인 미술 연구 학급을 설립하였고, 7명은 미술 능력이 뛰어난 학생을 위해 방과 후나 토요일 미술 프로그램을 시작하였으며, 1명은 새벽 미술 심화 교실을 운영하였고, 5명은 서로 다른 교육과정을 정규 미술 과목에 포함시켰으며, 8명은 하계 미술 학급을 시작하였다. 또 다른 기회의 경험으로 2명은 전국 미술 서훈 단체를 만들었고, 3명은 현장학습을 주선하였으며, 5명은 자신이 가르친 학생들에게 지역공동체를 위해 미술 작품을 만들도록 하였고, 13명은 자신이 가르친 학생들이 지역 및 대학의 예술 센터에서 매년 전시회를 열도록 하였다.

'자신이 거주하는 지역이나 다른 지역의 신문, 잡지, 정기간행물, 지역간행물 또는 기타 매체에 논문, 보고서, 기타 글 등을 발표하거나 출판한 것'에 대하여 묻는 문항 5에 20명이 응답하였다. 17명은 논문을 써서 현지 신문이나 회보에 실었고, 8명은 다른 사람들이 쓴 논문을 지역 신문에 보도하였다고 하였다. 9명의 논문은 전국 교육 잡지와 간행물에 게재되었다. ATP에서 배운 개념과 아이디어에 근거하여 한 명은 석사 실습 과목 책을, 또 다른 한 명은 박사논문을 썼다.

문항 6에서는 43명이 'ATP 참여 이후 능력이 뛰어난 시각예술 학생들을 위하여 차별화된 교육과정을 고안, 개정, 각색할 때 주도적으로 참여하였다'고 보고하였다. 15명은 개별화된 수업 주제 단원을 만들어서 사용하였다. 3명은 수업 단원 내에서 선택을 더 많이 할 수 있도록 하였고, 7명은 모든 학생들이 특별 미술 재능 수업을 받지는 못하였지만 이들을 위하여 수업 단원을 개별화하였다. 4명은 미술가 방문 프로그램과 초청 강사 프로그램을 창안하였고, 5명은 컴퓨터 미술 프로그램을 도입하였다. 5명은 학제 간 미술 프로그램을 창안하였다. 또다른 주도적 활동에는 5명의 교사들이 미술 재능 프로그램을 마련한 사례가 포함될 수 있다. 4명은 미술 영재로 판별된 고등학교 학생을 대상으로 하는 독창적 연구 프로그램을 창안하였고, 1명은 국제 학사학위 프로그램을 창안하였으며, 4명은 포트폴리오 평가 프로그램을 만들었다. 이 외에 4명은 방과 후 프로그램을 만들었고, 1명은 어린이 전용 미술관을 만들었으며, 또 다른 1명은 자신이 근무하는 학교의 학업 영재학생 자료실에 미술 자료를 추가로 비치하였다.

모든 응답자들이 'ATP에 참여하고 다른 ATP 참여자들과 상호작용한 결과로서 교사의 태도, 참여, 학생들의 반응, 전문가 경력, 개인적 관계, 직업적 열망 등에 대한 개인적 영향'을 묻는 문항 7에 응답하였다. 가장 많은 인원인 21명이 현재까지 다른 교사들과 네트워크를 구축하여 지속하고 있다고 응답하였다. 11명은 ATP에서 논의되고 실행된 개념과 아이디어로 자신이 맡고 있는 교과목을 구성하는 방식을 바꾸었다고 하였다. 역시 11명이 ATP 덕분에 자신의 수업과 수업을 보는 방식을 바꾸었다고 하였다. 9명은 ATP에 참여하기 전보다 자신감을 더 많이 얻었다고 언급하였다. 6명은 학교, 공동체, 주 차원에서 자신들의 미술 프로그램을 홍보하고, 자신들의 에너지를 사용할 때 이전에 비해 좀 더 긍정적 방향으로 초점을 맞추며, 현재는 학문에 바탕을 둔 미술교육 방식이 필요하다는 것을 확신한다고 응답하였다. 또 전문가 회의에 참석하고 발표하는 것을 포함하여 자신들이 지역이나 주 차원에서 지도자 역할을 하게 되는 방식을 환영하였다. 즉, 학교에서 교사, 행정가, 미술 전문가 간에 긍정적 관계를 발전시키기, 영재교육의 새로운 아이디어 제공자로 인정받기 등의 방식이다. 6명의 응답자들은 ATP 참여로 직접적 영향을 받아 계속해서 더 높은 학위를 받을 수 있다고 믿었다. 한 사람은 다음과 같이 말하였다. "나는 단지 불평만 하지 않고, 할 일을 합니다. 그랬더니 좀 더 전문가가 되었습니다."

'ATP 참여 이후 학생들이 받은 영향, 보상, 성취는 무엇인가?'라고 묻는 문항 8에 대하여 44명의 교사들이 응답하였다. 18명이 학교, 공동체, 주 차원의 미술 전시회를 열었다고 하였고, 16명은 그들이 ATP에 참여하기 전보다 학생들이 미술대회(예, Symphony in Color, 포스터 대회, 국가 학문상)에서 더 많이 수상하였다고 적었다. 12명은 학생들이 지금은 기꺼이 위험을 무릅쓰고 과거보다 더 많이 성취하고 배우며 지역공동체에서 찾아볼 수 있는 미술을 알고 인정한다는 사실을 언급하였다. 학생 가운데 6명은 장학금을 받았고 4명은 미술품 제작 사례를 현지 신문에 게재하였다고 보고하였다. 5명은 미술학과에 등록하는 학생이 늘었고, 박물관과 미술관에 처음으로 현장 견학을 갔으며, 지역 미술가와 학생을 연계하는 멘터링 프로그램을 개설하였다고 하였다.

설문지 문항 9에서는 'ATP 참여가 문항 8에서 말한 자신들이 이룬 일과 성취에 어떻게 기여하였는지'를 물었다. 44명이 응답하였는데, 그중에서 13명이 그것은 다른 교사들이 제공하였던 지원, 네트워크 형성, 정보와 안내라고 하였다. 다음 각 범주에 12명이 다음과 같이 응답하였다. ATP는 의미 있는 이론과 실천을 추구하도록 지식을 제공해 주고 지원해 주었다. ATP에 참여한 결과, 이제 미술 교육과정이 포괄적이고 계통이 있으며 주제가 있게 되었다. 필요하거나 원하는 것을 할 수 있다는 개인적인 자신감, 용기, 및 자부심을 얻었다. 7명은 ATP 참여로 열성적으로 가르치게 되었다고 표현하였다. 이제 ATP에서 배운 것을 미술 재능이 있는 학생을 가르치는 데 적용하며,

ATP에서 배운 지식을 이용하여 지원금을 타 내고 자신들의 프로그램을 홍보한다. 4명 이상이 응답한 또 다른 내용은 다음과 같다. 진품 감정을 포함하여 학문에 기초한 미술 교육방법을 자신의 미술 프로그램에 이용하는 방법을 배웠다. 그리고 다양한 자원을 조사하고, 학생들의 욕구를 좀 더 효과적으로 충족시키고, 보다 더 전문성을 습득하고, 목표를 설정하고, 실천하여 동료의 존경을 받게 되었다. 현재까지도 지속되는 공유나 성장, 위험을 감수한다고 하였다. 10명은 강사들이 제공하였던 지원이 미술 학급의 일상 활동에 중요한 역할 모델이 되었다고 하였다.

문항 10에서는 '**처음 ATP에 참여하였을 때 가지고 있었던 지위와 현재의 지위는 무엇이며, 설문조사 당시의 주 업무가 무엇인지**'를 물었다. 46명 응답자 전원이 이 질문의 세 부분에 응답하였다. 26명은 초등학교 미술 교사였고, 5명은 영재 담당 조정자, 7명은 중학교 미술 교사, 8명은 고등학교 미술 교사, 2명은 중학교 미술학과장, 3명은 고등학교 미술학과장, 3명은 대학 미술 방법론 강사였다고 응답하였다. 나머지는 초등학교 수준의 컴퓨터 교사, 유치원~12학년의 미술 교사, 고등학교 드라마 코치, 청각장애학교 미술 교사였다.[2]

36명은 ATP 프로그램에 입학하였던 당시와 동일한 지위를 갖고 있었다. 4명은 동일 학군에 있었지만 가르치는 학년이나 학교를 바꾸었다. 7명은 유치원~6학년의 정규 미술 교사, 지역 영재 조정자, 또 다른 학교 법인에서의 고등학교 미술 교사, 사립 고등학교의 학과장, 학교 법인 자료 교사, 학교 다문화 프로그램 책임자 및 대학 미술 교육자로서의 새로운 직책을 맡았다.

그들이 당시 관련하고 있었던 영재 관련 주도성에 대한 응답에서, 3명은 자신이 근무하는 학교에 미술 영재 프로그램이 없다고 하였고, 다른 3명은 주도적이라고 할 만한 새로운 업무를 수행하지 않았다고 썼으며, 24명은 근무하는 학교의 일반학생뿐만 아니라 미술 영재학생들을 위해 다수의 프로

---

2) 일부 교사들은 이러한 지위 가운데 하나 이상을 겸하고 있다.

그램을 창안하였다고 기술하였다.[3] 25명의 교사들이 또 다른 주도적 사례들을 기술하였는데, 여기에는 학기 및 하계 미술 프로그램을 실시하는 동안 미술 클럽뿐만 아니라 새벽 미술, 방과 후 미술, 토요 미술, 선발 집단(pool-out) 프로그램이나 독자적 연구 프로그램들이 포함된다. 14명은 자신의 차별화된 미술 프로그램을 만들었고, 10명은 공동체 회원들과 협력하여 근무하는 학교와 지역공동체를 위한 미술 프로젝트를 창안하였으며, 5명은 미술 영재들을 위한 특별 프로그램에서 가르치고 학교의 다른 사람들과 협력하였다.[4]

마지막 문항에서 **'주도성, 성취, 역할 변화 등 추가적으로 응답자가 말하고 싶은 것'**이 있으면 응답하도록 하였다. 39명이 자신의 성과 사례를 인용하면서 응답하였는데, 한 교사는 학생들이 미국 교사 인명사전(Who's Who Among America's Teachers)에 수록 추천을 세 번이나 하였다고 말하였고, 또 한 교사는 AEAI의 올해의 중등학교 미술 교사로 지명되었으며, 세 번째 교사는 학교 재단으로부터 올해의 미술 교사로 지명되었다고 하였다. 또 네 번째 교사는 성적이 상위권인 학생 10명의 투표를 통하여 자신이 그 학교에서 가장 영향력 있는 교사 가운데 한 명으로 인정받았다고 하였다. 3명은 Inland-Steel-Ryerson 재단에서 선정하는 올해의 교사로 지명되었고, 3명은 Lilly 재단의 교사 창의성 연구 장학금을 받았다.

3명은 행정 지원이 부족하여 학교에서 영재 프로그램을 창안할 수 없었기 때문에 좌절감을 느꼈다고 하였다. 그러나 이것은 행정가로부터 받은 지원이 긍정적이라고 응답한 대다수 교사들에게는 해당되지 않는 사례였다. 한 교사는 "행정 당국과 교직원들은 내 학생들의 미술 성과에 대해 큰 열정과 존경심을 가지고 평가하였다."라고 썼다. 또 다른 교사는 "우리는 이제

---

3) 여기에는 XL Art, Enrichment Triad, School Art Gallery, Apprentice Guild, High Achievers, Visual and Performing Arts Program, G/T Visionaries, Art Benefactors' Club, Artists in Residence, Project ARTS, Extended Learning, Portfolio Prep Class, 및 Honors Club이 포함되었다.
4) 일부 교사들은 하나 이상의 주도성에 관련되었다.

순회공연에 나서고, 지역공동체 미술 전시회를 개최하려 하며, 나는 학생들과 새로운 방식으로 대화한다."라고 하였다.

미술 영재 담당 교사의 리더십 역할

ATP 수업은 미술 재능이 있는 학생들을 교육하는 분야에서 지도자가 되고자 하는 관심과 동기를 지닌 현직 미술 교사를 위하여 내용, 수업전략, 향후의 역량 강화에 초점을 맞추었다. 그러나 일반적 틀은 핵심 집단을 통해 입수한 정보와 미술 영재 담당 교사나 다른 연수 프로그램에도 적용 가능한 설문조사 결과의 내용을 분석한 것을 근거로 하여 마련하였다. 교과 내용과 교수법에 대한 지식, 자아존중감, 선택의 보장 등이 지도자 역할을 맡고 싶어 하는 미술 영재 담당 교사로 하여금 다른 교사와 협력하고, 궁극적으로는 개인 생활이나 직업 생활의 변화를 주도할 역량을 강화시켜 주는 것처럼 보인다. 이러한 변화 때문에 결국 이들이 몸담고 있는 학교와 공동체, 주 정부의 기구에서 새로운 지도자 역할을 할 수 있는 서로 배려하는 교사 공동체를 출현시킨다. Maeroff(1988)가 연구한 성공적인 교사연수 프로그램과 ATP를 비교해 볼 때, ATP는 Maeroff가 제시한 특성을 많이 가지고 있다. 이러한 프로그램들은 내용 연구와 자기 교과목 교육에 몰두하고 하계 프로그램이 끝난 다음에도 다른 참여자들과의 관계를 끈끈하게 유지하는 교사를 배출하였다.

Lieberman과 McLaughlin(1992), Darling-Hammond(1993)가 주장한 대로, 참여자들 간에 교사 공동체가 형성되었다. 많은 ATP 수료자들은 Sprague(1992)가 미술 영재를 위한 지역이나 주 단위 공동체의 '활동가'라고 표현하였던 바로 그 사람들이다. 이들은 더 이상 구석에서 밸런타인 카드를 만드는 사람이 아니고, 존경받는 전문가다.

핵심 집단 면접과 설문조사에 응답한 것을 근거로 하여 볼 때, 참여자의 압도적 과반수는 이 프로그램이 설정한 목표를 달성하였다. 대다수 ATP 참여자들은 여성이었고, 그들이 보고하였듯이 이러한 경험은 자신의 목소리를 낼 수 있게 하였고, 큰 소리로 말하고 들을 수 있도록 도움을 주었다. 많은 참여자가 지역 및 주 정부 단위에서 지도자 역할을 하였고, 장학금, 상, 지원금을 많이 받았으며, 새로운 미술 영재 프로그램을 창안하고 미술 영재들에 대한 논문, 보고서, 기타 저서를 발간하였으며, 학생들의 필요에 근거하여 교과목을 개정하고 개인적, 직업적 성취를 이루었다고 보고하였다.

ATP 수료자들은 자신이 살고 있는 지역사회에서 영재학생을 위한 미술 프로그램에 긍정적 영향을 미쳤을 뿐만 아니라, 주 전역에 걸친 교사 공동체 설립을 촉진하는 역할을 하기도 하였는데, 학생, 동료, 학부모, 행정가 및 지역사회 구성원들도 그 영향을 받았다. 이러한 미술 교사 대부분은 미술 내용 및 미술 영재를 가르치는 것에 대한 지식을 얻었고 자부심을 느꼈으며 다른 교사와 협력하였다. 이들은 자신의 교실, 공동체, 학교 법인 및 주 차원을 넘어 긍정적 변화를 성취하고 배려할 줄 아는 역량 있는 지도자가 되었다.

✎ 참고문헌

Darling-Hammond, L. D. (1993). Reframing the school reform agenda: Developing capacity for school transformation. *Phi Delta Kappan, 74*, 753-761.

Galbraith, L. (Ed.). (1995). *Preservice art education issues and practice*. Reston, VA: National Art Education Association.

Gordon, W. I. (1978). *Communication: Personal and public*. New York: Alfred.

Holsti, O. R. (1969). *Content analysis for the social sciences and humanities*. Reading, MA: Addison.

Lieberman, A., & McLaughlin, M. W. (1992). Networks for educational change: Powerful and problematical. *Phi Delta Kappan, 73*, 673-677.

Maeroff, G. I. (1988). A blueprint for empowering teachers. *Phi Delta Kappan, 69*, 473-477.

Mostyn, B. (1985). The content analysis of qualitative research data: A dynamic approach. In M. Brenner, J. Brown, & D. Canter (Eds.), *The research interview: Uses and approaches* (pp. 115-145). London: Academic Press.

Sprague, J. (1992). Critical Perspectives on teacher empowerment. *Communication Education, 41*, 181-200.

Thurber, F., & Zimmerman, E. (1996). Empower not in power: Gender and leadership issues in art education. In G. Collins & R. Sandell (Eds.), *Gender issues in art education* (pp. 114-153). Reston, VA: National Art Education Association.

Zimmerman, E. (1994). Current research and practice about preservice visual arts specialist teacher education. *Studies in Art Education, 35*, 79-89.

Zimmerman, E. (in press). Whence come we? What are we? Whither go we? Demographic analysis of art teacher preparation programs in the United States. In M. Day (Ed.), *Profiles for art teacher preparation.* Reston, VA: National Art Education Association.

찾아보기

인명

내 용

편저자 소개

Sally M. Reis

Sally M. Reis는 코네티컷(Connecticut) 대학교의 교육심리학과 학과장이며, 국립영재연구소의 책임 연구원으로 활동하고 있다. 15년 동안의 교사 재직 기간 중에서 11년을 초·중·고등학교에서 영재를 가르쳤다. 130여 편의 논문, 9권의 책, 그리고 수많은 연구 보고서를 집필하였다.

연구대상은 학습장애 학생, 여성 영재, 재능 있는 학생 등 영재와 재능을 지닌 학생이다. 특히, 영재를 위한 학교전체 심화학습모형의 확장뿐 아니라, 이전에 영재로 판별되지 않은 학생의 잠재력과 재능을 확인하기 위해 일반적인 강화를 제공하고 강의를 늘리는 데도 노력을 기울이고 있다.

또한 워크숍을 운영하며, 학교에 영재교육, 심화 프로그램, 재능발달 프로그램의 전문적인 발전을 위해 여러 곳을 다니며 힘쓰고 있다. 『The Schoolwide Enrichment Model』 『The Secondary Triad Model』 『Dilemmas in Talent Development in the Middle Years』의 공동 저자이며, 1998년에는 여성의 재능 발달을 다룬 『Work Left Undone: Choices and compromises of Talented Females』를 출판하였다. 그리고 『Gifted child Quarterly』를 포함한 여러 저널 위원회의 편집 위원으로 활동하면서, 미국영재학회 회장을 역임하였다.

Enid Zimmerman

Enid Zimmerman은 90편의 논문, 15개 장의 저서, 22편 외 공저와 전문서를 저술하였다. 주요 저서로는 『Art/Design: Communi-cating Visually』, 『Artstrands: A Program for Individualized Art Instruction』, 『Women Art Educators Ⅰ, Ⅱ, Ⅲ, Ⅳ, Ⅴ』, 『Educating Artistically Talented Students: Resources for Educating Artistically Talented Students: Understanding Art Testing』, 『Issues and Practices Related to Identification of Gifted and Talented Students in the Visual Arts』, 『Programming Opportunities for Students Talented in the Visual Arts』, 『Research Methods and Methodologies for Art Education』 등이 있다.

Zimmerman은 전국미술교사시험 위원과 전국수업표준 전문위원으로 활동하고 있다. 그리고 전국미술교육협회(NAEA)의 연구위원회 회장, 세계미술교육회의 국제분과 회장을 역임하였다. NAEA의 Barkan 연구상, NAEA 여성 Caucus Rouse and McFee 상, 미국영재학회의 올해의 논문상을 각각 수상하였다. 그리고 인디애나 미술 교육자, NAEA 미국 서부 지역 대학 미술 교육자, NAEA 명예회원, NAEA 전국 미술 교육자, Ziegfeld 상을 수상한 미국 미술 교육계 인사로 명성이 높다. Gilbert Clark와 공동으로 1994년부터 1997년까지 Javits 어린이 영재기금으로부터 연구비를 지원받았다.

최근의 연구과제로는 교사교육을 위한 『Handbook of Research and Policy in the Field of Art Education』이라는 저서에서 예술 영재 부분의 장을 공동 집필할 계획을 세우고 있으며, 홍콩 교육국과 공동으로 예술 영재교육 프로그램을 개발할 예정이다.

 역자 소개

강 갑 원

중앙대학교 사범대 교육학과 졸업
동 대학원 졸업(교육학 박사: 교육심리학)
대진대학교 교육대학원 교수(상담심리 전공 주임교수, 교육대학원장 역임,
　　국제협력대학장[중국 하얼빈 캠퍼스])
한국영재교육학회 부회장

〈주요 저서 및 역서〉
각성 수준에 따른 배경음악이 과제수행에 미치는 영향(한국교육심리학회, 2006)
아동연구의 이해(공저, 상조사, 2006)
교육학개론(공저, 교육과학사, 2005)
특수유아교육의 이해(상조사, 2005)
상담이론과 실제(교육과학사, 2004)
교육심리학: 이론과 실제(공역, 시그마프레스, 2004)
감각통합과 발달(역, 학국학술정보, 2002)

김 정 희

이화여자대학교 영어영문학과 졸업

이화여자대학교 교육대학원(교육학 석사)

University of Southern California, 교육심리 전공(철학 박사)

(현재) 홍익대학교 교육대학원 부교수

〈주요 저·역서 및 논문〉

창의성을 부르는 심리학(역, 시그마프레스, 2007)

교수학습의 이론과 실제(공역, 아카데미프레스, 2006)

교육심리학: 이론과 실제(공역, 시그마프레스, 2004)

지혜, 지능 그리고 창의성의 종합(역, 시그마프레스, 2004)

지능과 능력(역, 시그마프레스, 2002)

중고등학교 학생 진로 지도 지침서: 나 가듯 남 갈 길(공저, 한국교육학술정보원, 1999)

교사효능감과 학생들의 자기효능감(한국영재교육학회, 2006)

The Relationship of Creativity Measures to School Achievement and to Preferred
Learning and Thinking Style (Educational and Psychological Measurement, 1995)

김 혜 숙

숙명여자대학교 교육심리학과 졸업

숙명여자대학교 대학원(교육심리학 석사, 교육학 박사)

성균관대학교 아동학과 BK21 박사후 연구원

(현재) 부산가톨릭대학교 인성교양부 교수

〈주요 저서〉

교육심리학개론(공저, 양서원, 2000)

아동연구방법론(공저, 학지사, 2001)

인간관계론(공저, 양서원, 2001)

영재교육필독시리즈 제9권

예술 · 음악 영재학생
Artistically and Musically Talented Students

2008년 1월 8일 1판 1쇄 인쇄
2008년 1월 15일 1판 1쇄 발행
엮은이 • Robert J. Sternberg
옮긴이 • 강갑원 · 김정희 · 김혜숙
펴낸이 • 김진환
펴낸곳 • **학지사**
121-837 서울시 마포구 서교동 352-29 마인드월드빌딩 5층
대표전화 • 02-326-1500   팩스 • 02-324-2345
등록 • 1992년 2월 19일 제2-1329호
홈페이지 www.hakjisa.co.kr
ISBN 978-89-5891-549-2   94370
      978-89-5891-540-9   (전13권)

가격 14,000원

인터넷 학술논문 원문 서비스 뉴논문 www.newnonmun.com